JN080278

公務員
採用試験
対策シリーズ

岡山県の
公務員採用試験
（教養試験）

岡山市・津山市・
総社市・玉野市の
短大卒程度／高卒程度

2025

公務員試験研究会　編　　協同出版

まえがき

　公務員は，国や地方の行政諸機関に勤務し，営利を目的とせず，国民や住民などの幸せのため，政策・諸事務を円滑に実施・進行して，社会の土台作りを行うことを職務としています。昨今では，少子高齢化の進行や公務のDX化，国際競争力の低下などの社会情勢の変化に伴って，行政の果たす役割はますます多岐にわたり，重要さを増しています。行政改革が常に論議されているのは，どのような情勢においても安心した生活が送れるよう，公務員に対して国民や市民が，期待を寄せているからでしょう。

　公務員になるためには，基本的には公務員採用試験に合格しなければなりません。公務員採用試験は，公務に携わる広い範囲の職種に就きたい人に対して課される選抜競争試験です。毎年多数の人が受験をして公務員を目指しているため，合格を勝ち取るのは容易ではありません。そんな公務員という狭き門を突破するためには，まずは自分の適性・素養を確かめると同時に，試験内容を十分に研究して対策を講じておく必要があります。

　本書ではその必要性に応え，公務員採用試験に関する基本情報や受験自治体情報はもちろん，「教養試験」，「論作文試験」，「面接試験」について，最近の出題傾向を分析した上で，ポイント，問題と解説，対応方法などを掲載しています。これによって短期間に効率よく学習効果が現れ，自信をもって試験に臨むことができると確信しております。なお，本書に掲載の試験概要や自治体情報は，令和5（2023）年に実施された採用試験のものです。最新の試験概要に関しましては，各自治体HPなどをよくご確認ください。

　公務員を目指す方々が本書を十分活用され，公務員採用試験の合格を勝ち取っていただくことが，私たちにとって最上の喜びです。

公務員試験研究会

岡山県の公務員採用試験対策シリーズ

岡山市・津山市・総社市・玉野市の 短大卒程度／高卒程度

◆ 目　次 ◆

第1部

試験の概要

- 公務員試験とは

- [参考資料]
  試験情報と自治体情報

公務員試験とは

◆ 公務員とはどんな職業か

　一口でいえば，公務員とは，国家機関や地方公共団体に勤務する職員である。

　わが国の憲法では第15条で，「公務員を選定し，及びこれを罷免することは，国民固有の権利である」としたうえで，さらに「すべて公務員は，全体の奉仕者であつて，一部の奉仕者ではない」と定めている。

　また，その職務および人事管理などについては「国家公務員法」および「地方公務員法」という公務員に関する総合法規により，詳細に規定されている。たとえば「この法律は，……職員がその職務の遂行に当り，最大の能率を発揮し得るように，民主的な方法で，選択され，且つ，指導さるべきことを定め，以て国民に対し，公務員の民主的且つ能率的な運営を保障することを目的とする」（「国家公務員法」第1条）と述べられ，その職務や人事管理についてはっきりと規定されているのである。すなわち，公務は民主的な方法で選択され，また国民に対しては，民主的・能率的な公務の運営が義務づけられているといえよう。

　現在の公務員の基本的性格を知るにあたって，戦前の公務員に触れておこう。戦前，すなわち明治憲法の時代には，公務員は「官吏」または「公吏」などと呼ばれ，「天皇の使用人，天皇の奉仕者」ということになっていた。したがって，官吏の立場は庶民の上に位置しており，封建時代の"お役人"とほとんど変わらない性格を帯びていた。つまり，民主主義に根ざしたものではなく，天皇を中心とした戦前の支配体制のなかで，その具体的な担い手になっていたといえるだろう。

　戦後，制度が一新されて「官吏」は「公務員」と名を変え，その基本的性格もすっかり変化した。つまり，公務員の「公」の意味が「天皇」から「国民」に変わり，国民によって選定された全体の奉仕者という立場が明確にされたのである。

　なお，公務員という職業は，その職務遂行にあたって国民に大きな影響をおよぼすものであるから，労働権・政治行為などの制限や，私企業からの隔離などの諸制限が加えられていることも知っておく必要がある。

◆ 公務員の種類と職務

(1) 公務員の種類

　本書は，岡山市・津山市・総社市・玉野市の短大卒程度／高卒程度をめざす人のための参考書だが，ここでは公務員の種類の全体像をごく簡単に紹介しておこう。一般に公務員は国家公務員と地方公務員に大別でき，さらに一般職と特別職とに分けられる。

① 国家公務員と地方公務員

　国家公務員とは，国家公務員法の適用を受け（＝一般職），国家機関である各省庁やその出先機関などに勤務し，国家から給与を受ける職員をさす。たとえば，各省庁の地方事務局などに勤務する者も，勤務地が地方であっても国家公務員である。

　一方，地方公務員は，地方公務員法の適用を受け（＝一般職），各地方公共団体に勤務し，各地方公共団体から給与を受ける職員である。具体的には，都道府県や市町村の職員などを指している。

② 一般職と特別職

　国家公務員と地方公務員は，それぞれ一般職と特別職に分けられる。人事院または各地方公共団体の人事委員会（またはそれに準ずるところ）を通じて採用されるのが一般職である。

　特別職とは，国家公務員なら内閣総理大臣や国務大臣・国会職員などであり，地方公務員なら知事や収入役などである。それぞれ特別職は国家公務員法および地方公務員法に列記され，その特別職に属さないすべての職を一般職としている。

③ 上級職，中級職，初級職

　採用試験の区分であると同時に，採用後の職務内容や給与等の区分でもある。採用試験はこの区分に合わせて実施される。地域によっては，その名称も異なる。

(2) 地方公務員の対象となる職務

　地方公務員試験に合格して採用されると，各地方の職員として，事務および調査・研究または技術的業務などに従事することになる。

　公務員採用にあたって公開平等に試験を実施し，成績の良い者から順に採用することを徹底していて，民間企業の採用によくみられる「指定校制」など

の"制限"は原則としてない。もちろん，出身地・思想・信条などによる差別もない。これは公務員採用試験全般にわたって原則的に貫かれている大きな特徴といえよう。

◆「教養試験」の目的と内容

（1）「教養試験」の目的

　教養試験は，国家公務員，地方公務員の，高校卒程度から大学卒程度までのあらゆる採用試験で，職種を問わず必ず行われている。教養試験は，単なる学科試験とは異なり，今後ますます多様化・複雑化していく公務員の業務を遂行していくのに必要な一般的知識と，これまでの学校生活や社会生活の中で自然に修得された知識，専門分野における知識などが幅広く身についているかどうか，そして，それらの知識をうまく消化し，社会生活に役立てる素質・知的能力をもっているかどうかを測定しようとするものである。

　このことについては，公務員試験の受験案内には，「公務員として必要な一般的知識および知能」と記されている。このため，教養試験の分野は，大きく一般知識と一般知能の2つの分野に分けられる。

　一般知識の分野は，政治，法律，経済，社会，国際関係，労働，時事問題などの社会科学と，日本史，世界史，地理，思想，文学・芸術などの人文科学，物理，化学，生物，地学，数学などの自然科学の3つの分野からなっている。

　一般知識の分野の特徴は，出題科目数が非常に多いことや，出題範囲がとても広いことなどであるが，内容としては高校で学習する程度の問題が出題されているので，高校の教科書を丹念に読んでおくことが必要である。

　一般知能の分野は，文章理解，数的推理，判断推理，資料解釈の4つの分野からなっている。

　一般知能の分野の問題は，身につけた知識をうまく消化し，どれだけ使いこなせるかをみるために出題されているため，応用力や判断力などが試されている。そのため，知能検査に近い問題となっている。

　したがって，一般知識の分野の問題は，問題を解くのに必要な基本的な知識が身についていなければ，どんなに頭をひねっても解くことはできないが，一般知能の分野の問題は，問題文を丁寧に読んでいき，じっくり考えるようにすれば，だれにでも解くことができるような問題になっている。

(2)「一般知識分野」の内容

　一般知識分野は，さらに大きく3分野に分けて出題される。

社会科学分野	われわれの社会環境，生活環境に密着した分野で，政治，経済，社会，労働，国際，時事などに分かれる。学校で学んだこと，日々の新聞などから知ることができる内容等が中心で，特に専門的な知識というべきものはほぼ必要がない。
人文科学分野	歴史・地理・文化・思想・国語など，人間の文化的側面，内容的要素に関する知識を問うもので，専門的知識よりも幅広いバランスのとれた知識が必要である。
自然科学分野	数学・物理・化学・生物・地学などを通じて，科学的で合理的な側面を調べるための試験で，出題傾向的には，前二者よりもさらに基本的な問題が多い。

　以上が「一般知識分野」のあらましである。これらすべてについて偏りのない実力を要求されるのだから大変だが，見方を変えれば，一般人としての常識を問われているのであり，これまでの生活で身につけてきた知識を再確認しておけば，決して理解・解答ができないということはない問題ばかりである。

(3)「一般知能分野」の内容

　一般知能分野は，さらに大きく4分野に分けて出題される。

文章理解	言語や文章についての理解力を調べることを目的にしている。現代文や古文，漢文，また英語などから出題され，それぞれの読解力や構成力，鑑賞力などが試される。
判断推理	論理的判断力，共通性の推理力，抽象的判断力，平面・空間把握力などを調べるもので，多くの出題形式があるが，実際には例年ほぼ一定の形式で出題される。
数的推理	統計図表や研究資料を正確に把握，解読・整理する能力をみる問題である。
資料解釈	グラフや統計表を正しく読みとる能力があるかどうかを調べる問題で，かなり複雑な表などが出題されるが，設問の内容そのものはそれほど複雑ではない。

　一般知能試験は，落ち着いてよく考えれば，だいたいは解ける問題である点が，知識の有無によって左右される一般知識試験と異なる。

　教養試験は，原則として5肢択一式，つまり5つの選択肢のなかから正解を1つ選ぶというスタイルをとっている。難しい問題もやさしい問題も合わせて，1問正解はすべて1点という採点である。5肢択一式出題形式は，採点時に主観的要素が全く入らず，能率的に正確な採点ができ，多数の受験者を扱うことができるために採用されている。

◆「適性試験」「人物試験」の目的と内容

(1)「適性試験」の目的と内容

　適性試験は一般知能試験と類似しているが，一般知能試験がその名のとおり，公務員として，あるいは社会人としてふさわしい知能の持ち主であるかどうかをみるのに対し，適性試験では実際の職務を遂行する能力・適性があるかどうかをみるものである。

　出題される問題の内容そのものはきわめて簡単なものだが，問題の数が多い。これまでの例では，時間が15分，問題数が120問。3つのパターンが10題ずつ交互にあらわれるスパイラル方式である。したがって，短時間に，できるだけ多くの問題を正確に解答していくことが要求される。

　内容的には，分類・照合・計算・置換・空間把握などがあり，単独ではなくこれらの検査が組み合わさった形式の問題が出ることも多い。

(2)「人物試験」の目的と内容

　いわゆる面接試験である。個別面接，集団面接などを通じて受験生の人柄，つまり集団の一員として行動できるか，職務に意欲をもっているか，自分の考えを要領よくまとめて簡潔に表現できるか，などを評価・判定しようとするものである。

　質問の内容は，受験生それぞれによって異なってくるが，おおよそ次のようなものである。

```
①  公務員を志望する動機や理由などについて
②  家族や家庭のこと，幼いときの思い出などについて
③  クラブ活動など学校生活や友人などについて
④  自分の長所や短所，趣味や特技などについて
⑤  時事問題や最近の風俗などについての感想や意見
```

　あくまでも人物試験であるから，応答の内容そのものより，態度や話し方，表現能力などに評価の重点が置かれている。

◆「論作文試験」の目的と内容

(1)「論作文試験」の目的

　「文は人なり」という言葉があるが，その人の人柄や知識・教養，考えなどを知るには，その人の文章を見るのが最良の方法だといわれている。その意味で論作文試験は，第1に「文章による人物試験」だということができよう。

　また公務員は，採用後に，さまざまな文章に接したり作成したりする機会が多い。したがって，文章の構成力や表現力，基本的な用字・用語の知識は欠かせないものだ。しかし，教養試験や適性試験は，国家・地方公務員とも，おおむね択一式で行われ解答はコンピュータ処理されるので，これらの試験では受験生のその能力・知識を見ることができない。そこで論作文試験が課せられるわけで，これが第2の目的といえよう。

(2)「論作文試験」の内容

　公務員採用試験における論作文試験では，一般的に課題が与えられる。つまり論作文のテーマである。これを決められた字数と時間内にまとめる。国家・地方公務員の別によって多少の違いがあるが，おおよそ1,000〜1,200字，60〜90分というのが普通だ。

　公務員採用試験の場合，テーマは身近なものから出される。これまでの例では，次のようなものだ。

① 自分自身について	「自分を語る」「自分自身のPR」「私の生きがい」「私にとって大切なもの」
② 学校生活・友人について	「学校生活をかえりみて」「高校時代で楽しかったこと」「私の親友」「私の恩師」
③ 自分の趣味など	「写真の魅力」「本の魅力」「私と音楽」「私と絵画」「私の好きな歌」
④ 時事問題や社会風俗	「自然の保護について」「交通問題を考える」「現代の若者」
⑤ 随想，その他	「夢」「夏の1日」「秋の1日」「私の好きな季節」「若さについて」「私と旅」

　以上は一例で，地方公務員の場合など，実に多様なテーマが出されている。ただ，最近の一般的な傾向として，どういう切り口でもできるようなテーマ，たとえば「山」「海」などという出題のしかたが多くなっているようだ。この題で，紀行文を書いても，人生論を展開しても，遭難事故を時事問題風に扱ってもよいというわけである。一見，やさしいようだが，実際には逆で，それだけテーマのこなし方が難しくなっているともいえよう。

　次に，試験情報と自治体情報を見てみよう。

岡山市の試験情報

令和５年７月１４日
岡山市人事委員会

令和５年度 岡山市職員採用試験受験案内〔９月実施〕
【短大・高校卒業程度（事務職）】【学校事務】

◆ 募集試験区分 ◆

【短大・高校卒業程度（事務職）】 事務

【 学 校 事 務 】 学校事務Ａ、学校事務Ｂ

※他の試験区分は、別の受験案内をご覧ください。

受 付 期 間	令和５年７月14日（金曜）～ ８月10日（木曜）
申 込 方 法	電子申請
第 1 次 試 験 日	令和５年９月24日（日曜）

岡山市の求める人材『環境の変化に対応し、市民のために自ら行動する職員』

・責任と使命感をもって積極的に行動ができる人	・幅広い視野をもち、主体的にチャレンジできる人
・明るく前向きで魅力あふれる人	・市民に信頼される、倫理意識や人間力の高い人

〔 試験の主な変更点及び特徴 〕

➤ 新型コロナウイルス感染症対策で中止していた集団活動等を再開します。

〔 注意事項 〕

❖ 自然災害や感染症をめぐる状況等により、試験日程等を変更する場合があります。受験案内に記載されている内容が変更となる場合は、人事委員会のホームページ等でお知らせします。

<問い合わせ先> 岡山市人事委員会事務局
〒700-8544 岡山市北区大供一丁目１番１号
Ｔ Ｅ Ｌ ： ０８６－８０３－１５５４ （直通）
Ｍ Ａ Ｉ Ｌ ： saiyou_jinjiiinkai@city.okayama.lg.jp

1　試験区分、採用予定人員及び職務内容

試験区分		採用予定人員	職務内容
短大・高校卒業程度	事務（Ｔ）	６人程度	一般行政事務（徴収、対外折衝、福祉六法関係業務等を含む。）
学校事務	学校事務Ａ（Ａ）	４人程度	岡山市立学校における学校事務
	学校事務Ｂ（Ｂ）	若干名	

〔 重要 〕
  ➢ 岡山市人事委員会が同日に実施する他試験区分を併願することはできません。
  ➢ この試験の最終合格者は、最終合格者発表後、令和５年度に岡山市人事委員会が実施する他試験区分の試験を受験できません。

2　受験資格

次の（１）及び（２）を満たす人

（１）試験区分の受験資格〔年齢・免許・資格等〕

試験区分	受験資格
事務（Ｔ）	平成８年４月２日から平成18年４月１日までに生まれた人 （ただし、学校教育法による大学（これと同程度と認める学校等を含み、短期大学を除く。）を卒業した人若しくは令和６年３月31日までに卒業する見込みの人又は岡山市人事委員会がこれらと同等の資格があると認める人は受験できません。※） （免許・資格等は問いません。）
学校事務Ａ（Ａ）	平成５年４月２日から平成14年４月１日までに生まれた人 （学歴・免許・資格等は問いません。）
学校事務Ｂ（Ｂ）	平成14年４月２日から平成18年４月１日までに生まれた人 （学歴・免許・資格等は問いません。）

※ 「学校教育法」による独立行政法人大学改革支援・学位授与機構が認定した短期大学又は高等専門学校の専攻科を修了した（見込みも含む。）人、又は「専修学校の専門課程の修了者に対する専門士及び高度専門士の称号の付与に関する規程」による高度専門士の称号を取得した（見込みも含む。）人は、受験できません。８ページの「よくある質問（Ｑ＆Ａ）」のＱ８も参照してください。

（２）次のいずれにも該当しない人
　① 地方公務員法第16条の規定により、地方公務員となることができない人
　　ア　禁錮以上の刑に処せられ、その執行を終わるまで又はその執行を受けることがなくなるまでの人
　　イ　岡山市職員として懲戒免職の処分を受け、当該処分の日から２年を経過しない人
　　ウ　日本国憲法施行の日以後において、日本国憲法又はその下に成立した政府を暴力で破壊することを主張する政党その他の団体を結成し、又はこれに加入した人
　② 平成11年改正前の民法の規定による準禁治産の宣告（心神耗弱を原因とするもの以外）を受けている人

┌───┐
〔外国籍の受験希望者の皆さんへ 〕
  ➤ 採用にあたって、在留資格において就労等が制限されている人は採用されません。
  ➤ 採用後の任用にあたって、「公権力の行使又は公の意思の形成に参画する公務員については、日本
    国籍を必要とする」という公務員の基本原則に基づき、次の＜任用できない業務等＞以外の業務
    に就くことになります。
      ＜任用できない業務等＞
      ・市民の権利や自由を一方的に制限する内容を含む業務
      ・市民に義務や負担を一方的に課す内容を含む業務
      ・市民に対して強制力をもって執行する業務
      ・その他公権力の行使に該当する業務
      ・公の意思の形成に参画する職
  ➤ 採用後の昇任については、＜任用できない業務等＞以外のポストであれば、能力に応じて昇任す
    ることができます。
└───┘

┌───┐
〔 重要 〕
  ➤ 令和5年度に岡山市人事委員会が実施した試験の最終合格者は、この試験を受験できません。
└───┘

3 試験及び合格者発表の日時・場所

試験段階	日 時	場 所	備 考
第1次試験	令和5年9月24日（日曜） 受付時間 午前11時〜11時20分 終了時間 午後2時30分頃	ほっとプラザ大供ほか ※試験場の詳細は8ページの「◎試験場案内」の欄を参照	試験場は受験票に記載して通知します。
第1次試験合格者発表	令和5年10月6日（金曜）	岡山市役所本庁舎公告式掲示場（バス停前）、人事委員会ホームページ	
第2次試験	令和5年10月中旬〜下旬	日時及び場所は第1次試験合格者に郵便でお知らせします。	
第2次試験合格者発表	令和5年11月上旬〜中旬	岡山市役所本庁舎公告式掲示場（バス停前）、人事委員会ホームページ	
第3次試験	令和5年11月上旬〜中旬	日時及び場所は第2次試験合格者に郵便でお知らせします。	
最終合格者発表	令和5年11月下旬〜12月上旬	岡山市役所本庁舎公告式掲示場（バス停前）、人事委員会ホームページ	合格者のみに郵便で通知します。

┌───┐
〔 重要 〕
  ➤ 第1次試験の日時や場所の詳細は受験票で指定しますので、必ず確認してください。
  ➤ 第1次試験合格者は、第2次試験のお知らせで指定する期日までに最終学歴等の「卒業・修了
    （見込）証明書」及び「成績証明書」を提出していただきます。
└───┘

4 試験の方法・内容等

試験の方法・配点			試験の内容・出題分野	
第1次試験 (100点)	教養試験 (100点)	択一式 (50問) 120分	公務員として必要な一般的な知識、知能及び教養について	
	適性検査	20分	職務遂行に必要な適性についての検査を行います。	
第2次試験 (300点)	エントリー シート	論述式	自己PR等 (詳しい内容や提出方法等は、第1次試験の際にお知らせします。)	
	口述試験 (300点)	個別面接 集団活動等	主として人物、識見、職務適性、対人関係能力等を評価します。	
第3次試験 (400点)	口述試験 (400点)	個別面接	主として人物、識見、職務適性、対人関係能力等を評価します。	

〔 注意 〕
- 集団活動等は、提示された課題に対し、課題解決に向け、グループで活動を行います。
- 適性検査の結果については、口述試験の参考とします。
- エントリーシートは口述試験で使用し、採点しません。また、返却、写しの交付等は行いません。

〔 重要 〕
- 身体等の事情により受験の際に特に配慮の必要な人(例:車椅子や補聴器などの福祉用具等を使用する人など)は、試験会場等の準備に必要なため、電子申請の該当欄にその旨を、事情を含めて入力してください。

5 合格者の決定

試験段階	決定方法
第1次試験	第1次試験の結果により決定します。
第2次試験	第2次試験の結果により決定します。第1次試験の結果は反映しません。
第3次試験	第3次試験の結果により決定します。第2次試験までの結果は反映しません。

〔重要〕
> 各試験段階におけるそれぞれの試験科目において一定基準に達しないものがある場合は、他の成績に関わらず不合格となります。
> 試験を棄権した人（試験の一部でも受験していない人）は、辞退したものとみなします。

6 試験成績の開示

　　この採用試験の各試験段階で合格されなかった場合は、当該試験段階における本人の成績(順位と得点)についての開示を請求することができます。ただし、試験を棄権した人（試験の一部でも受験していない人）には成績を開示することはできません。また、合格者の成績は開示できません。

　　受験者本人が、本人であることを証明する書類（マイナンバーカードなど）を持って、直接人事委員会事務局へ来て開示を請求してください（土曜日、日曜日、祝日、休日を除く）。請求は各試験の合格者発表を行った日からできます。請求できる期間は合格者発表の日の翌日から起算して30日目までです。ただし、最終日が閉庁日の場合は、次の開庁日までとなります。

7 第1次試験受験にあたっての注意事項

① 服装は軽装での受験を認めています。また、試験場によっては室温調整ができない場合があります。室温に合わせて調節ができる服装で受験してください。
② 試験当日は、写真をはった申込書と写真をはった受験票、筆記用具（HBの鉛筆（シャープペンシル不可）と消しゴム）、マスク（不織布マスクを推奨）を持参してください。
③ 試験場敷地内は禁煙です。
④ 試験場には時計のない場合もありますので、時計（腕時計型端末等は使用できません。また、時計は音が鳴らない設定にしてください。）を持参してください。
⑤ 全ての試験（休憩時間含む。）が終了するまで、通信機器（スマートフォン・携帯電話・腕時計型端末等）は電源を切っていただくため一切使用できません。
⑥ 全ての試験（休憩時間含む。）が終了するまで、試験場から出ることができません。水分補給が必要な方は、お茶などを持参してください。
⑦ 試験場敷地内の下見はできません。また、直接試験場に問い合わせることはご遠慮ください。
⑧ 試験当日は、試験場及びその付近には受験者及び受験者送迎等の自動車は駐停車できません。
⑨ **試験実施に関し、緊急にお知らせする事項がある場合は、人事委員会のホームページに掲載します。**

8 合格から採用まで

① 最終合格者は、試験区分ごとに成績順に採用候補者名簿に登載されます。この名簿は、確定の日から1年間有効です。採用時期は、原則として令和6年4月1日以降必要に応じて採用されますが、状況により本人の同意を得て、それ以前にも随時採用される場合があります。採用時の職については、主事又はこれに相当する職での採用となります。
② 合格者発表後、受験資格がないこと又は申込書の記載事項が正しくないことが判明した場合、合格を取り消すことがあります。
③ 地方公務員法第22条の規定に基づき、採用は全て条件付のものとし、採用後6か月間を良好な成績で勤務したときに正式採用となります。

9 給与・勤務条件等

（1）給与

初任給は、採用者の経歴等を勘案して決定されます。卒業（修了）見込みで受験した人の場合、初任給（地域手当を含む。）は、令和5年4月1日現在で次のとおりです。このほか、扶養手当、住居手当、通勤手当、期末・勤勉手当（4.4か月）等が支給されます。ただし、今後の給与改定等の状況によっては、支給額が増減することがあります。

試験区分・区分		初任給
短大・高校卒業程度（事務）	高校卒業	約 162,800 円
学校事務B	短期大学（2年）卒業	約 173,700 円
学校事務A	大学卒業	約 197,000 円
	大学院（2年）修了	約 212,300 円

（2）勤務時間

原則として祝日、休日、12月29日から1月3日を除く月曜日から金曜日までの午前8時30分から午後5時15分までです。（勤務場所等によって異なる場合があります。）

（3）休暇等

年次有給休暇は1年度に20日付与されます。このほか特別休暇（結婚・出産・忌引等）、病気休暇、育児休業、介護休暇等があります。また、育児・介護等のための制度として、早出遅出出勤制度、育児短時間勤務制度等があります。

（4）その他

給与、勤務条件、昇任、仕事内容などについては、人事委員会ホームページも併せてご覧ください。

岡山市の自治体情報

令和5年度の当初予算を紹介します
～ かわる、はぐくむ、躍動する おかやま ～

問財政課 ☎086-803-1146 📠086-803-1735

令和5年度当初予算は、新型コロナウイルス感染症の長期化やエネルギー・食品などの価格上昇が、地域経済や市民生活に大きな影響を及ぼす中、**○感染症対策・物価高騰対策** に万全を期しつつ、**○街を楽しむ ○地域の振興 ○子育て・教育** などの各分野、さらにはDX・GXの推進など、重要施策に取り組むとともに、今後の物価高騰対策などにも臨機応変に対応できるよう、業務改革の推進や経常的経費の予算額の見直し、有利な財源および備えてきた基金の活用などにより、将来負担の軽減を含めた一般財源を確保することで、過去最高額となった令和5年度の当初予算においても健全な財政運営を維持しつつ編成しています。

令和5年度当初予算の概要

一般会計は前年度と比べて93億円増（2.6％増）の3,623億円と、過去最高となっています。

また、一般会計、特別会計、事業会計を合わせた総額は6,383億円と、前年度と比べて1.9％増加しています。

当初予算 前年度との比較

区　　分	令和5年度	令和4年度	対前年度比
一般会計	3,623億円	3,529億円	2.6％増
特別会計	1,992億円	1,960億円	1.7％増
事業会計	768億円	774億円	0.7％減
合　　計	6,383億円	6,263億円	1.9％増

一般会計の内訳 【（　）内は構成比】

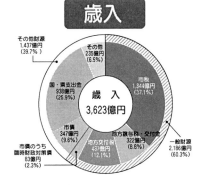

▶ 市税は、給与所得増による個人市民税の増加や堅調な企業業績による法人市民税の増加、家屋の新増築による固定資産税の増加などにより、対前年度比で27億円増加しています。

▶ 市債のうち、臨時財政対策債以外は、岡山芸術創造劇場整備費の減少などにより、39億円減少しています。

▶ 国・県支出金は、新型コロナウイルスワクチン接種体制確保事業や公立幼稚園・保育園の民営化推進事業の増加などにより、66億円増加しています。

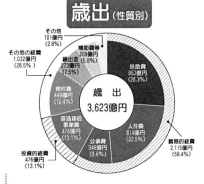

▶ 物件費は、光熱水費や岡山芸術創造劇場の指定管理料の増加などにより、対前年度比で59億円増加しています。

▶ 扶助費は、障害者自立支援関係費や子どものための教育・保育給付費の増加などにより、11億円増加しています。

▶ 普通建設事業費は、新庁舎整備事業費が増加する一方、岡山芸術創造劇場整備費の減少などにより、20億円減少しています。

▶ 補助費等は、出産子育て応援給付金事業の増加などにより、15億円増加しています。

財源調整のための基金残高の推移

令和5年度は、光熱水費や建築資材などの物価高騰等に対応するため、財政調整基金の取崩しの増額など、財源調整のための基金から前年比で10億円増の90億円を取り崩しています。

今後の物価高騰や感染状況が見通せない中、あらゆる事態における迅速かつ機動的な対応への備えとして、前年度の決算剰余の積み立てにより**基金の残高を前年度と同額程度に維持し、不足する財源の確保**に努めています。

一般会計市債残高の推移

一般会計全体の市債残高のうち、臨時財政対策債等（※）を除いた通常債の残高は、借入額の抑制により継続的に減少してきましたが、喫緊の課題への対応などに伴い令和2年度当初予算から増加に転じています。

今後も公共施設の老朽化対策や再整備などにより、市債借入額の増加が見込まれるため、**後年度に国から財源措置のある有利な市債の活用に努め、将来の返済が財政を圧迫しないよう、市債残高を管理**しています。

（※）臨時財政対策債等…返済のための財源が全額国から手当されるもの

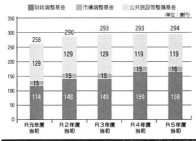

令和5年度当初予算の特徴（主要な事業）

「新型コロナウイルス感染症・物価高騰対策」
- 感染拡大防止と次なる危機への備え　40億7,062万円
- 地域経済等への支援　1億1,754万円
- 市民生活・活動への支援　4億7,659万円

「街を楽しむ」
- 歩いて楽しいまちなかの回遊性向上と賑わいづくり　1億5,520万円
- 岡山芸術創造劇場開館に合わせた商店街活性化　9,000万円
- 市街地再開発事業の促進　46億7,326万円
- 岡山芸術創造劇場ハレノワの開館　12億600万円
- おかやまアーツフェスティバル　8,550万円
- 多目的屋内施設（アリーナ）の基本計画策定　3,000万円
- 岡山駅前広場への路面電車乗り入れ整備　17億790万円
- バリアフリー推進事業（移動等円滑化促進）　2,780万円
- 持続可能な公共交通ネットワークの構築に向けたあり方検討　1,000万円

「地域の振興」
- 地域の未来づくり推進　1億8,250万円
- 活力ある農業の振興　2億4,578万円
- 危険木伐採の実施　200万円
- 道路ネットワークの充実・強化　37億1,995万円
- 文化財と観光の融合による新たな魅力づくり　2億8,471万円
- 新たな生活交通の確保　2,500万円

「子育て・教育」
- 保育士確保対策　4億3,200万円
- 保育園等における利便性向上の推進　6,190万円
- 産後ケア事業　1,370万円
- 子ども医療費助成　24億4,600万円
- 困難を抱える子どもとその家庭への支援　11億4,037万円
- 児童虐待防止の推進　9,380万円
- ヤングケアラー支援体制の強化　1,690万円
- 問題行動等の防止及び解決に向けた総合支援　4億6,972万円
- 学校業務アシスト事業　1億500万円
- 部活動地域移行モデル事業　1,330万円
- 新教育研究研修センター（仮称）の整備　3,700万円

「産業・観光の振興」
- 中小企業活性化　1億1,200万円
- スタートアップ支援　1億円
- 企業立地の推進　12億9,200万円
- 「歴史を伝える城、集う城」岡山城魅力アップ　1億8,000万円

「PHO（Positive Health Okayama）」
- アプリを活用した健康的な生活習慣の推進　8,000万円
- フレイル対策（早期発見で介護リスク軽減など）　1,040万円
- がん対策（がん患者アピアランスサポートなど）　1,260万円
- 在宅介護総合特区～AAAシティおかやま～の推進　3,954万円
- 在宅医療介護・在宅看取り等普及啓発　714万円
- 認知症サポーター活動促進（チームオレンジ）　790万円
- 地域共生社会の推進（重層的支援体制整備事業）　17億3,328万円

「安全・安心なまちづくり」
- 野犬対策　3,300万円
- 下水道・河川等による浸水対策　30億9,350万円
- 用水路等の転落防止対策　5,000万円
- 水道施設・管路の耐震化等更新　85億9,400万円
- 地域防災力の強化（各種ハザードマップの全戸配布など）　4億8,140万円
- 防犯カメラの設置支援　1,800万円
- ごみ処理広域処理施設の整備・運営　30億8,800万円

「SDGsの推進」
- SDGs未来都市・岡山ESDプロジェクトの推進　3,300万円
- 海ごみ地域対策の推進　1,000万円

「GX（グリーン・トランスフォーメーション）の推進」
- 地球温暖化対策　16億4,696万円
- プラスチック資源分別回収・リサイクル（再掲）　1億8,480万円

「DX（デジタル・トランスフォーメーション）の推進」
- 中小企業デジタル化の推進　9,640万円
- GIGAスクール構想によるICT活用支援　3億9,300万円
- 区役所窓口のスマート化　789万円

「市民のひろばおかやま　2023年4月号」より抜粋

津山市の試験情報

令和5年度 津山市職員採用資格試験受験案内

1 第1次試験日 及び 受付期間

第1次試験日	令和5年9月17日（日）
受 付 期 間	令和5年8月1日（火）～8月23日（水） ※受付は郵送も含め8月23日（水）午後5時15分に到着したものまで有効とします。なお、郵送の場合は必ず簡易書留郵便で申し込みをしてください。

2 募集職種 及び 職務概要

募 集 職 種	職 務 概 要
事 務 職	市長部局、教育委員会、水道局などで一般行政事務に従事します。
土 木 技 術 職	市長部局、教育委員会、水道局などで主に土木関係の専門業務に従事します。
電 気 技 術 職	市長部局、教育委員会、水道局などで主に電気関係の専門業務に従事します。
保 健 師	市長部局などで主に保健関係の専門業務に従事します。

3 試験区分ごとの採用予定人員 及び 受験資格

試 験 区 分	採用予定人員	受 験 資 格（資格・免許・対象年齢 など）
事 務 職 （ A ） -短大・高校卒-	5名程度	平成11年4月2日から平成18年4月1日までに生まれた人で、短期大学、高等専門学校、専修学校若しくは高等学校を卒業した人、又は令和6年3月31日までに卒業見込みの人 <u>※学校教育法に基づく大学（短期大学を除く）を卒業、又は令和6年3月31日までに卒業見込みの人、あるいは独立行政法人大学評価・学位授与機構から学士の学位を授与された人、又は令和6年3月31日までに授与される見込みの人は受験できません。</u>
土 木 技 術 職 （ B ）	3名程度	昭和63年4月2日以降に生まれた人で、次のいずれかに該当する人 ①学校教育法に基づく大学、短期大学、高等専門学校若しくは専修学校（専門課程の修了年限が2年以上のものに限る。）で土木の専門課程を修了した人、又は令和6年3月31日までに卒業見込みの人。 ②高等学校で土木の専門課程を修了した人、又は令和6年3月31日までに卒業見込みの人。
電 気 技 術 職 （ C ）	2名程度	昭和63年4月2日以降に生まれた人で、次のいずれかに該当する人 ①学校教育法に基づく大学、短期大学、高等専門学校若しくは専修学校（専門課程の修了年限が2年以上のものに限る。）で電気の専門課程を修了した人、又は令和6年3月31日までに卒業見込みの人。 ②高等学校で電気の専門課程を修了した人、又は令和6年3月31日までに卒業見込みの人。
保 健 師 （ D ）	2名程度	昭和63年4月2日以降に生まれた人で、保健師免許を有する人、又は令和6年3月31日までに免許取得見込みの人

注　意　事　項

(1) 申し込みのできる試験区分は1区分に限ります。

(2) 令和5年5月13日及び令和5年7月9日実施の津山市職員採用資格試験を受験した方についても、本試験を受験することは可能です。なお、令和5年7月9日実施の試験に合格し第2次試験終了後、採用候補者名簿に登録された方（令和5年10月上旬発表）については、今回の試験結果は無効となります。

(3) 受験資格である学校を卒業見込みで受験し、令和6年3月31日までに卒業できなかった場合、あるいは受験資格である資格・免許を取得見込みで受験し、令和6年3月31日までに取得できなかった場合は、共に採用内定及び採用候補者名簿登録後であっても採用されません。

(4) 採用予定人員数は、早期退職者数の状況等により、増える場合があります。

(5) 受験資格がないこと、又は申込書に虚偽の記載が判明した場合は合格を取り消すことがあります。
また、口利き行為等の事実が判明した場合、採用内定後であっても採用されません。

(6) 次のいずれかに該当する人は受験できません。

　　ア）日本国籍を有しない人　※保健師については国籍を問いません。

　　イ）地方公務員法第16条に規定する欠格条項（以下の項目等）に該当する人

　　　・禁こ以上の刑に処せられその執行を終わるまで又はその執行を受けることがなくなるまでの人

　　　・津山市職員として懲戒免職の処分を受け、当該処分の日から2年を経過しない人

　　　・日本国憲法施行の日以降において、日本国憲法又はその下に成立した政府を暴力で破壊することを主張する政党その他の団体を結成し、又はこれに加入した人

4　試験方法

試験区分		科目	形式	時間	内容
第1次試験	全職種	教養試験	択一式	120分	公務員として必要な一般知識（社会、人文、自然科学等）及び一般的知能（文章理解、判断推理、数的推理、資料解釈等）
		適性検査①	択一式	20分	職務及び職場への適応性
		適性検査②	択一式	10分	事務への適応性
		小論文試験	-	45分	文章による表現力、課題に対する理解力等についての小論文試験　(注) 小論文試験は第1次試験日に実施しますが、採点は第2次試験合格者の小論文を採点しますので、第1次試験不合格者の小論文は採点しません。また、第1次試験日に小論文試験を受験しなかった場合は、第1次試験を途中棄権したものとみなします。
		面接試験	-	20分	**集団面接**による口述試験
	土木技術職（B）	専門試験	択一式	90分	数学・物理・情報技術基礎、土木基礎力学（構造力学、水理学、土質力学）、土木構造設計、測量、社会基盤工学及び土木施工
	電気技術職（C）		択一式	90分	数学・物理・情報技術基礎、電気基礎、電気機器・電力技術・電子計測制御、電子技術・電子回路・通信技術及び電子情報技術
	保健師（D）		択一式	90分	公衆衛生看護学、疫学、保健統計学及び保健医療福祉行政論

※事務職（A）については、専門試験を行いません。

	試験区分	科目	形式	時間	内容
第2次試験	全職種の 第1次試験合格者	面接試験	-	15分	個別面接による口述試験

5　第1次試験の日程及び場所など
（1）日　　　　時：令和5年9月17日（日）
　　　　　　　　　　試験開始：午前9時10分（受付：午前8時30分～午前8時50分）
　　　　　　　　　　※受付時間に遅刻した場合は受験できません。
（2）場　　　　所：津山市役所　本庁2階大会議室等（津山市山北520番地）
（3）終了予定時刻：午後5時30分頃（集団面接を随時行いますので、終了予定時刻は前後します。）
（4）持参するもの：受験票、筆記用具（鉛筆HB又はシャープペンシル、消しゴム）
　　　　　　　　　　※各自昼食をご用意ください。
（5）留 意 事 項：**試験実施に関して緊急連絡事項がある場合は、津山市役所のホームページに掲載して**
　　　　　　　　　　お知らせしますので、事前に確認のうえ受験してください。

6　採用までの流れ

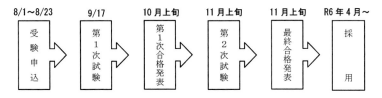

（1）第1次試験の合格発表は10月上旬に市役所本庁舎正面玄関前の掲示場に発表し、合格者には第2次
　　試験実施要領を添えて郵送にて通知します。また、ホームページでも合格者の受験番号を発表します。
（2）第2次試験の合格発表については合否にかかわらず本人宛に通知します。
（3）第1次、第2次試験とも、いずれかの試験科目において一定の基準に達しない場合は、他の成績にか
　　かわらず不合格の対象とします。
（4）この採用試験で合格されなかった人は、本人の成績（順位と総合得点）についての開示を請求するこ
　　とができます。（合格者について、成績の開示はできません。）
　　※開示請求される場合は、受験者本人が、受験票と本人であることを証明する書類（運転免許証等）
　　　を持参のうえ、合格発表の日から1ヵ月以内に直接人事課までお越しください。開示受付時間は午
　　　前8時30分から午後5時15分までとなっております。ただし、土曜日、日曜日及び祝日は受け
　　　付けしておりません。
（5）最終合格者は、試験区分ごとの採用候補者名簿に登録され必要に応じ随時採用されます。
（6）採用候補者名簿の登録期間は、令和6年4月1日から令和7年3月31日までの1年間です。

7　給　与（令和5年4月1日現在）
（1）採用時の給料月額（令和6年3月31日卒業見込みの人）

大学卒（22歳）	短大卒（20歳）	高校卒（18歳）
185，200円	167，100円	154，600円

（2）職歴や学歴等により、給料月額が増減する場合があります。このほか、期末手当、勤勉手当、扶養手
　　当、通勤手当、住居手当等がそれぞれの要件によって支給されます。

8　受験手続方法

（1）インターネット（電子申請）で申し込む方法
下記 URL 又は二次元コードにアクセスし、申し込むことが可能です。申し込み方法等の詳細については、別紙「職員採用資格試験のインターネット（電子申請）を利用した申込方法」を参照してください。

【津山市電子申請サービス】
https://apply.e-tumo.jp/city-tsuyama-okayama-u/offer/offerList_detail?tempSeq=31548

　こちらからも読み取りできます

（2）直接持参又は郵送で申し込む方法

申込方法	提出書類	1．「津山市職員採用資格試験申込書」1部 （1）写真欄に脱帽、上半身の写真（申込日前3ヵ月以内に撮影したもので、サイズがタテ4㌢×ヨコ3㌢のもの）を貼付してください。 （2）申込書は自書するか、パソコン等で入力したものを打ち出して提出してください。（申込書様式は市ホームページに掲載しています） 2．「令和5年度津山市職員採用資格試験受験票」1部 （1）裏面太枠内の事項を記入してください。 （2）受験票は切り取り線で切り離してください。 （3）郵送で申し込む場合は、受け付け後に受験票を返送いたしますので送り先明記のうえ63円切手を貼ってください。 （4）ホームページから印刷した受験票を利用し、かつ、郵送で申し込む場合は、切り離した受験票を官製はがきの裏面に確実に貼付したうえで上記（3）の方法により郵送してください。
	申込方法	下記「お問合せ先」まで、持参又は郵送してください。郵送の場合は、封筒の表に「採用試験申込」と朱書し、必ず簡易書留郵便で申し込みをしてください。
	受験票の交付	（1）持参申し込みの場合は、その場で受験票をお渡しいたします。 （2）郵送申し込みの場合は、後日受験票を返送いたします。

（3）受付期間
令和5年8月1日(火)午前8時30分～8月23日(水)午後5時15分まで
（※持参・郵送の場合は人事課必着）
人事課窓口受付時間　午前8時30分～午後5時15分（土曜日・日曜日及び祝日を除く）

【お問合せ先】
津山市役所　総務部人事課（本庁舎3階）
〒708-8501　岡山県津山市山北520番地　TEL：(0868) 32-2043（直通）
ホームページURL：https://www.city.tsuyama.lg.jp

求める職員像

- ◎ 信頼される職員
- ◎ 活力あふれ、協調性豊かな職員
- ◎ 自ら考え、行動する職員
- ◎ チャレンジする職員

津山市の自治体情報

令和5年度当初予算

一般会計 内訳と概要 （前年度比−2億5,800万円 *6月補正予算後）

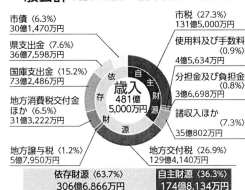

市債〈6.3%〉
30億1,470万円

県支出金〈7.6%〉
36億7,598万円

国庫支出金〈15.2%〉
73億2,486万円

地方消費税交付金
ほか〈6.5%〉
31億3,222万円

地方譲与税〈1.2%〉
5億7,950万円

市税〈27.3%〉
131億5,000万円

使用料及び手数料
〈0.9%〉
4億5,634万円

分担金及び負担金
〈0.8%〉
3億6,698万円

諸収入ほか
〈7.3%〉
35億802万円

地方交付税〈26.9%〉
129億4,140万円

歳入
481億
5,000万円

依存財源〈63.7%〉
306億6,866万円
国や県の基準で交付や割り当て

自主財源〈36.3%〉
174億8,134万円
市が独自に調達

ポイント

市税 ＋1億5,000万円（＋1.2%）
　市民税、固定資産税や都市計画税の増額見込みなど

地方交付税＋1億4,100万円（＋1.1%）
　地方財政対策の見通しなど

譲与税・交付金
　　　　＋2億4,400万円（＋7.0%）
　地方消費税交付金の増額など

国庫支出金
　　　−14億1,600万円（−16.2%）

県支出金 −1億3,900万円（−3.6%）

市債 ＋2億300万円（＋7.2%）
　臨時財政対策債の減額見込みなどの一方、建設事業債が増額

ポイント

扶助費 −4億9,700万円（−4.4%）
　臨時特別給付金事業の終了など

補助費等 −2億7,900万円（−3.0%）
　地域商品券発行事業の終了など

人件費 −2億4,600万円（−3.3%）
　定年延長による退職者の減少など

物件費 ＋1億600万円（＋1.6%）
　ワクチン接種事業費が減った一方、スマートシティ構想推進事業費などが増額

公債費 ＋5,800万円（＋1.0%）
　市債元金償還金の増額など

普通建設事業費＋5億6,600万円（＋14.7%）
　公共施設やスポーツ施設のLED化事業や阿波地域交流施設大規模改修事業などの増額

維持補修費 −8,600万円（−30.6%）
　道路維持管理費の減少など

維持補修費〈0.4%〉
1億9,526万円

繰出金〈7.1%〉
34億1,587万円

普通建設事業費
〈9.1%〉
44億110万円

公債費〈12.5%〉
60億2,991万円

物件費〈13.7%〉
65億8,227万円

その他〈1.7%〉
7億6,760万円

扶助費〈22.2%〉
107億931万円

補助費等
〈18.4%〉
88億8,012万円

人件費〈14.9%〉
71億6,856万円

歳出
(性質別)
481億
5,000万円

その他（貸付金） ＋7,600万円（＋83.1%）
　つやま和牛創出事業貸付金の計上など

その他（積立金） ＋1億5,000万円（＋42.1%）
　ふるさと津山サポート基金積立金の増額など

全体の予算額

会計		予算額
一般会計		481億5,000万円
特別会計	介護保険	107億5,914万円
	国民健康保険	92億2,904万円
	土地開発公社清算事業	19億4,489万円
	後期高齢者医療	15億6,712万円
	食肉処理センター	8,662万円
	公共用地取得事業	1,107万円
	奨学金	1,000万円
	磯野計記念奨学金	694万円

会計	予算額
下水道事業会計	80億5,381万円
水道事業会計	60億1,598万円
工業用水道事業会計	9,887万円
財産区会計	3,160万円
総額	**859億6,508万円**

予算の概要は、市ホームページで
見ることができます

予算編成のポイント
●既存事業の目的や実績、効果の検証
●個別事業の細かな見直し・改善
●事業間または部署の枠組みを超えた、事業の重点化、統廃合の検討
●公民連携、民間活力の導入検討など

未来を切り開き
活力と魅力あふれるまちづくりに向けて
「第5次総合計画後期実施計画主要事業」「第2期まち・ひと・しごと創生総合戦略事業」を積極的に推進

重点
☑子育て支援施策の拡充
☑津山市スマートシティ構想の実現
☑津山まちじゅう博物館構想の具体化など

豊かな自然環境の保全と快適に暮らせるまちづくり

 津山市スマートシティ構想推進事業
2億3,167万円

　誰もが豊かさを実感できるデジタル社会の構築に向け、サービスと住民、事業者などをつなぐデータ連携基盤を整備するとともに、市民ポータルサイトを使った情報発信や電子申請などの新たな事業やサービスを提供します。

　※スマートシティ構想は5ページで紹介

地域高速通信環境整備事業　6,400万円

　光通信サービスの未整備地域で、光ファイバ網の整備を行う電気通信事業者に助成を行います。

市有施設LED化事業　2億9,173万円

　民間提案制度を活用し、本庁舎やスポーツ施設などの照明器具をLED化することで、電気代などの維持管理費の削減、ゼロカーボンシティの実現に向けた二酸化炭素排出量の削減に取り組みます。

災害への備えと都市機能の充実したまちづくり

 まちじゅう博物館構想推進事業
1,800万円

　津山まちじゅう博物館構想を具現化していくため、市や関係機関・団体などでコンソーシアム（共同体）を設立し、「博物館都市」としての魅力を高め、まち全体を博物館に見立てたまちづくり事業・人づくり事業を行います。

城西地区観光拠点施設等整備事業
1億3,998万円

　城西地区の更なる魅力向上と観光客の利便性向上のため、作州民芸館（西今町）の修理や観光駐車場の整備を進めます。

災害情報等配信システム更新事業　463万円

　「津山市災害情報等配信システム」を更新し、配信情報の多様化、多言語化などを行います。防災行政無線などを一部自動音声化することで、情報伝達のタイムラグ（時間差）を解消します。

城東まちの駅整備事業　1,100万円

　観光客の利便性と回遊性の向上のため、観光情報の提供やトイレ、防災などの機能を持つ「道の駅」を、城東地区の国道53号沿いに整備するための取り組みを進めていきます。

社会資本整備総合交付金事業　1億8,832万円
（総社川崎線・沼林田工区）
総社川崎線（山北工区）　1億6,240万円

その他

ふるさと納税推進事業　2億925万円

　ふるさと納税の拡大に向け、返礼品の開発や都市圏でのPRを積極的に行います。ふるさと納税の返礼品として、津山市を訪れた旅行者が電子商品券を受け取り、市内で消費できる仕組みを導入します。

公共交通ICカード利用促進事業
100万円

　65歳以上または運転免許返納者を対象に、津山駅北口広場交通観光案内所で、交通系ICカード「ICOCA」を発行する際に必要なデポジット料金（保証金）を補助します。

令和5年度当初予算

社会保障関係費の高止まり、第三セクター等改革推進債の発行に伴う元利償還金の長期負担や建設事業に伴う一部事務組合負担金の増加に加え、原油価格・物価高騰の影響による施設の維持管理経費の増加などに見舞われ、市の財政は、依然として厳しい状況です。

圖財政課 ☎ 32-2020

令和5年度の主な事業

子育て環境の充実と人と文化を育むまちづくり

 多子世帯応援事業　　1億1,028万円

経済的な負担を軽減し、安心して出産、子育てができるよう、多子世帯の第2子以降の子どもを対象に、市独自の給付金を支給します。

支給額　第2子＝1歳時、2歳時にそれぞれ10万円、第3子以降＝1歳時、2歳時、3歳時にそれぞれ10万円

※子育て世帯の応援事業は6・7ページにも紹介

子ども医療費公費負担事業　　4億3,828万円

通院・入院ともに、中学校卒業までの子どもの医療費自己負担分を無料化しています。令和6年1月から、対象を高校卒業年齢まで拡大します。

生徒指導・不登校対策事業　　1,672万円

登校支援員や別室支援員を置き、生徒・保護者からの相談活動や別室指導による居場所づくりなど学習・生活支援を行います。

健やかで安心できる支え合いのまちづくり

福祉タクシー車両更新事業　　439万円

高齢者や車いす利用者が安全に利用できるよう、老朽化した福祉タクシー車両を更新します。学区外に通う難聴児などの特別支援学級児童・生徒の通学手段としても活用します。

子どもの学習・生活支援事業　　1,530万円

子どもたちの将来が、生まれ育った環境によって左右されることのないよう、自立相談支援事業と連携し、学習支援、居場所づくり、保護者の理解を促すなど、将来の自立を後押しします。

雇用の創出とにぎわいのあるまちづくり

つやま産業支援センター企業サポート事業　　1億円

魅力的な雇用を生み出し、持続可能な産業基盤を築くため、企業の経営力強化、創業・新事業の創出、人材育成の支援などを行います。

新規学卒者地域内就職応援事業　　622万円

地域企業説明会や見学会などを開催し、企業の魅力発信や就活支援を行います。

つやま和牛ブランド化事業　　1億3,367万円

導入・肥育資金の貸し付けや販売促進などを行い、安定的な出荷頭数の確保を目指します。

津山シティプロモーション戦略事業　　8,705万円

発信力の高い国内の20～34歳の女性、台湾をはじめとする訪日外国人旅行者に向け、歴史、文化、食、鉄道遺産など市の魅力を発信し、誘客を促し、まちのブランド力を向上させます。

ワーケーション等推進事業　　2,950万円

津山の歴史、文化、肉料理、農業体験などを組み合わせたワーケーション＊モニターツアーを企画し、都市部から企業を呼び込み、地域と関わりを持つ関係人口の増加、デジタル技術などを柱にした地元企業との交流の機会を創り出します。

＊旅先で休暇を楽しみながら仕事をする新しい働き方

「広報つやま　2023年5月号」より抜粋

総社市の試験情報

令和5年度（9月実施）

総社市職員採用試験受験案内

～ 一般事務職員，消防職員，土木技術職員，建築技術職員，幼稚園教諭・保育教諭～

令 和 5 年 7 月
総社市職員任用委員会

申込受付期間	令和5年　8月　1日（火）から
	令和5年　8月15日（火）まで
	（郵送の場合は，8月10日（木）までの消印有効）

第1次試験
日時　及び　会場

【一般事務職員】
令和5年　9月17日（日）　午前9時から
総社市総合福祉センター
（総社市中央一丁目1番3号）

【土木技術職員，建築技術職員，幼稚園教諭・保育教諭】
令和5年　9月17日（日）　午後1時から
総社市総合福祉センター
（総社市中央一丁目1番3号）

【消防職員】
令和5年　9月17日（日）　午前9時から
総社市消防本部（総社市小寺377番地）

※ 災害や新型コロナウイルス感染症対策等により，試験の延期等がある場合は，
総社市ホームページへ掲載してお知らせしますので，事前に確認してください。

令和5年度（9月実施）総社市職員採用試験受験案内

　市民が感動することを自分の誇りとし，知恵をしぼり，汗をかき，市民サービスの向上を目指す方の応募をお待ちしています。

> ### 「求める職員像」
> (1)礼儀礼節を重んじ　誠実に対応する職員
> (2)失敗を恐れず　積極果敢に情熱をもって職務に当たる職員
> (3)自ら考え　自ら実行し　自ら解決に導く職員

1　試験区分，採用予定人員及び職務内容等

試　験　区　分	採用予定人員	職　務　内　容　等
一般事務職員 （短期大学・高等学校卒業程度）	4人程度	一般行政事務（企画・総務・税務・福祉・産業・建設・環境・教育など）に従事します。
一般事務職員 （障がいのある人）	1人程度	
土木技術職員	2人程度	土木に関する設計，施工管理などの専門的業務，及び一般行政事務に従事します。
建築技術職員	1人程度	建築物の審査，建築指導，公共施設の設計や施工の監督などの建築関係の専門的業務，及び一般行政事務に従事します。
消防職員	1人程度	消防本部及び消防署で火災，救急，救助等の災害防ぎょ，火災予防などの消防業務に従事します。
幼稚園教諭・保育教諭	6人程度	市立幼稚園，認定こども園等における専門的業務に従事します。

2 受験資格（各試験区分の併願はできません。）

試 験 区 分	受 験 資 格
一般事務職員 （短期大学・高等 学校卒業程度）	平成１１年４月２日から平成１８年４月１日までに生まれた人で，学校教育法による高等学校以上を卒業した人又は令和６年３月末日までに卒業見込みの人 　（学校教育法による大学（短期大学を除く。）を卒業した人，及び令和６年３月末日までに卒業見込みの人は受験できません）
一般事務職員 （障がいのある 人）	平成５年４月２日から平成１８年４月１日までに生まれた人で，次の①と②の両方に該当する人（学歴は問いません） ① 次に掲げる手帳等のうち，いずれかの交付を受けている人 　（ア）身体障害者手帳 　（イ）身体障害者福祉法第１５条の規定により都道府県知事の定める医師が，当該都道府県において同条の申請に用いられる様式により作成した，障がいの種類及び程度並びに障害者の雇用の促進等に関する法律別表に掲げる障がいに該当する旨が記載された診断書・意見書 　（ウ）産業医による（イ）に準じる診断書・意見書（心臓，じん臓，呼吸器，ぼうこう若しくは直腸，小腸，ヒト免疫不全ウイルスによる免疫又は肝臓の機能の障がいに係るものを除く。） 　（エ）都道府県知事又は政令指定都市市長が交付する療育手帳 　（オ）児童相談所，知的障害者厚生相談所，精神保健福祉センター，精神保健指定医，地域障害者職業センターによる知的障がい者であることの判定書 　（カ）精神障害者保健福祉手帳 ② 活字印刷文による出題に対応できる人 ※手帳等は受験申込日及び試験日に有効であることが必要です。 　精神障害者保健福祉手帳には有効期限がありますので，ご注意ください。
土木技術職員	次のいずれかに該当する人 ①大学卒業程度 　昭和５８年４月２日から平成１４年４月１日までに生まれた人で，学校教育法による大学（短期大学を除く）を卒業した人又は令和６年３月末日までに卒業見込みの人（土木関係の専門科目を履修した人） ②短大・高校卒業程度 　昭和６２年４月２日から平成１８年４月１日までに生まれた人で，学校教育法による高等学校以上を卒業した人，又は令和６年３月末日までに卒業見込みの人（土木関係の専門科目を履修した人） 　（①に該当する人は，短大・高校卒業程度では受験できません。）

試 験 区 分	受 験 資 格
建築技術職員	次のいずれかに該当する人 ①昭和５８年４月２日以降に生まれた人で，一級建築士試験（学科及び設計製図試験）に合格している人 ②平成５年４月２日以降に生まれた人で，二級建築士試験（学科及び設計製図試験）に合格している人 ③平成１０年４月２日以降に生まれた人で，学校教育法による大学，短期大学・高等学校等（建築士試験の受験資格が取得できる学校等）を卒業した人又は令和６年３月末日までに卒業見込みの人
消防職員	次のいずれかに該当する人 ①大学卒業程度 　平成９年４月２日（救急救命士資格取得者については，平成７年４月２日）から平成１４年４月１日までに生まれた人で，学校教育法による大学（短期大学を除く）を卒業した人又は令和６年３月末日までに卒業見込みの人 ②短大・高校卒業程度 　平成９年４月２日（救急救命士資格取得者については，平成７年４月２日）から平成１８年４月１日までに生まれた人で，学校教育法による高等学校以上を卒業した人又は令和６年３月末日までに卒業見込みの人 　（①に該当する人は，短大・高校卒業程度では受験できません） ［身体的要件及び居住地要件等］ （ア）身体的要件 <table><tr><td>視　力</td><td>両眼で０．７以上，一眼でそれぞれ０．３以上（矯正視力含む）で，赤・青・黄色が識別できること。眼鏡（コンタクトレンズを除く。）を外しての消防活動が可能であること</td></tr><tr><td>聴力等</td><td>聴力正常で言語明瞭であること</td></tr><tr><td>その他</td><td>ヘルニア及び腰痛の既往症がある場合は，消防業務遂行上支障をきたすことから医師の検診が必要であるため，必ず第１次試験受験時に任意の文書にてその旨を申し出ること</td></tr></table> （イ）居住地要件　　採用後は総社市内に居住できる人 （ウ）普通自動車運転免許取得者又は令和６年３月末日までに取得見込みの人。ただし，生年月日等の関係で取得できない場合は，令和６年度中に取得見込みの人。なお，ＡＴ車限定の運転免許取得者は，採用後１年以内に限定解除することが求められます。 （エ）日本国籍を有する人

試 験 区 分	受 験 資 格
幼稚園教諭・保育教諭【注意事項※4】	昭和53年4月2日以降に生まれた人で，教育職員免許法による<u>幼稚園教諭普通免許と保育士資格の両方</u>を有し保育士登録済の人又は令和6年3月末日までに取得・登録見込みの人 　ただし，総社市立幼稚園，認定こども園に勤務している人は，「年齢特例」が許可される場合があります。 　また，昨年度の採用試験で第1次試験に合格した人で，現在，総社市立幼稚園，認定こども園に勤務している人は，所属長の推薦が得られれば「第1次試験免除」を申請することができます。 　いずれも採用試験申込前に総社市教育委員会教育部こども夢づくり課に申し出て，所定の手続きを行い，許可書の交付を受けてください。許可書の交付には数日かかりますので，早めに手続きを行ってください。

【 注 意 事 項 】

※1　全ての試験区分において，地方公務員法第16条に規定する欠格条項に該当する人は受験できません。
・禁錮以上の刑に処せられ，その執行を終わるまで又はその執行を受けることがなくなるまでの人
・総社市職員として懲戒免職の処分を受け，当該処分の日から2年を経過しない人
・日本国憲法施行の日以後において，日本国憲法又はその下に成立した政府を暴力で破壊することを主張する政党その他の団体を結成し，又はこれに加入した人　など

※2　消防職員を除き，国籍は問いません。「永住者」及び「特別永住者」の人は受験できます。
外国籍の職員の配置や昇任は，「日本国籍を有しない者は公権力の行使又は公の意思の形成への参画にたずさわる職に就くことができない」という公務員の基本原則により行い，従事できる業務に制限があります。

※3　受験申込の重複はできません。必ず，申込の際に，申込書の試験区分に☑をしてください。また，申込後の区分変更もできません。

※4　幼稚園教諭・保育教諭については，第1次試験の結果，第2次試験の受験資格が得られなかった場合，及び第2次試験の結果，総社市職員採用候補者名簿に登載されなかった場合は，総社市教育委員会から総社市立幼稚園・こども園会計年度任用職員登録に関する情報提供をします。情報提供の希望の有無を，採用試験申込書裏面の備考欄に記入してください。

※5　7月に実施した総社市職員採用試験（一般事務（A））を受験した人は，この度の採用試験（一般事務職員）に申し込むことはできません。

3　第1次試験の日程等

試験区分	日　　時	場　　所
一般事務職員	令和5年9月17日（日） 試験開始時間　午前9時00分	総社市総合福祉センター （総社市中央一丁目1番3号）
消防職員	令和5年9月17日（日） 試験開始時間　午前9時00分	総社市消防本部 （総社市小寺377番地）
土木技術職員 建築技術職員 幼稚園教諭・ 保育教諭	令和5年9月17日（日） 試験開始時間　午後1時00分	総社市総合福祉センター （総社市中央一丁目1番3号）

※　報道機関が試験の様子を取材する場合があります。

※　試験開始時間の10分前までに入室・着席してください。試験開始までに入室しない場合は受験できません。

※　試験終了時間は試験区分によって異なります。（消防職員は，午後にも試験があります）。

※　受験会場の変更など，試験実施に関する緊急連絡がある場合は，「総社市ホームページ」へ掲載してお知らせしますので，事前に確認してください。

4　第1次試験受験にあたっての注意事項

（1）受験票，筆記用具（HBの鉛筆，消しゴム）を持参してください。

（2）総社市総合福祉センターで実施する試験については，敷地内で新庁舎建築中のため駐車場がありません。車での来場はご遠慮ください。公共交通機関または自転車でお越しください。

（3）試験会場は，敷地内全面禁煙です。

（4）試験会場内のゴミ箱は使用できません。ゴミはすべて持ち帰ってください。

（5）車いすの使用等，受験に際して配慮が必要な人は，あらかじめ総務課職員係までご連絡ください。

5　試験の内容

（1）一般事務職員

区分	科目	形式　時間　内容等	
第1次試験	適性検査	職務遂行に必要な適性についての検査	
	教養試験	択一式（120分）	公務に必要な一般的な知識，知能及び教養についての試験
第2次試験	口述試験	・個別面接（2回）	

（2）土木技術職員

区分	科目	形式　時間　内容等	
第1次試験	適性検査	職務遂行に必要な適性についての検査	
	専門試験（大学卒業程度）	択一式（120分）	数学・物理，応用力学，水理学，土質工学，測量，土木計画（都市計画を含む。），材料・施工
	専門試験（短大・高校卒業程度）	択一式（90分）	数学・物理・情報技術基礎，土木基礎力学（構造力学，水理学，土質力学），土木構造設計，測量，社会基盤工学，土木施工
第2次試験	口述試験	・個別面接（2回）	

（3）建築技術職員

区分	科目	形式　時間　内容等	
第1次試験	適性検査	職務遂行に必要な適性についての検査	
	専門試験（一級建築士免許取得者）	択一式（120分）	数学・物理，構造力学，材料学，環境原論，建築史，建築構造，建築計画（都市計画，建築法規を含む。），建築設備，建築施工
	専門試験（上記以外）	択一式（90分）	数学・物理・情報技術基礎，建築構造設計，建築構造，建築計画，建築法規，建築施工
第2次試験	口述試験	・個別面接（2回）	

（4）消防職員

区分	科目	形式　時間　内容等	
第1次試験	適性検査	職務遂行に必要な適性についての検査	
	教養試験	択一式（120分）	時事などの一般知識　及び　文章理解などの能力について問う試験
	体力検査	「消防」 握力，上体起こし，懸垂（女性は斜め懸垂），腕立て伏せ，反復横とび，２０mシャトルラン，立ち幅とび ※雨天等の場合，種目を変更する場合があります。 ※運動靴（屋外用），運動できる服装，タオル，飲み物を持参してください。	
第2次試験	口述試験	・プレゼンテーション討論　・個別面接	

（5）幼稚園教諭・保育教諭

区分	科目	形式　時間　内容等	
第1次試験	適性検査	職務遂行に必要な適性についての検査	
	専門試験	択一式（90分）	社会福祉・こども家庭福祉，保育の心理学，教育学・教育法規，保育原理・保育内容，こどもの保健
第2次試験	口述試験	・個別面接又は集団面接	
	実技	◎絵画実技・・・当日課題を指定 　　　　　　　　　持参品：鉛筆，クレヨン又はパス（１２色程度） ◎音楽実技・・・次に示す３曲のうち，試験日当日試験官が指定する 　　　　　　　　　１曲をピアノで弾き歌いする。 　　　　　　　　　伴奏型，調については自由とする。（楽譜持参可） 　・ふしぎなポケット　　作詞：まどみちお　作曲：渡辺茂 　・まっかな秋　　　　　作詞：薩摩　忠　　作曲：小林秀雄 　・もりのくまさん　　　作詞：馬場祥弘　　作曲：アメリカ民謡 ◎模擬保育・・・当日課題を指定	
	口述試験	・個別面接	

【 全職種共通 】

※　第２次試験は１０月中旬～下旬に行います。詳しい日程は，第１次試験合格者に合格通知とあわせてお知らせします。

※　第１次試験の適性検査の結果は，第２次試験の口述試験の参考とします。

6　受験申込手続

<table>
<tr><td rowspan="3">申込書の入手方法</td><td>郵送で請求する場合</td><td>封筒の表に「採用試験受験案内請求」と朱書し，返信用封筒（あて先明記，１４０円分の切手を貼った角２封筒）を同封して，下記申込先に請求してください。</td></tr>
<tr><td>インターネットで出力する場合</td><td>総社市ホームページ（https://www.city.soja.okayama.jp/）から，申込書をＡ４サイズの用紙に印刷し使用してください。（両面印刷が望ましい）</td></tr>
<tr><td>直接受け取る場合</td><td>配付場所　・総社市役所本庁舎１階 玄関案内　　　・各出張所
　　　　　　・本庁舎２階 総務部総務課
　　　　　　・本庁舎１階西口 当直室（夜間や休日等の市役所閉庁時）</td></tr>
<tr><td rowspan="2">申込方法

提出された書類は一切返却できませんので，ご了承ください。</td><td>提出書類</td><td>〇申込書１通（指定用紙）
1　申込書に必要事項を記入し，署名してください。
　※ 学歴，資格・免許，経歴欄について，書ききれない場合は，Ａ４サイズの別紙（様式自由）に記載し添付してください。
2　申込書には写真（タテ4cm×ヨコ3cm）を貼ってください。
3　試験区分はいずれか１つに☑をしてください。１人で複数の試験区分に申し込むことはできません。
4　高等学校卒業見込みの人は，全国高等学校統一用紙の履歴書を使用することも可能です。試験区分を写真上部に記入してください。
〇受験票１通（指定用紙）
　必要事項を記入し，指定用紙を切り取り，**受験票のみ**送付してください。
〇その他必要書類
1　一般事務職員「障がいのある人」を受験する人は，身体障害者手帳等の写し
2　救急救命士資格取得者は，その資格者証の写し
3　一級建築士試験及び二級建築士試験の合格者は，合格通知書の写し又は建築士免許の写し
4　幼稚園教諭・保育教諭を「年齢特例」や「第１次試験免除」で受験する人は，それぞれの許可書
〇郵送で申し込みをする場合
　封筒の表に「採用試験受験申込」と朱書し，受験票送付用の返信用封筒（あて先明記，８４円分の切手を貼った長封筒）を同封してください。</td></tr>
<tr><td>申込先</td><td>〒719-1192　総社市中央一丁目１番１号
総社市役所　総務部総務課職員係　　　TEL(0866)92-8220</td></tr>
<tr><td colspan="2">受付期間</td><td>令和５年８月１日（火）～８月１５日（火）※土・日曜日，祝・休日を除く
午前８時３０分～午後５時１５分
郵送の場合は，８月１０日（木）までの消印有効
※ 記入もれなど書類不備の場合は受付が出来ない（受験票の交付が出来ない）場合がありますので，申し込みは早めに行ってください。
※ 申込書の内容を電話で確認する場合があります。申込書には，確実に連絡のとれる電話番号を正確に記入してください。
※ 郵便事故があった場合の責任は負いません。（簡易書留が望ましい）</td></tr>
</table>

| 受　験　票 | 1　申込受付後，受験票を交付します。（郵送による申し込みの場合は，送付します。）
2　郵送による申し込みの場合で，令和5年8月25日（金）までに受験票が到着しない場合は，総務課職員係までお問い合わせください。 |

第2次試験受験時には，各種免許や資格取得（見込）証明書，卒業（見込）証明書，学業成績証明書，健康診断票（消防職員のみ。）が必要となります。

7　第1次試験合格発表

| 令和5年10月6日（金）　予定 | ・総社市役所前掲示場
・総社市ホームページ
　※合格者には直接通知します。 |

※ 第1次試験に合格されなかった場合，希望者は本人の成績（得点のみ）についての開示請求をすることができます。**受験者本人が，本人であることを証明する書類（免許証等）を持参の**うえ，合格発表の日から2週間以内に直接，総務課職員係へ来庁のうえ請求してください（合格者の成績は開示しません。）。なお，第2次試験の成績は開示しません。

8　採　用

　最終合格者は，試験区分ごとに総社市職員採用候補者名簿に登載され，令和6年4月1日以降，必要に応じて採用されます。この名簿の有効期限は，令和7年3月31日までとし，有効期間内に採用されなかった場合は失効となります。

　また，受験資格がないこと又は申込書の記載事項が正しくないことが判明した場合は，合格を取り消すことがあります。ただし，令和5年度中に実施される資格試験を受験し，令和6年4月以降に合格となる場合は，この限りではありません。

9　給　与

　採用時の給料月額（初任給）は，総社市職員給与条例等の基準に定めるところによります。（令和5年4月1日現在）

幼稚園教諭・保育教諭　　　（大学卒）199,600円
行政職（上記以外の職）　　（大学卒）193,400円，（短大卒）171,200円，
　　　　　　　　　　　　　（高校卒）160,300円

　なお，職歴等を有する人は，それぞれの経歴を勘案して決定されます。
　その他，扶養手当，住居手当，通勤手当，期末・勤勉手当等の諸手当が，それぞれの条件によって支給されます。

【問い合わせ先】
総社市　総務部総務課職員係
TEL：(0866)92-8220
E-mail：soumu@city.soja.okayama.jp
ホームページ：https://www.city.soja.okayama.jp/

総社市の自治体情報

人口増加につなげる

令和5年度予算

令和5年度を「人口7万人再挑戦の年」と位置づけ、子育てをしやすい環境を作る「子育て王国そうじゃ」の拡充、南北道の整備をはじめとする「そうじゃグランドデザイン」をさらに進めていきます。

■一般会計の歳入と歳出の内訳

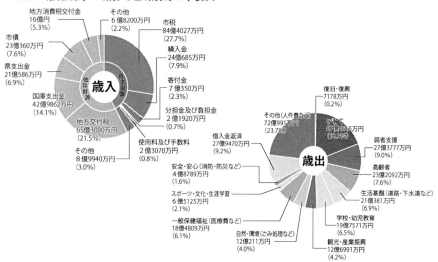

歳入

依存財源
- 地方消費税交付金 16億円（5.3%）
- その他 6億8200万円（2.2%）
- 市債 23億360万円（7.6%）
- 県支出金 21億586万円（6.9%）
- 国庫支出金 42億9862万円（14.1%）
- 地方交付税 65億3000万円（21.5%）
- その他 8億9940万円（3.0%）

自主財源
- 市税 84億4027万円（27.7%）
- 繰入金 24億685万円（7.9%）
- 寄付金 7億350万円（2.3%）
- 分担金及び負担金 2億1920万円（0.7%）
- 使用料及び手数料 2億3070万円（0.8%）

歳出
- 復旧・復興 7178万円（0.2%）
- 子育て 57億6816万5千円（19.0%）
- 弱者支援 27億3777万円（9.0%）
- 高齢者 23億2092万円（7.6%）
- 生活基盤（道路・下水道など）21億381万円（6.9%）
- 学校・幼児教育 19億7571万円（6.5%）
- 観光・産業振興 12億6991万円（4.2%）
- 自然・環境（ごみ処理など）12億211万円（4.0%）
- 一般保健福祉（医療費など）18億4809万円（6.1%）
- スポーツ・文化・生涯学習 6億5125万円（2.1%）
- 安全・安心（消防・防災など）4億8789万円（1.6%）
- 借入金返済 27億9470万円（9.2%）
- その他（人件費など）72億991万円（23.7%）

■一般会計・特別会計・公営企業会計別の予算額

区　　　分	令和5年度	令和4年度	増　　減	前年度比
一般会計	304億2000万円	302億5000万円	1億7000万円	0.6%
特別会計	151億7000万円	150億7200万円	9800万円	0.7%
国民健康保険	69億5000万円	68億8000万円	7000万円	1.0%
後期高齢者医療	10億3700万円	10億4700万円	▲1000万円	▲1.0%
介護保険	65億1300万円	63億6500万円	1億4800万円	2.3%
国民宿舎事業費	6億7000万円	7億8000万円	▲1億1000万円	▲14.1%
公営企業会計	64億3500万円	73億8140万円	▲9億4640万円	▲12.8%
水道事業	29億6200万円	41億6760万円	▲12億560万円	▲28.9%
工業用水道事業	3770万円	3740万円	30万円	0.8%
下水道事業	34億3530万円	31億7640万円	2億5890万円	8.2%
合計	520億2500万円	527億340万円	▲6億7840万円	▲1.3%

令和5年度当初予算の主な事業

学校・幼児教育

■学校力向上教員加配事業
1億9052万4000円
学校力向上などに取り組むため、各学校の課題に応じて教員を加配するもの

■義務教育学校準備事業
100万円
義務教育学校の開校に伴い、現存施設の利活用の検討を行うもの

■小・中学校情報通信機器等整備事業
7499万6000円
GIGAスクール構想に基づく教材や機器、通信などに係る経費

■幼稚園預かり保育事業
5958万円
幼稚園の魅力化向上と保育所（園）の待機児童解消のため、幼稚園預かり保育を実施するもの

■幼稚園給食実施事業
9704万6000円
幼稚園の魅力化向上のため、令和5年度から市内の全幼稚園で給食を開始するもの

一般保健福祉

■健康インセンティブ事業
4231万5000円
健康づくり施策として、「歩いて獲得！健康商品券」事業や自転車を活用した「サイクリングで獲得！健康商品券」事業を行うための経費

■がん検診推進事業
6518万3000円
がん検診（胃がん・大腸がん・結核・肺がん・前立腺がん・子宮がん・乳がん・腹部超音波検査）を実施するための経費

■後期高齢者保健・予防事業
376万2000円
フレイル予防対策や疾病の重症化予防を講じるための経費

高齢者

■総社市新生活交通経費
8845万7000円
交通空白地を解消し、高齢者など交通弱者の移動手段を確保するため、戸口から戸口までを結ぶ乗り合いタクシー「雪舟くん」を運行する経費

■いきいきチケット事業
364万3000円
公共交通機関の利用が困難な要支援・要介護者や障がいのある人が、介護タクシーなどを利用する際の料金を助成するもの

■給食サービス事業
931万8000円
高齢者の食生活の安定や改善、健康の保持・増進を図るとともに、安否確認や孤独感の解消などのために弁当を配達するもの

子育て

■都市児童健全育成事業
2億3131万3000円
放課後児童クラブを開設し、適切な遊びや生活の場の提供を図る経費

■私立保育所等運営委託事業及び
私立保育所助成事業
22億224万1000円
私立保育所12カ所、公設民営保育所1カ所、小規模保育所、事業所内保育所の運営費と事業費の補助

■ヤングケアラー等支援事業
276万6000円
ヤングケアラーのいる世帯に、育児支援ヘルパーを派遣するなどの支援を行うもの

■出産・子育て応援給付金支給事業
6027万円
妊娠・出産・育児期を安心して過ごせるよう、支給するもの

■小児医療費支給事業
2億7500万円
中学3年生までの児童が医療を受けた場合に、自己負担額の全額を給付する経費

■障害児施設通所費等支給事業
5億2027万3000円
身体・知的・精神（発達含む）に障がいのある満18歳未満の児童の施設通所を支援するもの

弱者支援

■ひきこもり支援事業
1727万円
相談窓口や居場所の設置、就労支援などのひきこもり支援を行い、社会復帰につなげていくもの

■障害者自立支援福祉サービス給付等事業
13億9844万3000円
障がいがある人の日常生活や地域生活を支援するために、各種サービスを提供するもの

■障がい者千五百人雇用事業
2200万4000円
障がいがある人の雇用促進と就労の安定を目指し、支援を行うもの

復旧・復興

■美袋・秦地区排水対策事業
1929万8000円
美袋地区の道路冠水対策工事費と美袋・秦地区の排水機場に係る維持管理経費

■福谷地区農地復興造成事業
1500万円
平成30年7月豪雨災害で被災した福谷地区の農地を堤防の高さまでかさ上げするもの

安全・安心

■長良排水機場改良事業　　　1億3500万円
集中豪雨時の冠水解消のため、ポンプの増設を行うもの

■ため池関連事業　　　　　　5400万円
ため池の安全対策やしゅんせつ、ハザードマップを作成するもの

■消防団活動経費　　　　　8601万9000円
消防団の活動にかかる経費

■消防施設整備事業　　　　8306万円
消防車両や施設、機器の整備を行うもの

■避難所感染症対策事業　　　495万円
避難所の感染症対策として、ワンタッチパーテーションを購入するもの

スポーツ・文化・生涯学習

■そうじゃ吉備路マラソン大会経費
　　　　　　　　　　　　　3403万7000円
そうじゃ吉備路マラソン大会を開催する経費

■学び直し教室事業　　　　350万円
不登校などの理由から十分な教育を受けられないまま中学校を卒業した人などの学び直しを支援するもの

■地域部活動推進事業　　1401万3000円
中学校部活動の地域移行を推進するための経費

その他

■大学交流促進事業　　　217万1000円
包括協定を締結している大学と政策分野で連携するため、人的交流や知的・物的資源の相互利用などを図る経費

■デジタル化推進事業　　228万9000円
新たな技術やデータを活用し、市民の利便性の向上と行政運営の効率化を図るため、デジタル化を推進するもの

■地域づくり自由枠交付金　8372万2000円
地域の事情や特色に合った活動に対して、有効に活用できる交付金を交付するもの

■ふるさと納税関連経費　3億9194万6000円
ふるさと納税のさらなるPRに努め、歳入確保と関係人口の増加を図るもの

■市民農園整備事業　　　　337万円
農業者以外の人が農業に対する理解を深めるために新たに市民農園を設置し、既存農園とともに管理を行うもの

生活基盤

■交通安全対策事業　　　　3350万円
交通安全施設の整備により、地域と連携して交通事故防止を推進するもの

■地域交通対策経費　　　3655万8000円
鉄道や路線バス、タクシーなどの公共交通を維持するための経費

■道路維持経費　　　　　1億4061万円
市道の修理や舗装補修などに要する経費

■市営住宅整備事業　　　6535万3000円
老朽化した市営住宅の改修による居住環境の向上、不用となった施設の用途廃止を進め集約化を図るための経費

■地区計画策定支援事業　　257万4000円
市街化調整区域における地区計画の策定支援を行うもの

観光・産業振興

■観光施設維持管理経費　　3727万7000円
観光施設の管理・運営体制を充実させ、観光客受け入れ基盤を整えるもの

■観光プロジェクト経費　　1682万3000円
観光大学や赤米フェスタ、あかりおひろい事業のほか、アフターデスティネーションキャンペーンの実施に係る経費

■大規模工場等立地促進補助金　　2522万円
企業の立地を促進し雇用機会の拡大を図るため、大規模工場などを立地した企業に補助を行うもの

自然・環境

■浄化槽設置整備事業補助金　5945万9000円
公共用水域の水質汚濁を防止するため、浄化槽の設置や修繕に係る費用を補助するもの

■地球温暖化対策事業　　　1506万1000円
地球温暖化対策と再生可能エネルギーの推進を図るもの（電気自動車などの導入費助成）

■ごみ収集事業　　　　2億4097万1000円
市内のごみ収集・運搬やごみ集積所などに係る経費

■公園施設長寿命化対策事業
　　　　　　　　　　　　　7172万8000円
遊具の安全確保などを目的に公園施設の長寿命化対策に取り組むもの

「広報そうじゃ　2023年5月号」より抜粋

40

玉野市の試験情報

ⓒいしいひさいち

令和5年度
玉野市職員採用試験受験案内
〔事務職〕

玉野市では、より良い人材を採用するため『人物重視』の採用試験を行います。

玉野市が求める職員像

『思いを持って、自ら考え行動する職員』

○ 問題解決、目標達成に向けて行動できる人
○ 知識・技術の習得に向けて常に努力できる人
○ コミュニケーションを円滑に図ることができる人

第1次試験	令和5年8月27日（日）
受付期間	令和5年6月1日（木）～7月21日（金）

※試験実施に関して緊急にお知らせする事項がある場合、玉野市職員採用ホームページやＳＮＳに掲載する予定ですので、必ず事前に確認をお願いします。

1 職種および採用予定人員

職種	採用予定人員	職務の内容
事 務 職	5名程度	一般行政事務

2 受験資格

職種	年齢要件	学歴・資格要件
事 務 職	平成5年4月2日以降に生まれた人（30歳以下）	高等学校卒業又は同等以上の資格があると認められる人

（注）次のいずれかに該当する人は受験できません。
① 地方公務員法第16条に規定する欠格条項に該当する人
・ 禁錮以上の刑に処せられ、その執行を終わるまで又はその執行を受けることがなくなるまでの人
・ 玉野市職員として懲戒免職の処分を受け、当該処分の日から2年を経過しない人
・ 日本国憲法又はその下に成立した政府を暴力で破壊することを主張する政党その他の団体を結成し、又はこれに加入した人
② 日本の国籍を有しない人
③ 平成11年改正前の民法の規定による準禁治産の宣告を受けている者（心神耗弱を原因とするもの以外）

3 玉野市職員採用ホームページ

電子申請の手続きや、合格発表等、採用試験の情報を掲載しています。
災害発生等により公共交通機関の運行に支障が出た場合や、試験実施に関して緊急にお知らせする事項がある場合には、玉野市職員採用ホームページやSNSでお知らせします。

4 試験の内容

	科目	内容
第1次試験	教養	社会への関心と理解、言語的な能力、論理的な思考力（択一式、75分）
第2次試験	個別面接	人柄等についての面接
	グループワーク	与えられた課題についてグループで検討
第3次試験	適性検査（web）※	人物、職務適性、対人関係能力等について
	個別面接	人柄等についての面接

※ 適正検査は、一定の期間中に、自宅や学校等のパソコンで受検いただきます。適性検査受検のURLは、第2次試験合格者に電子メールでお送りする予定です。なお、パソコンがない等の理由で受検が難しい場合は、玉野市役所にて受検することも可能ですので、お問い合わせください。

5 受験手続

原則、電子申請による申込みのみ受け付けます。

申込み方法	玉野市職員採用情報のホームページより手続きをお願いします。手続きの詳細については、ホームページをご覧ください。 https://www.city.tamano.lg.jp/site/saiyo/
受付期間	**令和5年6月1日（木）～令和5年7月21日（金）**の期間に申請可能です。**令和5年7月21日（金）23:59**までに申請を完了してください。
受験票の作成	入力されたメールアドレスあてに、**令和5年8月10日（木）**までに受験票に関する電子メールを送信します。受験申込者は、受験票をＡ４用紙に印刷し、受験番号等を記入して試験当日に持参してください。なお、電子メールが期日までに届かない場合は、必ず事務局へ連絡してください。

（注意事項）

・ ご自宅にインターネット環境がない方は、学校等のインターネット環境をご利用ください。
・ プリンターをお持ちでない方は、コンビニエンスストアのプリントサービス等をご利用ください。
・ その他、特別な事情で電子申請による申込ができない方は、**令和5年7月7日（金）**までに事務局までご連絡ください。

6 第1次試験の日程

① 実施日　令和5年8月27日（日）
② 試験会場　学校法人加計学園　玉野総合医療専門学校（玉野市築港1丁目1番20号）

　試験会場には受験者用の駐車場、駐輪場はありません。公共交通機関でお越しください。

　■JR宇野駅から徒歩約10分。

③ 受付時間・試験時間　受験票に記載の時間

　受付時間および試験時間は採用試験委員会で決定し、受験票に記載します。

7 第1次試験当日の注意事項

（1）受験票、筆記用具（HBの鉛筆またはシャープペンシル、ボールペン、消しゴム）、上履き、下足袋を持参してください。
（2）試験会場は禁煙です。また、ゴミは全て持ち帰ってください。
（3）車椅子等で受験される方は、事前に事務局へご連絡ください。

8 第1次試験合格発表

　9月8日（金）（予定）に、市役所掲示板に合格者の受験番号を掲示します。同じものを玉野市職員採用ホームページにも掲載します。受験者には、合否にかかわらず全員に郵便で通知します。電話等による問い合わせにはお答えできません。

9 第2次試験以降の日程

　第2次試験を9月下旬頃、第3次試験を10月下旬頃に行います。詳しい日程や内容は、合格通知に同封します。最終合格発表は11月上旬頃の予定です。

10 試験結果の開示

　試験の点数や順位は、第3次試験の合格発表後に不合格者にのみ開示します。電話等によるお問い合わせにはお答えできません。請求期限は、第3次試験の合格発表から1か月以内です。

　請求方法および開示内容は、玉野市職員採用ホームページをご覧ください。

11　合格から採用まで

　　最終合格者は、採用候補者名簿に登録され、令和6年4月1日以降に欠員が生じた場合、必要に応じて成績順に採用します。なお、この名簿の有効期間は、登録の日から1年間です。

　　受験資格を満たす見込みの人で、採用候補者名簿に登録された人が、令和6年3月31日までに資格要件を満たさなかった場合は、採用候補者名簿から削除します。

　　受験資格がないこと、受験申込書の記入事項等に虚偽があったこと、または試験において不正の行為をしたことが判明した場合は、合格を取り消す場合があります。

12　勤務条件・福利厚生

■初任給・手当

（1）初任給

大学卒	185,200 円
短大卒	164,100 円
高校卒	154,600 円

今後の給与改定によって、金額が増減することがあります。

職歴等を有する人は、条件により給料月額が加算される場合があります。

（2）手当

　　扶養手当、住居手当、通勤手当、期末・勤勉手当等が、条件によって支給されます。

■勤務時間・休暇など

勤 務 時 間	週38時間45分勤務 （8:30～17:15 うち休憩1時間　ただし、配属先により異なる）
休 日	土・日曜日、祝日、年末年始（12/29～1/3）（ただし、配属先により異なる）
休 暇	年次有給休暇20日、夏季休暇5日、介護休暇、産前・産後休暇など
そ の 他	育児休業、育児部分休業、育児短時間勤務など

■福利厚生

（1）健康維持・管理

　　定期的な健康診断の実施と人間ドック受診の際の助成を行っています。

（2）年金・健康保険など

　　岡山県市町村職員共済組合への加入により、年金・健康保険などの制度が充実しています。また、職員互助会で各種給付事業や保険の団体扱いなどを行っています。

13　人事制度

（1）計画的なジョブ・ローテーション（人事異動）

時期の目安	職場の配置
採用～30代前半	3か所程度の職場を経験
30代前半～40代前半	最も能力を発揮できる職場に配置
40代前半～定年	これまでの経験を活かした適材適所の職場に配置

（2）自己申告制度

　　これからの人生や仕事において自分自身の「なりたい姿」を考え、申告することができる制度です。申告した内容は、人事異動を考える際の判断材料としています。

（3）人事評価制度

　人材育成を目的に「能力評価」、「業績評価」を行います。その結果は、給料および勤勉手当に反映されます。

　「能力評価」は、それぞれの役職で業務を遂行する上で必要な能力、責任感や挑戦、改善する意識など、業務に対する姿勢を評価します。

　「業績評価」は、自ら目標を設定し、その目標達成に向けて取り組んだ成果について評価します。

（4）昇任選考

　モチベーションを高めることができるよう、各職位に応じて昇任選考を実施しています。

（5）能力開発

　新規採用時や昇任後などの節目に研修を実施し、それぞれの職位に求められる能力の習得および各職員のキャリア開発を支援します。

　また、各職場で求められる専門的知識・技能や、職員として必要な能力を身に付けることができるよう研修を受講させ、職員の能力開発を支援しています。

（6）新規採用職員育成制度（メンター制度）

　新規採用職員の育成を支援するため、先輩職員をメンター（良き相談者）として、採用から1年間サポートしています。

（7）人事交流

　幅広い視野を持った職員を育成するため、国および他の自治体、関係機関などへの派遣、相互交流を行っています。

　他の組織で仕事をすることで視野や人脈を広げ、その後の職業生活の質を向上させるとともに、派遣先での多様な経験を得ることで、玉野市において新たな価値の創造につなげることを期待しています。

14　働きやすい職場環境づくり

　玉野市では、以下のような職場づくりを推進しています。

　職員一人ひとりがチームワークを重視し、連携協力して業務遂行できる職場づくり

　職員のやる気を高め、その能力を発揮できるような職場づくり

　ワーク・ライフ・バランスにも配慮した、明るく風通しの良い職場づくり

申込み、問合せ先

玉野市職員採用試験委員会
　（事務局　玉野市総務部人事課）

〒706-8510　玉野市宇野1丁目27番1号
電話：0863-32-5515
電子メール：jinji@city.tamano.lg.jp

※ 電話の受付時間　8:30〜17:15（土曜日、日曜日、祝日を除く）

玉野市の自治体情報

令和5年度当初予算の概要

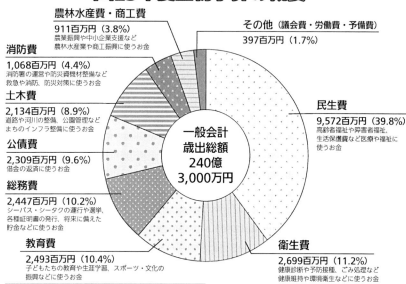

農林水産費・商工費
911百万円（3.8%）
農業振興や中小企業支援など
農林水産業や商工振興に使うお金

消防費
1,068百万円（4.4%）
消防署の運営や防災資機材整備など
救急や消防、防災対策に使うお金

土木費
2,134百万円（8.9%）
道路や河川の整備、公園管理など
まちのインフラ整備に使うお金

公債費
2,309百万円（9.6%）
借金の返済に使うお金

総務費
2,447百万円（10.2%）
シーバス・シータクの運行や選挙、
各種証明書の発行、将来に備えた
貯金などに使うお金

教育費
2,493百万円（10.4%）
子どもたちの教育や生涯学習、スポーツ・文化の
振興などに使うお金

その他（議会費・労働費・予備費）
397百万円（1.7%）

民生費
9,572百万円（39.8%）
高齢者福祉や障害者福祉、
生活保護費など医療や福祉に
使うお金

衛生費
2,699百万円（11.2%）
健康診断や予防接種、ごみ処理など
健康維持や環境衛生などに使うお金

一般会計
歳出総額
240億
3,000万円

当初予算額

○一般会計 ※1	240億3,000万円
○特別会計 ※2	
国民健康保険事業	80億2,797万円
競輪事業	227億3,357万円
海洋博物館事業	6,729万円
病院事業債管理	37億9,356万円
介護保険事業	78億672万円
後期高齢者医療事業	12億2,919万円
○企業会計 ※3	
水道事業	30億1,529万円
下水道事業	54億2,822万円
予算総額	761億3,180万円

※表示単位未満を四捨五入して表示しているため、表上の数値で計算した場合に一致しない場合があります（以下同様）。
※1　一般会計…　教育、福祉、道路整備など地方公共団体が行うこととされる基本的な事業を経理する会計
※2　特別会計…　国民健康保険や介護保険など、一般会計と区別して経理する特定事業の会計
※3　企業会計…　水道、下水道といった料金収入で運営する会計

３月の定例市議会を経て、令和５年度に玉野市がどのようなまちづくりをするか、その方針や予算が決まりましたのでお知らせします。

総合計画の策定

今年度は、新たな総合計画のスタートの年となります。

今後の様々な負担の増加にも備えつつ、総合計画における本市の将来像「誰もが行ってみたい、住み続けたいまち」の実現を加速化するために予算を編成しました。

「まちが人を育て、人がまちを育てる」を目標に

今後、人口減少や少子高齢化の影響などにより、地域社会の担い手不足や社会保障費の増大など、厳しい状況が懸念されます。

このような状況でも、本市が持続可能なまちとして次の世代に引き継いでいけるよう、本市の地域資源を最大限活用し、「まちが人を育て、人がまちを育てる」好循環を生み出すさまざまな施策をスピード感をもって進めていきます。

問
財政課
☎
32・5503

46

令和5年度一般会計予算の主な事業

市役所本庁舎の建て替え

【公共施設交通政策課】　　1億7,525万円

　耐震性の不足や老朽化といった課題を抱える市庁舎について、「市民の安全を守り、人と環境にやさしく、市民に親しまれる庁舎」として建て替えるため、工事に向けた設計などを行います。

市役所本庁舎▶

こども医療費助成の拡充

【福祉政策課】　　2億2,578万円

　子どもの病気やけがの際に安心して医療機関を受診できるよう、医療費（保険診療分）が無料となる「こども医療費助成制度」について、10月から対象年齢を18歳（18歳に達してから最初の3月31日）までに拡充し、さらなる子どもの健康保持と、子育て家庭の経済的負担を軽減します。
イメージ写真▶

企業立地の促進

【商工観光課】　　750万円

　在宅ワークに必要な知識やスキルを学ぶ機会の提供や、リモートワークブースの試験的な設置、IT関連や管理部門などの立地を図る企業に対する奨励金の新設などにより、市内への新たな産業の誘致を図ります。

▲市内に立地が決定した「Power Base」イメージ
（株）パワーエックス提供

自転車のまちづくり

【商工観光課】　　555万円

　周辺自治体と連携し、回遊性を高めることができる観光施策として注目されるサイクルツーリズムを推進し、自転車のまちづくりに取り組みます。
　サイクリングルートをブラッシュアップし、マップや動画の作成により、市外・県外からのサイクリストを呼び込むことで、新たな誘客促進と市内消費の活性化を図ります。

イメージ写真▶

外国人の英語指導助手（ALT）の派遣

【学校教育課】　　2,746万円

　小学校・中学校・高等学校に外国人の英語指導助手（ALT）を派遣し、英語によるコミュニケーション能力の向上を図るとともに、外国の文化に触れることにより、子どもたちの国際感覚を養います。

▲小学生によるスチューデントガイド

地域おこし協力隊の受入れ

【総合政策課】　　1,030万円

　都市地域から本市へ住民票を移した人を「地域おこし協力隊」として委嘱し、隊員自身の能力や知識を活かした取り組みを行い、移住定住事業の強化と地域課題の解決に努めます。

イメージ写真▶

個別避難計画の作成

【福祉政策課】　　192万円

　避難時に特に支援が必要な、高齢者や障害者などの避難行動要支援者について、ケアマネージャーや自治会、自主防災組織と連携しながら「個別避難計画」の作成に取り組みます。

各種手続きのデジタル化

【総務課】　　747万円

　市民生活に関わりのある手続きなどを中心に、窓口に加えて、パソコンやスマートフォンなどからオンラインで行える手続きなどを拡充し、サービスや利便性の向上を図ります。

「広報たまの　2023年5月号」より抜粋

第2部

教養試験
社会科学・人文科学

- 政治・経済・社会
- 歴　史
- 地　理

社会科学　政治・経済・社会

政治：学習法としては，まず，出題傾向をしっかり把握すること。出題形式や出題内容は当然変わっていくが，数年単位で見ると類似した内容を繰り返していることが多い（後述の「狙われやすい！重要事項」参照）。そのような分野を集中的に学習すれば効果的である。学習の中心となるのは基礎・基本の問題であるが，要点がまとまっているという点で，まずは本書の問題にしっかり取り組むとよい。そしてその学習の中で問題点や疑問点が出てきた場合に，教科書・学習参考書・辞典・専門書で学習内容をさらに高めていこう。

経済：まず高等学校の「政治・経済」の教科書で，次の項目のような主要な要点をまとめてみよう。

(1) 国内経済…金融政策・財政政策・景気変動・国民所得・GNIとGDP・三面等価の原則・国家予算・独占禁止法・公正取引委員会など

(2) 第二次世界大戦後の国際経済の歩み…OECD・EEC→EC→EU・GATT→WTO

(3) 国際経済機構…IMF・IBRD・IDA・UNCTAD・OPEC・OAPEC・ケネディラウンド → ウルグアイラウンド → ドーハラウンド・FTA → EPA → TPP

最新の動向については，ニュースや時事問題の問題集等で確認しておこう。

社会：社会の学習法は，問題を解くことと合わせて，新聞等を精読するに尽きる。記事をスクラップするなどして，系統的に理解を深めていくことが大切である。新聞などに掲載されている社会問題は，別の様々な問題と関連していることが多い。1つのテーマを掘り下げて理解することにより，社会で起きている時事的な問題をより横断的に結びつけてとらえることが可能となる。そのためにも，様々なメディアを通じて日々新しい情報をチェックし，政治・経済・社会・環境など，網羅的にニュースを把握しておくようにしておきたい。

狙われやすい！ 重要事項

☑ 国会や選挙の制度

☑ 国際的な機構や国際政治

☑ 基本的人権（各論まで）

☑ 金融政策や財政政策の制度と実情

☑ 少子高齢化や社会保障

☑ 日本経済の実情

☑ 日本と世界の国際関係

☑ 科学技術や医療などの進歩

☑ 社会的な課題

《 演 習 問 題 》

1 日本の行政機関に関する記述として，正しいものはどれか。

1　公正取引委員会は，内閣府の外局として設置された行政委員会であり，独占禁止法の運用を主たる任務としている。

2　三権分立の原則により，行政機関は前審であろうとも裁判的行為を行うことはできないため，強制力のある決定については全て司法裁判に委ねられている。

3　原子力規制委員会は，原子力発電所の安全性に関する審査を担う機関であり，経済産業省の外局として設置されている。

4　国と地方の紛争を処理する機関として，国地方係争処理委員会が設置されているが，この機関は典型的な独任制の形態をとっている。

5　消費者庁は，消費者行政の一元化を図るために，農林水産省の外局とし設置されている。

2 国家についての学説や国家観に関する記述として，妥当なものはどれか。

1　G.イェリネックは，国家の三要素として，構成員としての国民，統治の範囲を示す領土，国家の最高法規を決定できる立法権を挙げた。

2　階級国家観とは，国家を階級支配の道具ととらえる説であり，プラトンによって提起されて以来，各国の憲法に大きな影響を与えた。

3　ドイツの社会主義者F.ラッサールは，自由主義的な国家観がその役割を治安維持や国防に限定していることを批判して，最小限の役割しか果たさない国家を夜警国家と呼んだ。

4　20世紀に入り，失業や貧困などの社会問題が深刻化し，労働者保護のための立法活動が重視されるようになったことに伴い，行政国家から立法国家への変化が顕著になった。

5　J.ロックは，国家の権力が集中することの危険性を指摘し，権力を立法権，司法権，行政権の三権に分立することを提唱した。

3 各国の政治制度に関する記述として，妥当なものはどれか。

1　アメリカの連邦議会代議院は，大統領に対する不信任権を持ち，大統領は，それに対抗して代議院を解散することができる。

2　フランスの大統領は，重要な案件について国民投票に付託することができ，また，国民議会を解散することができる。

3　ドイツの首相は，国民の直接選挙によって選ばれるため，連邦議会の多数派と首相が属する会派が異なり，情勢が流動化することがある。

4　イギリスの内閣における首相や閣僚は，全員が庶民院の議員でなければならず，また，最高法院の裁判官は貴族院議員を兼職する。

5　イタリアの大統領は，議会の解散権，首相の任免権など強大な権限を持っており，それが同国の政治の安定をもたらしている。

4 日本における国と地方自治体における選挙権と被選挙権の要件に関する記述として，妥当なものはどれか。

1　選挙権が与えられる年齢は，国政選挙については20歳以上，地方選挙については18歳以上とされている。

2　地方議会選挙の被選挙権には住所に関する要件がある一方，都道府県・市町村長の被選挙権については，当該地域に居住していなくても立候補できる。

　3　被選挙権が与えられる年齢は，都道府県知事，衆議院議員，参議院議
　　員については30歳以上であり，都道府県議会議員，市町村長，市町村議
　　会議員については25歳以上である。
　4　地方選挙における外国人の選挙権については，首長選挙については与え
　　られていない一方，地方議会議員選挙については認められている。
　5　日本国籍を有しながら外国に居住する者については，日本国外にいる間，
　　国政選挙についての選挙権が停止される。

5 日本国憲法における直接民主制的規定に関する記述として，妥当なも
のはどれか。
　1　日本国憲法を改正する際，国民投票に先立ち，衆議院と参議院において，
　　出席議員の「三分の二以上」の賛成によって発議することが求められる。
　2　日本国憲法を改正する際に行われる国民投票において，投票に参加でき
　　るのは，「二十歳以上の国民」である。
　3　最高裁判所の国民審査において，投票者の過半数が裁判官の罷免を可
　　とするとき，その裁判官は罷免される。
　4　特定の地方公共団体のみに適用される地方特別法を制定する際には，そ
　　の地方公共団体から選出された国会議員の同意が必要となる。
　5　国民投票法は，国会が重要であると認めた法律案および条約について，
　　国会の議決を経た後，それを国民投票に付し，その過半数の賛成を成立の
　　要件とする旨を定めている。

6 各国の選挙制度に関する記述として，妥当なものはどれか。
　1　アメリカの連邦議会選挙は，元老院，代議院ともに，小選挙区制によっ
　　て行われているため，二大政党のいずれかに属さないと当選は困難である。
　2　イギリスの首相は，国民が直接投票する公選制が採用されているため，
　　庶民院の多数派とのねじれが度々生じている。
　3　中国の全国人民代表大会における各代表は，各省の有権者から直接選
　　ばれ，大会前には激しい選挙戦が繰り広げられる。
　4　フランスの国民議会選挙において，過半数の得票を得た候補者がいない
　　場合には，上位3名による決選投票が行われる。
　5　ドイツでは，大選挙区制による議会選挙が行われているため，小党分立
　　によって情勢が不安定化する現象が度々みられる。

7　**国際連合の安全保障理事会に関する記述として，妥当なものはどれか。**

　1　総会の決議には拘束力があるのに対して，安全保障理事会の決議は勧告的な意義を持つにとどまる。

　2　非常任理事国の選出については，総会における全加盟国による選挙により上位10ヵ国を選出する方式が採用されているため，地域的偏在が度々問題となった。

　3　安全保障理事会が扱った事項について，その後に総会が審議し，決議などを行うことは認められていない。

　4　安全保障理事会における実質事項の決議については，10ヵ国以上の賛成と，常任理事国による拒否権の行使がないことが要件となる。

　5　安全保障理事会は，常任理事国5ヵ国，非常任理事国10ヵ国で構成されており，国際連合の発足以来，その数に変動はない。

8　**日本の内閣に関する記述として，妥当なものはどれか。**

　1　内閣の独立と職務の円滑な遂行をはかるため，内閣を構成する国務大臣の数については，上限が設けられていない。

　2　国務大臣は，担当する省等における統括や事務を担当しなければならず，それを担当しない無任所大臣を置くことはできない。

　3　内閣総理大臣およびその他の国務大臣は，その全員が文民でなければならない。

　4　参議院において内閣総理大臣に対する問責決議案が可決された場合，内閣は総辞職しなければならない。

　5　内閣総理大臣は，その就任時点において衆議院議員でなければならない。

9　**経済政策に関する記述として，妥当なものはどれか。**

　1　公債発行を伴う拡張的財政政策は，クラウディング・アウトと呼ばれる金利の低下や民間投資の増加をもたらす。

　2　インフレターゲットは，物価の上昇率の目標を決め，それを達成するために金融政策を実施することである。

　3　ゼロ金利政策は，金融機関が企業等に融資する際に，返済額に手数料以外の金利を上乗せすることを禁ずる政策である。

　4　日本では，財政法により公共事業の財源として公債を発行することが禁

じられている。
5　日本において中央銀行が市場から買うことができる有価証券は，短期国債に限られている。

10　国際連盟と国際連合に関する記述として，妥当なものはどれか。
1　国際連盟では，理事会に強力な権限が集中し，総会の力が形式的なものにとどまったため，理事国以外の国々からの不満が少なくなく，後の機能停止の直接的な原因となった。
2　国際連盟では，加盟当初からソビエト連邦の影響力が大きかったため，日本やアメリカなどとの激しい対立をもたらした。
3　国際連合では，安全保障理事会における実質事項の決議には法的拘束力がある一方で，総会における決議の効力の多くは勧告的なものにとどまる。
4　国際連合の主要機関の1つである信託統治理事会の規約には，協議の対象として，各国政府に加え非政府組織が挙げられている。
5　国際連合の事務局を統括する事務総長は，高度の政治的な影響力がもとめられる場合が少なくないため，安全保障理事会の常任理事国出身の者を選出する慣例が定着している。

11　日本における法の効力に関する記述として，妥当なものはどれか。
1　条例は，特定の地方において制定され，その効力は当該地域に限定されるが，その効力を確定させるためには，総務大臣の承認が要件とされる。
2　最高裁判所が下す判決には，判例法としての実質的な効力が認められるため，下級裁判所や最高裁判所は，その趣旨と異なる判決を下すことはできない。
3　政令は，それを所管する国務大臣の決定によって定められ，法律の施行などに関する内容を含む命令としての役割を担う。
4　同一の事項に関して，一般法と特別法が存在する場合，一般法の適用が優先されなければならない。
5　最高裁判所による違憲審査の範囲は，法律のみならず，命令，規則，処分に及び，それらが憲法に違反するとされた場合には，その訴訟事件における効力が否定される。

[12]　大日本帝国憲法と日本国憲法に関する記述として，妥当なものはどれか。

1　大日本帝国憲法は，枢密院の審議等を経て天皇によって発布されたが，日本国憲法は，大日本帝国憲法の改正手続を経て天皇によって公布された。

2　大日本帝国憲法においては，国権の最高機関としての枢密院が設置され，多くの権限はこの機関に集中していた。

3　大日本帝国憲法における人権には法律の留保が付されていたが，日本国憲法においても，基本的人権は公共の福祉を守るための諸法令の下に位置づけられることが明記された。

4　内閣総理大臣については，大日本帝国憲法と日本国憲法の両方において，行政権を担う内閣の最高責任者としての地位や権限について規定されている。

5　日本国憲法には地方自治の規定が含まれているが，この規定は大日本帝国憲法において定められていた地方自治の本旨を発展させたものである。

[13]　日本の裁判制度に関する記述として，妥当なものはどれか。

1　日本において裁判への市民参加を進めるきっかけとなったのは，裁判員制度の導入である。その対象は，重大な刑事裁判と賠償額が一定以上の民事裁判である。

2　高等裁判所の裁判官は，最高裁判所が作成した名簿に基づき，内閣によって任命される。また，地方裁判所の裁判官は，高等裁判所によって任命される。

3　司法権の独立を守るため，原則として特別裁判所の設置は禁止されている。また，行政機関は，終審としての裁判的行為を行うことができない。

4　最高裁判所の裁判官は，衆議院選挙の際に行われる国民審査の対象となる。ただし，長官については，その対象とされていない。

5　最高裁判所によって違憲判決が確定すると，その法律は効力を失う。違憲とされた法律は，直ちに最高裁判所の職権で廃止の手続が進められる。

[14]　特定商取引法のクーリング・オフに関する記述として，妥当なものはどれか。

1　クーリング・オフとは，契約の解除を業者と協議をすることである。

2　訪問販売では，契約した日から8日目までがクーリング・オフ期間である。

3　クーリング・オフを行っても，契約はなかったことにはならない。

4　消費者がすでに払ったお金は，全額戻ってくる。

5　受け取った商品は，消費者の費用負担で返品をする。

[15]　**日本国憲法に定められた基本的人権に関する記述として，妥当なもの
はどれか。**

1　日本国憲法では，基本的人権を侵すことのできない永久の権利としているが，大日本帝国憲法に定められた人権には法律の留保が付されていた。

2　社会権は，生存権，教育を受ける権利，労働者の諸権利などの総称であるが，大日本帝国憲法の条文においても一定の範囲で認められていた。

3　平等権についての諸規定は，不当な差別を禁止する趣旨であるが，例外として，法律の定めるところにより貴族や華族の制度を設けることが認められている。

4　自由権に関する諸規定は，不当な干渉を排除する趣旨であるが，結社の自由については，特別に公共の福祉による制限を受ける旨が明文で定められている。

5　公務員の不法行為によって損害を受けた国民は，その公務員に対して賠償を請求する権利が認められている。

[16]　**日本の刑事手続に関する記述として，妥当なものはどれか。**

1　犯罪を実行したと疑われる者を逮捕し，身柄を拘束するためには，いかなる場合でも司法官憲が発した逮捕状が必要である。

2　刑事裁判によって確定した有罪判決が誤っていたことが明らかになった場合，それを取り消す手段はないものの，国に対して刑事補償を請求できる。

3　有罪を証明できる証拠や証言がない場合には，本人の自白をもって有罪とし，刑罰を科すことができる。

4　裁判員が参加する裁判では，はじめに市民から選ばれた裁判員が有罪か無罪かを評決によって決定し，有罪の場合，裁判官が量刑を決定する。

5　刑事被告人は，いかなる場合でも弁護人を依頼する権利があり，経済的理由によって自ら依頼できない場合には，国選弁護人が付される。

17　民法の規定に関する記述として，妥当なものはどれか。

1　結婚に関する規定が改正されたことに伴い，結婚できる年齢について，男女間で差が生じるようになった。

2　遺言書がない場合で被相続人に婚内子と婚外子がいる際には，両者には，相続できる財産の割合に差がつくことになる。

3　単に権利を得たり，義務を免れたりする行為であっても，未成年者が法律行為をする際には，法定代理人の同意を得ることが求められる。

4　成年とされる年齢が18歳に引き下げられたことに伴い，18歳または19歳の者が結婚する場合，両親の同意は不要となった。

5　私的自治を尊重する趣旨から，公の秩序又は善良の風俗に反する事項を目的とする法律行為であっても，その効力は有効である。

18　日本の裁判員裁判に関する記述として，妥当なものはどれか。

1　裁判員裁判の対象となるのは，請求する損害賠償額が一定額以上の民事裁判と，重大な事件についての刑事裁判に限られる。

2　成年年齢が引き下げられたが，裁判員となることができる年齢は20歳以上のままである。

3　裁判員は，有権者名簿の中から無作為に選ばれるが，学業，介護などの事情により，免除されることがある。

4　裁判員裁判において，裁判員と法曹資格を有する裁判官の数は，同数とされている。

5　裁判員は，公判中に証人や被告人に質問することは許されず，尋ねたいことはあらかじめ裁判官に伝えることが求められる。

19　物価に関する記述として，妥当なものはどれか。

1　インフレーションが進む下では，継続的に物価が上昇し，貨幣の価値が低下するため，定額の収入を得ている者の生活に悪影響が生じる。

2　好況と物価の上昇が同時に進むことをスタグフレーションといい，オイルショックの影響を受けた1970年代にその傾向が顕著にみられた。

3　インフレーションは，債務者に不利にはたらく一方で，債権者に有利に作用する。

4　インフレーションは，通貨制度と大きな関連があり，一般に管理通貨制よりも金本位制において生じやすい。

5　クリーピング・インフレーションとは，価格が急激かつ大幅に上昇する現象を意味し，戦間期のドイツなどでみられたことがある。

20 令和元（2019）年以降に施行された新法および改正法に関する記述として，妥当なものはどれか。

1　令和3（2021）年に施行されたデジタル社会形成基本法は，デジタル社会の形成に関する施策を迅速かつ重点的に推進することによって，日本経済の持続的かつ健全な発展と国民の幸福な生活の実現に寄与することを目的として制定された。

2　令和3（2021）年に施行されたデジタル庁設置法に基づく新しい官庁として，経済産業省の外局であるデジタル庁が設置された。

3　令和4（2022）年に施行された改正著作権法により，国立国会図書館は，絶版その他これに準ずる理由により入手困難な資料について，図書館に限り送信できるようになった。

4　令和3（2021）年に施行された改正高齢者雇用安定法に基づき，70歳までの就業機会の確保について，事業主にはそれを可能とする措置を制度化する義務に関する規定が設けられた。

5　令和3（2021）年に施行された改正会社法により，株主総会にあたり，各株主に対し，総会の議案を印刷し，郵送することが義務付けられた。

21 財政に関する記述として，妥当なものはどれか。

1　財政の役割として，資源配分の最適化，所得再分配，経済の安定的な成長が挙げられ，累進課税制度は，他の制度に比べて資源配分の最適化に貢献する意義を持つ。

2　ケインズの乗数理論によれば，公債を財源とした場合，公共投資の方が減税に比べて国民所得を増やす効果が大きい。

3　「借金によって調達した分を除く歳入」から「借金の返済に充てる歳出を除いた歳出」を控除した額をプライマリー・バランスといい，これが赤字の場合，公債の残高は減少する。

4　一般会計は，特定の歳入と特定の歳出を区分して経理することにより，特定の事業や資金運用の状況を明確化することを特徴としている。

5　日本の財政法第4条により，公共事業，出資金，貸付金の原資のために国債を発行することが禁じられている。

22 日本の金融に関する記述として，正しいものはどれか。

1　株式や社債による資金調達は，証券会社を介在させるため，直接金融ではなく，間接金融に分類される。

2　銀行の経営が破綻した際，有利子の預金については，保護される額に上限が設けられている。

3　好況等の要因によって資金に対する需要が増加すると，金利は低下する傾向がある。

4　資金の需要に対して資金の供給が過剰な状況の下では，金利は上昇する傾向がある。

5　金融ビッグバン以降，銀行業への参入の条件は厳格化され，金融持株会社を中心とした再編は禁止された。

23 国民所得の諸概念とその計算法に関する記述として，妥当なものはどれか。

1　国民所得の諸概念は，国民経済の規模などをストックの面に着目して計算するという特徴がある。

2　国内において生産された付加価値の合計が国内総生産（GDP）であり，報酬，利子，配当などによる海外からの純所得が含まれている。

3　国民所得の諸概念を計算する際，公害による環境への損失は控除されず，また，家庭内における家事サービスの価値は含まれていない。

4　国内純生産（NDP）は，国内総生産から固定資本減耗分を控除して求められ，間接税分は含まれていない。

5　農家の自家消費や持家の帰属家賃は，市場を介した取引ではないため，国民所得計算に反映されない。

24 日本銀行に関する記述として，妥当なものはどれか。

1　日本銀行政策委員会において，日本政府の代表は，出席はできるものの，議決権は与えられていない。

2　日本銀行は，市中銀行から預金を預け入れ，その額に応じた利息を支払うことができるが，手数料等を徴収することはできない。

3　日本銀行は，金融政策による誘導の指標として，マネタリーベースではなく，公定歩合を用いるとの方針を打ち出した。

4　日本銀行は，金貨や金地金を受け入れた際に限り，日本銀行券を発行することができる。

5　財政の健全性を保持するために，日本銀行が金融市場から国債を購入することは禁じられている。

25　経済学説に関する記述として，妥当なものはどれか。

1　アダム・スミスは，古典派経済学の代表的な論客である。彼によれば，人口の増加に食糧などの増産が間に合わないことが貧困の原因であり，その克服のためには，人口の抑制が求められる。

2　リカードによれば，各国には，それぞれの発展段階がある。そのため，保護貿易により，幼稚産業を保護することが不可欠である。

3　ケインズは，不況の原因を有効需要の不足に求めた。それを克服するためには，公共投資などの積極的な財政政策を行うことが望ましいとした。

4　フリードマンは，マネタリストを代表する論客として知られる。彼は，ルールに基づく金融政策について，その効果は限定的なものであり，かえって経済をかく乱させるリスクが高いと評価した。

5　サプライサイド経済学の立場から主張を展開した者として，ボスキン，フェルドシュタイン，ラッファーらが挙げられる。彼らによれば，減税は，財政支出を縮小させるため，経済成長を委縮させる効果を持つ。

26　市場機構と市場の失敗に関する記述として，妥当なものはどれか。

1　完全競争市場において，需要者は価格に対して支配力を持たないため，供給者は価格を先導するプライスリーダーとして行動する。

2　完全競争市場において，技術革新によって価格が低下し，取引量が増加する現象は，市場の失敗の典型的な例である。

3　外部不経済が存在する場合，政府が介入しないと，均衡における価格は過大となり，量は過少となる。

4　売手と買手との間に情報の非対称性がある場合，良質の財が市場から駆逐され，品質の悪い財のみが流通する現象は，レモンの原理と呼ばれる。

5　公共財は，私的財と異なり，2人以上の者が同時に消費できない競合性という性質を持つ。

27 税の分類に関する記述として，妥当なものはどれか。

1　消費税は，税率の増減が消費者の行動に直接的な影響を及ぼすため，直接税に分類される。

2　固定資産税は，保有する不動産の価値に応じてその所有者が負担する税であり，国税に分類される。

3　累進税とは，課税対象額に応じて税率が変化する税であり，その例として所得税が挙げられる。

4　逆進税は，所得の増加に応じて実質的な負担率が減少する税であり，日本における利子に対する課税がこれにあたる。

5　企業に課せられる税のうち，事業税は国税，法人税は地方税である。

28 貿易に関する記述として，妥当なものはどれか。

1　リカードが保護貿易と幼稚産業の保護の必要性を主張したのに対し，リストは自由貿易と国際分業が各国に利益をもたらすことを説いた。

2　国際貿易機関は，世界貿易機関が発足するまでの間，自由貿易を推進する積極的な役割を果たした。

3　EPAが自由貿易と関税を柱とした協定であるのに対し，FTAは投資や人材の交流を含めた包括的な内容を持つのが一般的である。

4　変動為替相場制の下で通貨が減価すると，その通貨を用いている国の輸出には有利な影響を及ぼす。

5　貿易黒字が急増すると，その国への支払いが増えるため，その国の通貨の需要が減少し，その通貨は減価する。

29 各国の政治情勢に関する記述として，妥当なものはどれか。

1　アメリカの二大政党は共和党と民主党であるが，2001年以降バイデン政権に至るまで，共和党の大統領が続いた。

2　イギリスの二大政党は労働党と自由党であるが，2019年の総選挙では地域を基盤とする政党も一定の議席を確保した。

3　中国では，全国人民代表大会の議席の一部を民主派が占めたことに危機感を強めた政府が主導し，2020年に国家安全維持法を成立させた。

4　イタリアでは，2018年に行われた総選挙において，大衆迎合主義で知られる「五つ星運動」が最大の議席を獲得した。

5　ドイツでは，2021年に行われた選挙において，同盟90/緑の党がはじめ

て第1党となった。

[30] **日本における労働と雇用に関する記述として，妥当なものはどれか。**

1　最低賃金は最低賃金法によって全国一律に定められており，景気の拡大を受けて，2010年代前半はその額の増加が続いた。

2　労働組合法の改正により，労働組合として認められるための要件が撤廃されたことから，組織率が大きく上昇し，2018年には3割を超えた。

3　障害者の雇用を促進する政策が進められ，一定数以上の従業員を抱えながら法定雇用率に満たない企業や経営者には，刑事罰が科せられることになった。

4　高齢者の雇用を促進する観点から，原則として各企業に対し，定年の廃止，定年の延長，継続雇用により，65歳までの雇用を確保する義務が課せられた。なお，2021年4月より，70歳までの就業確保措置が努力義務として追加された。

5　労働基準法の改正により，間接差別を含め，性別による差別を禁止する様々な措置が講じられるようになった。

[31] **国際経済に関する記述として，妥当なものはどれか。**

1　長期資金の融資や供給は国際復興開発銀行（IBRD）が担う一方，短期資金については，国際開発協会（IDA）が担当する。

2　ブレトンウッズ協定には，米ドルと金の一定比率での交換を前提とする国際金本位制に関する規定が盛り込まれた。

3　固定為替相場制は，各国間の通貨の交換比率を固定し，それ以外での取引を禁ずる制度である。

4　変動為替相場制が認められたのは，1971年のスミソニアン合意以降である。

5　1985年のプラザ合意は，ドル安を是正し，外国為替相場をドル高に導く内容を柱としていた。

32 **20世紀以降の人間観についての諸学説に関する記述として，妥当なものはどれか。**

1　アドルノは，自分以外の者の意向に敏感で，自分が属する社会の動向に同調しやすい性格類型を他人指向型と名付け，現代におけるアメリカの上層階級や中産階級に典型的であるとした。

2　リースマンは，自らの主体的な考えよりも，権威ある者に無批判に服従する一方で，自分よりも弱く，劣った者に服従を求める性格を権威主義的パーソナリティと呼んだ。

3　フロムは，自由を重荷に感じた人々が，そこから逃げ，かえって自由を束縛するはずのファシズムに惹かれていったことを指摘した。

4　サンデルは，他者から期待される自己を「me」とする一方，主体的な自己を「I」とし，「me」が「I」からの反応を受けながら，行為が形成されるとした。

5　ミードは，コミュニタリアニズムの立場から，歴史を担う共同体の一員として自己をとらえることの重要性を指摘した。

33 **法学や政治学の諸学説に関する記述として，妥当なものはどれか。**

1　近代民主政治の基本原理として，議会主権と法の支配が挙げられる。ダイシーは，これらの原理を理論化することに貢献した。

2　ロックは，権力分立による統治の重要性を強調した。特に，国家権力を立法権，司法権，行政権に分立させ，抑制と均衡の関係に置くべきであるとした。

3　モンテスキューは，早い時期から権力分立を唱えた者の一人である。彼は，立法権を優位に置き，行政権や外交権を統制することが，よりよい統治につながるとした。

4　マキャヴェリは，近代的政治学の確立に貢献した。特に，君主は，近代的な道徳や宗教的な倫理に従うことによって，正統性を持つ支配権を行使できると主張した。

5　自由主義と民主主義は，各国によって様々な展開を遂げた。トクヴィルは，アメリカにおいて両者のあつれきが生じる一方，ヨーロッパでは，両者の融合がはかられていると評価した。

34 令和3（2021）年に決定された第6次エネルギー基本計画に関する記述として，妥当なものはどれか。

1　エネルギー基本計画は，エネルギー政策の基本的な方向性を示すためにエネルギー政策基本法に基づき国会によって策定される計画である。

2　国際的にエネルギー事情が悪化することを踏まえ，以前の基本計画に盛り込まれていた原発依存度の低減という文言は削除された。

3　電源構成に関する2030年における「野心的な見通し」を提示し，その中で，原子力の割合は20～22％とされた。

4　2050年までに，温室効果ガスの削減をゼロにするカーボンニュートラルを実現するため，再生可能エネルギーとメタンハイドレートを二本柱とする方針が示された。

5　使用済み核燃料については，安全性やコストに関する問題を踏まえ，その活用についての方針は盛り込まれなかった。

35 社会意識に関する記述として，妥当なものはどれか。

1　ラスウェルによれば，政治的無関心は，無政治的無関心，反政治的無関心，脱政治的無関心に分類される。その中でも，政治過程への参加を低価値なものとみなすことによる無関心は，反政治的無関心に属する。

2　リースマンは，人々の志向が時代によって推移してきたことを指摘した。それによれば，現代人は伝統志向型，他人志向型を経て，内部志向型に移行したとされる。

3　フロムは，全体主義に傾倒する人々の心理を分析した。彼によれば，人々は，自由を与えられながらも，権威に無批判に従うことを自ら求める傾向があり，それがナチスの台頭を招いたとされる。

4　ブラウナーは，社会が変動する時期におけるアノミーについて分析した。この状況は，急速な社会変動により，規範が欠如したり弛緩したりすることによってもたらされる。

5　デュルケームは，非人間的な社会や心理の状態を表す人間疎外について探求した。彼によれば，人間疎外には無力性，無意味性，無規範性，社会的孤立性，自己疎隔がある。

36 近年の環境問題に関する記述として，妥当なものはどれか。

1　世界の温室効果ガスの総排出量は，2010年から2019年にかけては，その前の10年間に比べると減少している。

2　我が国の温室効果ガス排出・吸収量は減少傾向にあり，2021年度は2020年度より2.0%減少した。

3　我が国が排出する温室効果ガスのうち，CO_2の排出が全体の排出量の約70%を占めている。

4　人間活動の影響により，現在の地球上の種の絶滅は，過去1,000万年平均の少なくとも数十倍，あるいは数百倍の速度で進んでいる。

5　2022年の南極域上空のオゾンホールの最大面積は，南極大陸と同じ大きさにまで広がった。

37 雇用・労働に関する記述として，妥当なものはどれか。

1　フレックスタイム制とは，労働者が一日のうちの就業する時間帯を自由に選べる制度で，日本では大企業などで採用されているものの，法律で正式に導入されてはいない。

2　企業内組合とは，企業ごとに結成される労働組合で，職業別組合が主流である欧米に対し，終身雇用，年功序列とともにかつては日本の「三大雇用慣行」といわれた。

3　リストラとは，リストラクチャリングの略で，人員整理・解雇を意味する言葉であり，日本ではバブル崩壊後の不況のなかで「リストラ」というカタカナ語として定着した。

4　完全失業率とは，労働力人口に占める完全失業者の割合で，内閣府が労働力調査の結果として公表するが，完全失業者とは，調査期間中，仕事も求職活動もしていない者をいう。

5　ワークシェアリングとは，「仕事を分けて減らす」の意味で，仕事が減った分だけ雇用も減って合理化が進み，企業の人件費を抑制することをねらいとしている。

38 社会保障の歴史に関する記述として，妥当なものはどれか。

1　世界初の社会保険が創設されたのはドイツで，ワイマール憲法で知られるワイマール共和制の時期に労災保険と年金保険が制定された。

2　第二次世界大戦中，イギリスでベヴァリッジ報告が発表され，「ゆりか

ごから墓場まで」をスローガンとした社会保障計画が提唱された。

3　戦前のわが国では，公的な社会保障制度は存在せず，社会保険もなかったため，医療費はすべて自己負担となっていた。

4　戦後のわが国の社会保障の4つの柱となっているのは，社会保険，生活保護，社会福祉，公衆衛生と医療である。

5　田中角栄内閣は，1973年を福祉元年と位置づけ，社会保障の大幅な制度拡充を実施，この年，国民皆保険・皆年金も実現した。

[39] 日本社会の高齢化に関する記述として，妥当なものはどれか。

1　事業主には，定年の廃止，定年の延長，継続雇用のいずれかの方法により，本人が希望すれば65歳まで継続して雇用することが義務付けられている。なお，2021年4月より，70歳までの就業確保措置が努力義務として追加された。

2　人口ピラミッドが富士山型を描く場合，多産多死型の社会であることを示し，現在の日本のように，急激な高齢化が進む典型例となる。

3　介護保険は，40歳以上の国民に加入が義務付けられる社会保険であり，要支援2段階，要介護3段階，合わせて5段階に分けた状況に応じて，自己負担なしでサービスの給付が受けられる制度である。

4　後期高齢者医療制度は，60歳以上の高齢者を対象とした医療制度であり，高齢化に対応した公的医療保険制度の再構築を目的として新設された。

5　公的年金は賦課方式を採用しているため，年金の給付額と納付額，納付期間は独立的に決定されている。

[40] マス・コミュニケーションとマス・メディアに関する記述として，妥当なものはどれか。

1　ラザースフェルドやマートンは，オピニオン・リーダーの役割を否定し，マス・コミュニケーションは，マス・メディアとその受け手による1段階の流れであることを見出した。

2　日本のマス・メディアの特徴として，テレビやラジオの比重が高い一方，新聞の発行部数が諸外国に比べて極めて少ないことが挙げられる。

3　マス・コミュニケーションの一般的な特徴として，他のコミュニケーションに比べて双方向性が高いことが挙げられる。

4　マコームズとショーは，マス・メディアは，話題や争点に影響を与えることは少ないものの，政治的な意見に多大な影響を与えることを見出した。

5　リップマンは，人々が，環境そのものよりもマス・メディアが提供する疑似環境に対して画一的な反応を示すことについて，ステレオタイプと呼んだ。

41　社会学の諸学説に関する記述として，妥当なものはどれか。

1　コントは，社会学を自然科学の延長線上において構想するとともに，社会の分析などにおける実証主義の必要性を説いた。

2　ジンメルは，コントやスペンサーらが社会学の対象を社会化の形式に矮小化していることを批判し，総合社会学を提唱した。

3　マードックは，血縁のない他人同士が同居を通じて絆を深めていく過程を重視し，そのようなプロセスによって形成される小集団を拡大家族と呼んだ。

4　パーソンズは，国家における手段的役割と表出的役割に着目し，社会的な分業についての独自の説を構築した。

5　スペンサーは，社会を生命体としてとらえる社会有機体説を批判し，社会の動きと個々人の役割を分離して考察すべきであることを強調した。

42　日本の医療に関する記述として，妥当なものはどれか。

1　我が国は，明治時代以降，国民皆保険制度を採用し，世界最高レベルの平均寿命と保健医療水準を実現している。

2　我が国の保険制度の財源は，すべて被保険者の保険料によってまかなわれている。

3　75歳以上の者の医療費の窓口負担割合は，現職並み所得者は3割，それ以外の者は1割となっている。

4　我が国の国民医療費の国民総生産（GDP）に対する割合は，10%を超えている。

5　2020年度の医科診療医療費を主傷病による傷病分類別にみると，「循環器系の疾患」が最も多い。

43 令和4年版子供・若者白書に関する記述として，妥当なものはどれか。

1　2019年以降，高等学校を卒業しても進学も就職もしていない者の割合は増え続けている。

2　2022年4月1日に，成年年齢が18歳に引き下げられたことにより，18歳で飲酒・喫煙が可能になった。

3　女性の婚姻年齢は，16歳から18歳に引き上げられ，男女とも，18歳になれば親権者の同意なく婚姻できるようになった。

4　小学生・中学生の不登校児童生徒数は，2013年から2020年にかけて概ね横ばいである。

5　2020年現在，30歳未満の死因の構成比をみると，15歳以上の若者の死因の約半数は，不慮の事故である。

44 近年の国際情勢に関する記述として，妥当なものはどれか。

1　BRICSとは，ブラジル，ロシア，インド，中国，サウジアラビアを指し，その頭文字をとったものである。

2　インドは，2014年以降，国民会議派を率いるモディ首相が政権を担っている。

3　2000年の中国＝アフリカ協議フォーラムの開催以降，中国はアフリカ諸国への積極的な投資を進め，2020年の対アフリカ物品貿易額では12年連続でアフリカ最大の貿易相手国となった。

4　北大西洋条約機構（NATO）には，2023年5月現在，フィンランドとスウェーデンを含む31か国が加盟している。

5　2021年の栄養不足人口は，7億200万人から8億2,800万人と推定され，最も多いのはアフリカ地域である。

《 解　答 ・ 解　説 》

1 　 1

解説 1．正しい。公正取引委員会は，独占禁止法の運用にあたるために一定の独立性を確保された行政委員会である。　2．行政機関に禁じられているのは，終審としての裁判的行為である。前審としての裁判的行為の例として，海における事故の際に開かれる海難審判，労使紛争の際の労働委員会における審理などが挙げられる。ここでの決定は強制力を持つが，あくまで前審としての位置付けであるため，司法裁判によって決定が覆されることがある。　3．原子力規制委員会は，環境省の外局である。　4．国地方係争処理委員会は，5名の委員で構成される合議制の機関である。独任制とは，与えられた権限の下，単独で，決済を含む職務を行う形態を指すことばである。5．消費者庁は，農林水産省ではなく，内閣府の外局である。

2 　 3

解説 1．イェリネックによる国家の三要素として挙げられるのは，「国民」「領土（領域）」「主権」である。　2．階級国家観を提唱したのは，K.マルクスらである。プラトンは，知恵の徳を体現する哲人の統治により正義を実現する国家論を展開した。　3．正しい。夜警国家とは，治安維持や国防などの最小限の役割のみを果たす国家を意味する。　4．議会が大きな責任を負う国家を立法国家という。社会問題の深刻化に伴い，福祉政策などの国家の役割が拡大したことにより，行政機関や官僚が大きな役割を果たさざるを得なくなり，行政国家化が進んだ。　5．選択肢の文章は，C.モンテスキューについての説明である。J.ロックは，立法権の執行権（行政権）と同盟権（外交権）を統制する権力分立を提唱した。

3 　 2

解説 1．誤り。アメリカにおいて，代議院（下院），元老院（上院）とも，大統領に対する不信任権はない。ただし，収賄罪や国家反逆罪などの罪を大統領が犯した場合には，弾劾によって罷免することができる。また，大統領は，いずれの院に対しても解散権を持たない。　2．正しい。フランスの大統領は，選択肢に挙げたものの他，首相の任命・罷免権などを持つ。　3．誤

り。ドイツの首相は，議会の多数派から選出される。過半数を占める党派が
ない場合，連立政権が組まれる。　4．誤り。イギリスの首相は，慣例として
庶民院（下院）における多数派の党首が任命されるが，閣僚は，貴族院（上
院）議員でもよい。また，最高法院は最高裁判所に改組され，裁判官が貴族
院議員を兼職する制度は廃止された。ただし，直ちに失職したわけではなく，
新たな裁判官を決める際には，貴族院（上院）議員と兼職させないことになっ
た。　5．誤り。イタリアの大統領の権限は，儀礼的なものにとどまる。

4 2

解説 1．選挙権が与えられる年齢は，国政選挙，地方選挙ともに18歳以
上とされている。　2．正しい。地方議会については，住所に関する要件が定
められている。　3．衆議院議員の被選挙権は25歳以上の者に与えられる。
4．外国人の地方参政権は，首長，議員いずれも認められていない。　5．日
本国籍を有しながら外国に居住する者についても，在外公館における投票な
どにより国政選挙に参加できる。

5 3

解説 1．誤り。日本国憲法第96条1項には「この憲法の改正は，各議院
の総議員の三分の二以上の賛成で，国会がこれを発議し，国民に提案してそ
の承認を経なければならない。この承認には，特別の国民投票又は国会の定
める選挙の際行われる投票において，その過半数の賛成を必要とする」と定
めている。　2．誤り。日本国憲法の改正手続に関する法律の第3条には，
「日本国民で年齢満一八年以上の者は，国民投票の投票権を有する」と定めら
れている。　3．正しい。最高裁判所の裁判官は，日本国憲法第79条第2項
に基づき，任命後初めて行われる衆議院選挙の際，国民審査に付される。な
お，それから10年経過した後に行われる衆議院選挙の際にも国民審査に付さ
れ，それ以降も同様である。投票は，投票者が罷免すべきと判断する裁判官
の欄に×印を記入する方式で行われる。日本国憲法第79条第3項には，「投
票者の多数が裁判官の罷免を可とするときは，その裁判官は，罷免される」
と定められており，投票者の過半数が罷免を可とした場合には，その裁判官
は罷免される。　4．誤り。地方特別法の制定にあたり，その地方公共団体
から選出された国会議員の同意を求める規定は日本国憲法や法律などに存在

71

しない。日本国憲法第95条に「一の地方公共団体のみに適用される特別法は，法律の定めるところにより，その地方公共団体の住民の投票においてその過半数の同意を得なければ，国会は，これを制定することができない」と定められている。　5. 誤り。日本において，条約や法律を対象とした国民投票は存在しない。なお，フランスでは，大統領が条約や法律を国民投票に付託することができ，このような制度はプレビシットと呼ばれる。

6 1

解説　1. 正しい。アメリカでは，元老院（上院）は各州から2名，代議院（下院）は各州から人口に比例した議席数の代表を選出するが，いずれも各選挙区から1名のみが当選する小選挙区制となっているため，二大政党以外が議席を得ることは難しい。　2. 誤り。イギリスは首相公選制を採用していない。首相は，庶民院（下院）の多数派から任命される。　3. 誤り。中国の全国人民代表大会における各代表は，直接選挙で選出されるわけではない。まず，各地域において人民代表大会から代表が選出され全国人民代表大会の議員となり，そこから全国人民代表大会での代表を選出するという段階を経る。4. 誤り。上位3名を上位2名とすると正しい記述になる。　5. 誤り。ドイツでは，小選挙区制を加味した比例代表制を中心として議席を配分する選挙制度が採用されている。

7 5

解説　1. 誤り。安全保障理事会において決議された実質事項については拘束力がある。一方，国連総会による決議には拘束力がなく，その効力は勧告的な意味にとどまる。ただし，予算や加盟の承認などについては，総会の決議に拘束力が認められる。　2. 誤り。非常任理事国は地域ごとに枠を定めて選出する方式が採用されている。　3. 誤り。国連憲章に選択肢に示したような禁止事項は定められていない。また，「平和のための結集」決議により，安全保障理事会が拒否権によって機能停止に陥った際，緊急特別総会において，武力行使を含む勧告を決議できるようになった。　4. 誤り。「10ヵ国以上」を「9ヵ国以上」とすると正しい記述になる。　5. 正しい。安全保障理事会の拡大や日本などの常任理事国入りは度々議論されているものの，実現には至っていない。

8 3

解説 1. 誤り。内閣法の規定により，内閣総理大臣が任命する大臣の数は原則14名以内とされている。ただし，同法には，特別に必要がある場合には3名増員できる旨が定められており，また，特別法の制定によりさらに増員することができる。　2. 誤り。無任所大臣を置くことは認められている。3. 正しい。文民とは非軍人のことである。日本には軍は存在しないものの，現職自衛官がその地位を保持したまま大臣に就任することはできないと解されている。　4. 誤り。参議院における問責決議に法的拘束力はない。ただし，衆議院において内閣不信任案が可決されるか，内閣信任決議案が否決された場合には，10日以内に衆議院が解散されない限り，内閣は総辞職しなければならない。　5. 誤り。内閣総理大臣は，国会議員の中から指名され，天皇によって任命される。国会議員であればよいので，「衆議院議員でなければならない」という記述は誤りである。

9 2

解説 1. 誤り。拡張的財政政策を実施するために公債を発行すると，民間の資金を政府が吸い上げるため，資金の需給のバランスが崩れ，金利が上昇し，民間投資が減少する。これら一連の流れは，クラウディング・アウトと呼ばれる。　2. 正しい。日本においては，物価の上昇率の目標を2％と決め，金融緩和を実施した。　3. 誤り。ゼロ金利政策は，買いオペレーションなどの金融緩和により，金融機関相互の金利をゼロに導く政策である。日本では，目標となる金利は「無担保コール翌日物」が該当する。　4. 誤り。財政法第4条によれば，公共事業の財源，出資金や貸付金の原資として公債を発行することができる。　5. 誤り。日本銀行が市場から購入している有価証券には，短期国債，長期国債，信託商品などがあるので，「短期国債に限られている」とする記述は誤りである。

10 3

解説 1. 誤り。国際連盟では，理事会と総会の力の関係があいまいであった。　2. 誤り。国際連盟において，ソビエト連邦の加盟は遅れ，また，同国は後に除名された。よって，「加盟当初からソビエト連邦の影響力が大きかった」との記述は誤りである。　3. 正しい。国際連合において，安全保障理事

会の決議には法的拘束力があるが，総会の決議の効力は勧告的なものにとどまり，拘束力はない。ただし，加盟の最終的な承認や予算については，総会において強制力のある決定ができる。　4．誤り。「信託統治理事会」を「経済社会理事会」とすると正しい記述となる。　5．誤り。事務総長は，中立性を保つ趣旨から，常任理事国以外の出身者を選出する慣例が定着している。

11 5

解説 1．誤り。条例は，各地方公共団体が法律の範囲内で制定することができ，総務大臣の承認は不要である。　2．誤り。過去に最高裁判所が下した判決による判例は，大法廷において変更することができる。よって，「異なる判決を下すことはできない」とする記述は誤りである。　3．誤り。「それを担う国務大臣」を「内閣」とすると正しい記述になる。　4．誤り。広い事項について定めた法律を一般法，より狭い事項について定めた法律を特別法という。同一の事項については，原則として特別法の適用が優先される。5．正しい。具体的な訴訟事件において憲法に反するとされた法律，命令，規則，処分は，その事件における効力が否定される。ただし，それらの改正等については，一定の手続が求められ，例えば，法律の場合には国会における改正手続きが必要となる。

12 1

解説 1．正しい。日本国憲法は，形式的には大日本帝国憲法の改正手続を経て成立し，天皇によって公布された。　2．枢密院は天皇の諮問機関であった。天皇を主権者としていたため，「国権の最高機関」という表現は大日本帝国憲法に用いられていない。　3．基本的人権については，「侵すことのできない永久の権利」として定められている。「公共の福祉」は，権利の濫用を防ぐ趣旨であり，諸法令の下に基本的人権を位置づけるものではない。4．日本国憲法については，内閣や内閣総理大臣についての詳細な規定が含まれているが，大日本帝国憲法においては，内閣が天皇を輔弼する責任を負う以外に詳しい規定はない。内閣総理大臣は，「同輩中の主席」と呼ばれ，他の国務大臣との上下関係も明確ではなかった。　5．大日本帝国憲法には地方自治についての規定がなかった。なお，地方自治の本旨とは，住民の意思に基づく住民自治と，国等から独立した団体自治を指す概念である。

[13] 3

解説 1．誤り。民事裁判は，裁判員裁判の対象外である。 2．誤り。下級裁判所の裁判官は，最高裁判所が名簿によって指名し，内閣によって任命される。 3．正しい。日本国憲法第76条第2項に関する記述である。 4．誤り。最高裁判所裁判官は，長官も含め，国民審査の対象となる。 5．誤り。違憲判決が確定しても，直ちに法律が廃止されるわけではない。最終的には国会における廃止や改正の手続が必要となる。

[14] 4

解説 1．クーリング・オフとは，特定の取引に限って，取引の契約後も一定の期間考える時間を消費者に与えて，消費者が契約を一方的に解除することができるとした制度のことである。 2．クーリング・オフ制度を設けている「特定商取引法」（「特定商取引に関する法律」）は，訪問販売の場合，申込書面または契約書面など，契約の内容を記載した書面の交付が消費者になされた日から計算して8日目までをクーリング・オフ期間としている。 3．クーリング・オフを決められた期間内に発信すれば，発信した時点で契約は最初からなかったものになる。 4．正しい。クーリング・オフ制度では，消費者がすでに払ったお金は全額戻ってくる。 5．クーリング・オフ制度では，受け取った商品は事業者の費用負担で返品ができる。

[15] 1

解説 1．正しい。基本的人権についての「法律の留保」は，人権に関する規定はあるものの，法律によりそれを制限できるという趣旨である。 2．誤り。大日本帝国憲法に社会権の規定はなかった。 3．誤り。日本国憲法第14条には，貴族や華族の制度を認めない旨が定められている。 4．誤り。公共の福祉による制限を受ける旨が明文で定められているのは財産権をはじめとした経済活動の自由である。 5．誤り。日本国憲法において，公務員の不法行為により損害を受けた際，国または公共団体にその賠償を求める権利が認められている。よって，「その公務員に対して」という記述は誤りである。

16　5

解説 1. 誤り。現行犯逮捕の場合逮捕状は不要であり，緊急逮捕の場合は逮捕の時点で逮捕状が発せられていなくてもよい。　2. 誤り。確定した判決について，その誤りが証明された場合には，再審によって無罪とすることができる。　3. 誤り。日本国憲法第38条の規定により，「自己に不利益な唯一の証拠が本人の自白である場合には，有罪とされ，又は刑罰を科せられない」とされており，本人の自白のみをもって有罪とすることはできない。
4. 誤り。日本の裁判員裁判では，裁判員と裁判官が合議と多数決により，有罪か無罪か，そして有罪の場合どのような量刑とするかを決定する。　5. 正しい。国選弁護人は，国費によって付される弁護人である。

17　4

解説 1. 誤り。結婚できる年齢については，改正前の民法では男性が18歳以上，女性が16歳以上であったが，改正後は，男女ともに18歳以上とされた。　2. 誤り。違憲判決を受けて，婚内子と婚外子の間の相続差別は解消された。　3. 誤り。民法第5条により，「単に権利を得，又は義務を免れる法律行為」について，法定代理人の同意は不要である。　4. 正しい。改正前の民法では，20歳未満の者が結婚する場合，両親の同意が必要であった。
5. 誤り。民法第90条の規定により，公の秩序又は善良の風俗に反する事項を目的とする法律行為は無効とされる。

18　3

解説 1. 誤り。民事裁判は裁判員裁判の対象外である。　2. 誤り。改正少年法の施行に伴い，裁判員選任年齢は20歳以上から18歳以上に引き下げられた。　3. 正しい。裁判員に選ばれた場合，裁判員として活動することは義務とされるが，一定の要件の下，それが免除されることがある。　4. 誤り。裁判員裁判において審理などに参加する人数は，「裁判官3名および裁判員6名」または「裁判官1名および裁判員4名」のいずれかである。　5. 誤り。裁判員も，公判中に証人や被告人に質問することが認められている。

19 1

解説 1．正しい。インフレーションの下では，給与や年金を生活の糧にしている者は，実質的な収入が目減りする。　2．誤り。「好況」を「不況」とすると正しい記述になる。「スタグフレーション」は，「不況＝スタグネーション」と「物価上昇＝インフレーション」を合わせた造語である。　3．誤り。インフレーションは，返済時の貨幣価値が目減りするため，債権者に不利に，債務者に有利にはたらく一方で，スタグフレーションは，返済時の貨幣価値が増加するため，債権者に有利に，債務者に不利に作用する。　4．誤り。貨幣の発行が制約される金本位制に比べ，管理通貨制の下では，中央銀行が裁量的に貨幣を発行することができるため，インフレーションが生じやすい。5．誤り。クリーピング・インフレーションとは，緩やかな速度で進む物価上昇である。一方で，戦間期のドイツのように，価格が急激かつ大幅に上昇するのは，ハイパーインフレーションである。

20 1

解説 1．正しい。令和3（2021）年に施行されたデジタル社会形成基本法第1条において，「デジタル社会の形成に関する施策を迅速かつ重点的に推進し，もって我が国経済の持続的かつ健全な発展と国民の幸福な生活の実現に寄与することを目的とする」と定められている。　2．誤り。令和3（2021）年に施行されたデジタル庁設置法に基づく新しい官庁として，デジタル庁が設置された点は正しいが，デジタル庁設置法第2条において，「内閣に，デジタル庁を置く」と定められている。　3．誤り。令和4（2022）年に成立した改正著作権法により，国立国会図書館は，絶版その他これに準ずる理由により入手困難な資料について，個人に対しても送信できるようになった。送信が図書館等に限られていたのは改正前の法律の規定である。　4．誤り。「義務」を「努力義務」とすると正しい記述になる。「義務」の場合，違反すると罰則等が課せられるが，「努力義務」の場合，強制力はない。なお，この法律は，少子高齢化が急速に進展し人口が減少する中で，経済社会の活力を維持するため，働く意欲がある高年齢者がその能力を十分に発揮できるよう，高年齢者が活躍できる環境の整備を目的としている。　5．誤り。改正会社法では，Webで株主総会の資料を提供できる株主総会資料の電子提供制度が導入されたことにより，議案の印刷や各株主に対する郵送は不要となった。

21 2

解説　1．誤り。所得再分配は，高所得者から相対的に大きな金額を徴収し，福祉政策等を通じて低所得者等に配分することを意味するから，所得が高いほど税率を高くする累進課税制度は，その例である。一方，資源配分の最適化は，市場機構に委ねた場合に生じる諸問題を修正するものであり，その例として公共財の供給などが挙げられる。つまり，市場機構に委ねた場合，不可欠なインフラなどの公共財が供給されないことがあるが，これを公的な支出によって補うことが財政の役割の一つである。　2．正しい。ケインズは，『雇用・利子および貨幣の一般理論』等において，乗数理論を提唱した。それによれば，公債発行によって調達した財源を公共投資や減税に用いた場合，乗数倍の国民所得を増加させる効果がある。その乗数は公共投資の方が減税より大きい。その理由は，減税の場合，一部が貯蓄に回ってしまうからである。　3．誤り。プライマリー・バランスについての記述は正しいが，これが赤字の場合，新たな借金の額が借金の返済額を上回るため，公債の残高が増加する。　4．誤り。選択肢の説明は，特別会計についてのものである。一般会計において，特定の歳入と歳出は区分されない。　5．誤り。財政法第4条は，公共事業，出資金，貸付金の原資のために国債を発行することを例外的に認めている。これの目的以外の国債は，「赤字国債」「特例国債」と呼ばれる。ちなみに，財政法第4条には「国の歳出は，公債又は借入金以外の歳入を以て，その財源としなければならない。但し，公共事業費，出資金及び貸付金の財源については，国会の議決を経た金額の範囲内で，公債を発行し又は借入金をなすことができる」と定められている。なお，「公債」とは，国が発行する国債や地方自治体が発行する地方債などの総称である。

22 2

解説　1．株式や社債による資金調達は，直接金融に分類される。間接金融は，銀行からの借り入れによる資金調達を指す。　2．正しい。ペイオフについての記述である。　3．資金需要が増加すると，金利は上昇する傾向がある。　4．資金の需要に対して資金の供給が過剰な状況の下では，金利は低下する傾向がある。　5．銀行業への参入の条件は大幅に緩和された。インターネットや流通を主たる業務とする企業が銀行業に参入する例がみられるようになった。また，金融持株会社を中心とする金融業界の再編が進んだ。

23 3

解説 1. 誤り。国民所得の諸概念は，一定期間の流れを示すフローの概念である。　2. 誤り。GDPに海外からの純所得は含まれておらず，それを加えると国民総所得（GNI）が求められる。　3. 正しい。国民所得計算から都市化や公害に伴う損失を控除し，余暇，家庭内の家事労働の価値を加えると，国民純福祉（NNW）が求められる。　4. 誤り。GDPから固定資本減耗分を控除してNDPが求められるという点は正しいが，これには間接税が含まれている。NDPから間接税を控除し，補助金を加えると，国内所得（DI）が求められる。5. 誤り。農家の自家消費や持家の帰属家賃は，国民所得計算に反映される。

24 1

解説 1. 正しい。日本銀行政策委員会における決定は，総裁，2名の副総裁，6名の審議委員の計9名による多数決によって行われる。政府代表は，出席はできるが議決権はない。　2. 日本銀行は，2016年よりマイナス金利を導入した。これにより，市中銀行が日本銀行に預金を預け入れる際に，手数料を支払うことが求められるケースが生じた。　3. 日本銀行は，2013年以降，金融政策による誘導の指標として，マネタリーベースを用いることを打ち出した。なお，公定歩合は，現在では「基準割引率および基準貸付利率」と呼ばれている。　4. 選択肢の文章は，金本位制の下での原則について述べたものである。管理通貨制の下では，裁量的に発行額が調整される。　5. 日本銀行が政府から直接国債を引き受けることは原則として禁じられているが，発行後一定期間が経過した国債を市場から購入することは禁じられておらず，むしろ公開市場操作における買いオペレーションとして積極的に行われている。

25 3

解説 1. 誤り。第2文はマルサスによる主張である。　2. 誤り。選択肢に示されているのは，ドイツ歴史学派のリストによる主張である。リカードは，比較生産費説に基づき，自由貿易と国際分業の利益を強調した。　3. 正しい。乗数理論により，公共投資の増額は，乗数倍の国民所得をもたらすことを示した。　4. 誤り。フリードマンは，裁量的な財政政策を批判するとともに，ルールに基づく金融政策を推奨した。　5. 誤り。サプライサイド経済学は，貯蓄や減税が経済に好ましい影響を与えるとする立場である。

26 4

解説 1．誤り。完全競争市場において，各経済主体は自ら価格を決定することができない。　2．誤り。選択肢において述べられたことは，完全競争市場において起こり得る現象である。市場の失敗とは，完全競争市場においてもたらされた均衡が資源の最適配分をもたらさないことを意味する。例えば，公害に代表される外部不経済が挙げられる。　3．誤り。外部不経済とは，市場を通して行われる経済活動が，市場を通さずに第三者に負の影響を与えることである。この場合，望ましい均衡点と比べて，価格は過少に，量は過大となる。　4．正しい。アカロフは，中古車市場の分析から，レモンの原理を提唱した。　5．誤り。「2人以上の者が同時に消費できない競合性」を「2人以上の者が同時に消費できる非競合性」とすると正しい記述になる。例えば，混雑していない一般道路は，複数の者が同時に通行できる事象はこれにあたる。

27 3

解説 1．誤り。納税義務を負う者と負担する者が一致する税を直接税，一致しない税を間接税という。消費税は，事業者が納税義務を負う一方，原則として消費者が負担するため，間接税に分類される。　2．誤り。固定資産税は地方税である。　3．正しい。所得税は，所得が増加するほど税率が上昇する性質を持つため，累進税に分類される。　4．誤り。逆進税についての説明は正しいが，利子に対する課税は所得に関わらず税率が一定であるため，比例税に分類される。　5．誤り。事業税は地方税であり，法人税は国税である。

28 4

解説 1．誤り。リカードとリストの学説についての説明が逆になっている。　2．誤り。国際貿易機関（ITO）は発足に至らなかったため，世界貿易機関（WTO）が発足するまでの間，関税と貿易に関する一般協定（GATT）が貿易に関する秩序の形成と自由貿易の推進などの役割を担った。　3．誤り。EPA（経済連携協定）とFTA（自由貿易協定）についての説明が逆になっている。　4．正しい。一般に，通貨の減価は，輸出に有利に，輸入に不利にはたらく。　5．誤り。貿易黒字が増加すると，その国への支払いが増える。その際，その国の通貨への需要が増え，その通貨は増価する。

29 4

解説 1．誤り。2001年1月時点の大統領は民主党のビル・クリントン（第42代）であり，その後，共和党のジョージ・ブッシュ（第43代），民主党のバラク・オバマ（第44代），共和党のドナルド・トランプ（第45代），民主党のジョー・バイデン（第46代）が続く。　2．誤り。自由党を保守党とすると正しい記述になる。なお，2019年に行われた総選挙では，スコットランド国民党が全650議席中48議席を占めた。　3．誤り。中国では，事実上政府に批判的な勢力が全国人民代表大会において議席を得ることは不可能である。なお，2020年には香港国家安全維持法が成立し，香港における民主派の弾圧などが進んだ。　4．正しい。なお，大衆迎合主義・ポピュリズムで知られる「五つ星運動」は，イタリアにおける連立政権の一翼を担った。　5．誤り。ドイツでは，2021年に行われた連邦議会選挙において，5月の世論調査時点では，同盟90/緑の党が首位であったが，最終的な選挙の結果は社会民主党が第1党となった。

30 4

解説 1．誤り。最低賃金は，都道府県ごとに定められている。　2．誤り。労働組合の組織率は低下傾向にあり，10％台の後半で推移している。　3．誤り。法定雇用率に満たない企業には納付金の納入が義務付けられるが，刑事罰が科せられるわけではない。　4．正しい。高年齢者雇用安定法についての記述である。　5．誤り。労働基準法ではなく，男女雇用機会均等法に関する記述である。なお，間接差別とは，直接的な男女差別でなくても実質的に差別を助長する規定や基準の差異のことである。

31 2

解説 1．誤り。国際開発協会（IDA）を国際通貨基金（IMF）とすると正しい記述になる。国際開発協会（IDA）は，途上国が緩やかな条件で融資を受けられるようにするために設立された機関である。　2．正しい。当初の交換比率は，金1オンス＝35ドルであった。　3．誤り。固定為替相場制は，基準となる交換比率を設定し，変動の幅が一定以内になるように調整する制度である。なお，調整の手段は，通貨当局による介入である。　4．誤り。「1971年のスミソニアン合意」を「1976年のキングストン合意」とすると正し

い記述になる。　5．誤り。「ドル安」と「ドル高」を入れ替えると正しい記述になる。プラザ合意以降の急激な円高は，日本経済に円高不況と呼ばれる影響をもたらした。

32 3

解説 1．誤り。選択肢は，リースマンの学説についての説明である。リースマンは，伝統的社会に特徴的な伝統志向型，自己の内面的価値を重んずる内部指向型と対比し，他人指向型のパーソナリティを提示した。　2．誤り。選択肢は，アドルノの学説についての説明である。なお，権威主義的パーソナリティの特徴として，人種や民族に対する偏見を持つことも挙げられる。3．正しい。選択肢の文は，フロムの『自由からの逃走』に示された視点である。　4．誤り。選択肢は，サンデルではなく，ミードによるパーソナリティに関する学説についての説明である。　5．誤り。選択肢は，ミードではなく，サンデルの学説についての説明である。

33 1

解説 1．正しい。ダイシーの主著『憲法研究序説』の内容についての記述である。　2．誤り。三権分立は，モンテスキューの主著『法の精神』によって主張された。　3．誤り。ロックについての記述である。　4．誤り。マキャヴェリは，政治を道徳や倫理，宗教から切り離したため，「近代政治学の祖」などと呼ばれる。　5．誤り。トクヴィルは，ヨーロッパにおいて自由主義と民主主義の対立がみられる一方，ジャクソニアンデモクラシーが力を持つ当時のアメリカにおいて，両者の融合がみられるとした。

34 3

解説 1．誤り。エネルギー基本計画は，エネルギー政策の基本的な方向性を示すためにエネルギー政策基本法に基づき政府が策定するものであるから，「国会によって策定される計画」という記述は誤りである。　2．誤り。「原子力については安全を最優先し，再生可能エネルギーの拡大を図る中で，可能な限り原発依存度を低減する」との文言が盛り込まれた。　3．正しい。提示された2030年における「野心的な見通し」によれば，エネルギーの構成比率について，再生可能エネルギー36〜38％，原子力20〜22％，LNG20％，

石炭19％，石油等2％，水素・アンモニア1％とされた。　4．誤り。第6次エネルギー基本計画において示されたカーボンニュートラルを実現するために示された二本柱とは，再生可能エネルギーと水素である。なお，メタンハイドレートとは，天然ガスの主成分でエネルギー資源である「メタンガス」が水分子と結びつくことでできた氷状の物質であり，その消費の際，温室効果ガスである二酸化炭素を排出する。　5．誤り。第6次エネルギー基本計画において，核燃料サイクルについて，関係自治体や国際社会の理解を得つつ，六ヶ所の再処理工場の竣工と操業に向けた官民一体での対応，プルサーマルの一層の推進などの方針が示されている。

35 3

解説　1．誤り。第1文は正しい。第2文については，政治過程への参加を低価値なものとみなすのは，無政治的無関心である。反政治的無関心は，政治過程への参加そのものが宗教等の信条に反すると考えることによる無関心であり，脱政治的無関心は，政治過程での失望を契機とする無関心である。2．誤り。リースマンによれば，人々の意識は，伝統志向型，内部指向型，他人志向型の順に変化してきた。　3．正しい。フロムの主著『自由からの逃走』の内容についての記述である。　4．誤り。デュルケームについての記述である。　5．誤り。選択肢はシーマンに関する記述である。

36 4

解説　1．誤り。世界の温室効果ガスの総排出量は，2010年から2019年にかけては，その前の10年間に比べると，年平均増加率は下がったものの，増加している。　2．誤り。我が国の2021年度の温室効果ガス排出・吸収量（温室効果ガス排出量から吸収量を引いた値）は，2020年度から2.0％増加している。　3．誤り。我が国が排出する温室効果ガスのうち，CO_2の排出は全体の排出量の約91％を占めている。　4．正しい。2019年に公表された「生物多様性と生態系サービスに関する地球規模評価報告書」では，人間活動の影響により，現在の地球上の種の絶滅は，過去1,000万年平均の少なくとも数十倍，あるいは数百倍の速度で進んでおり，適切な対策を講じなければ，今後更に加速すると指摘している。　5．誤り。2022年の南極域上空のオゾンホールの最大面積は，南極大陸の約1.9倍となった。

[37] 2

解説 1. 1987年の労働基準法改正で導入されている。フレックスタイム制は，必ず就業しなければならないコアタイムを設定して，その前後に，いつ勤務してもいいフレキシブルタイムを設定するのが一般的である。　2. 正しい。　3. リストラクチャリングは人員整理・解雇ではなく，「再構築」を意味する言葉である。解雇や合理化の意味で使用されるカタカナ語の「リストラ」は，本来の意味からはかけはなれたもの。　4. 内閣府ではなく，総務省。また，完全失業者は，「調査期間中仕事をせず」，「仕事があればすぐ就くことができ」，「求職活動や事業を始める準備をしていた」，の3条件を満たす者をいう。　5. ワークシェアリングは，「仕事の分かち合い」の意味で，労働時間を短縮するなどで雇用を維持，創出することをねらいとしている。

[38] 2

解説 1. 世界初の社会保険が創設されたのがドイツというのは正しいが，ワイマール共和制の時期ではなく，それより前，19世紀末，ドイツ帝国宰相ビスマルクによって考案された。同時に社会主義運動を弾圧したため，その政策は「アメとムチ」といわれた。　2. 正しい。　3. わが国において，最初の社会保険である健康保険法が施行されたのは，1926年である。また，1938年には国民健康保険法も制定されている。　4. 生活保護ではなく，公的扶助。生活保護は公的扶助の中心となる制度で，生活保護法に規定されている。5. 国民皆保険・皆年金が実現したのは，1961年である。1973年が福祉元年といわれたのは正しい。

[39] 1

解説 1. 正しい。高齢者雇用安定法についての記述である。なお，2021年4月施行の高齢者雇用安定法の改正により，70歳までの就業機会の確保が努力義務として設けられている。　2. 誤り。多産多死型の社会では，人口ピラミッドが富士山型を描く点は正しいが，高齢化の原因となるのは，少産少死型の場合である。　3. 誤り。介護保険は，要支援1〜2，要介護1〜5の計7段階の状況に応じ，自己負担1割でサービスの給付が受けられる。ただし，一定以上の所得がある場合，自己負担率は引き上げられる。　4. 誤り。後期高齢者医療制度の対象となるのは75歳以上（一定の障害がある場合は65

歳以上）の高齢者である。　5. 誤り。日本の年金制度は，賦課方式を加味した修正積立方式であり，年金の給付額は納付額と連動している。

40　5

解説 1. 誤り。ラザースフェルドやマートンは，マス・メディアによる影響は，直接的なものではなく，オピニオン・リーダーを介した2段階の流れであることを指摘した。　2. 誤り。新聞の宅配が発達した日本では，近年部数が減少しつつあるとはいえ，諸外国に比べると新聞の発行部数は多い。3. 誤り。マス・コミュニケーションにおける情報の流れは，基本的に一方通行である。なお，受け手による情報提供や，意見を取り上げるなどの工夫もみられる。　4. 誤り。マコームズとショーは，マス・メディアが人々の話題や争点に大きな影響を与えることを指摘し，それを議題設定機能と呼んだ。5. 正しい。リップマンは，人々が「環境」そのものよりもメディアが形成した「疑似環境」の影響を強く受けることを指摘した。

41　1

解説 1. 正しい。コントは，社会学の創始者としても知られている。2. 誤り。ジンメルは，社会学の対象を社会化の形式に絞るべきとする形式社会学を構想するとともに，総合社会学を批判した。　3. 誤り。マードックによる拡大家族は，血縁関係を前提にいくつかの世代の核家族が結合した形態のことである。　4. 誤り。パーソンズによる手段的役割と表出的役割という概念は，国家ではなく家族について用いられた。　5. 誤り。スペンサーは，社会有機体説を主張した。社会有機体説とは，社会を一つの生物有機体になぞらえて考察し，説明する社会理論である。

42　5

解説 1. 誤り。国民皆保険制度は，第二次世界大戦後の1958年に国民健康保険法が制定されたことにより，1961年にスタートした。　2. 誤り。我が国の保険制度の財源は，被保険者と事業主が支払う保険料と，国や地方自治体からの公費によってまかなわれている。　3. 誤り。75歳以上の後期高齢者の医療費の窓口負担割合は，現職並み所得者は3割，現職並み所得者以外で一定所得のある者は2割，それ以外の者は1割となっている。　4. 誤り。

令和2年度に国民医療費の対国内総生産比率は8％を超えたが，10％を超えたことはない。　5．正しい。2020年度の医科診療医療費を主傷病による傷病分類別にみると，「循環器系の疾患」が最も多く，次いで「新生物〈腫瘍〉」となる。

43 3

解説 1．誤り。2016年から2019年までは，高等学校を卒業しても進学も就職もしていない者の割合は増加していたが，2019年から2021年にかけては減少している。　2．誤り。飲酒・喫煙は，引き続き20歳まで禁じられている。　3．正しい。2022年4月1日以降，男女ともに婚姻開始年齢が18歳となり，また，婚姻に当たって，これまで未成年者の婚姻において必要とされていた親権者の同意は不要となった。　4．誤り。小学生・中学生の不登校児童生徒数は，2013年から2020年にかけて，8年続けて前年を上回っている。5．誤り。2020年現在，15歳以上の若者の死因の約半数は，自殺である。

44 3

解説 1．誤り。BRICSとは，ブラジル，ロシア，インド，中国，南アフリカの新興5か国を指し，その頭文字をとったものである。なお，2024年1月から新たにアルゼンチン，イラン，エジプト，エチオピア，サウジアラビア，アラブ首長国連邦の6か国がBRICSに加わる。　2．誤り。モディ首相が率いる政党は，インド人民党（BJP）である。　3．正しい。2000年の中国＝アフリカ協議フォーラム（後の中国アフリカ協力フォーラム（FOCAC））の開催以降，中国・アフリカ間の貿易は急激に増加し，2009年以降，中国はアフリカ最大の貿易相手国となっている。　4．誤り。2023年5月現在，スウェーデンは，トルコなどの承認反対により，まだNATO加盟が認められていない。5．誤り。栄養不足人口が最も多いのはアジア地域である。アフリカ地域は，栄養不足人口の割合が最も高い。

社会科学　　　歴史

日本史：日本史の対策としては以下の3点が挙げられる。

　まず，高校時代に使用した日本史の教科書を何度も読み返すことが必要となってくる。その際，各時代の特色や歴史の流れを大まかにつかむようにする。その上で，枝葉にあたる部分へと学習を進めていってもらいたい。なぜなら，時代の特色や時代の流れを理解することで，それぞれの歴史事象における，重要性の軽重を判断できるようになるからである。闇雲に全てを暗記しようと思っても，なかなか思うようにはいかないのが実情であろう。

　次に，テーマ別に整理し直すという学習をすすめる。高校時代の教科書はある時代について政治・社会・文化などを一通り記述した後に，次の時代に移るという構成になっている。そこで各時代のあるテーマだけを順にみてその流れを整理することで，分野別にみた歴史の変化をとらえやすくなる。そうすることで，分野別に焦点化した歴史理解が可能となろう。

　最後に，出題形式からみて，空欄補充や記述問題にきちんと答えられるようになってもらいたい。空欄補充問題や記述問題に答えられるようになっていれば，選択問題に答えることが容易となる。難易度の高い問題形式に慣れていくためにも，まずは土台となる基礎用語の理解が不可欠となってくる。

世界史：世界の歴史の流れを理解し，歴史的な考え方を身につけることが「世界史」を学習する上で最も重要となってくる。しかし，広範囲にわたる個々ばらばらの細かい歴史的事項を学習するだけでは，「世界史」が理解できたとは言えない。それぞれの歴史的事項が，どのような背景や原因で起こり，どのような結果や影響を与え，また他地域との結びつきはどうだったのかなど，世界の歴史の大まかな流れと全体のメカニズムについて理解するよう努めたい。そうすることが，世界史の試験対策となる。

　特に，日本と世界の結びつきについては，各々の時代背景を比較しながら理解することが必要である。また，近現代が重視されるのは，現代の社

会の形成に直接的に影響を与えているからである。その観点から考えると，近現代の出来事を理解するとともにその影響についても考察し，現在の社会といかなるかかわりを持つのか，把握することも必要となってこよう。

☞　狙われやすい！ **重要事項** ……………………………………

☑ **江戸時代の幕藩体制～現代までの日本の変遷**
☑ **産業革命**
☑ **市民革命**
☑ **第一次世界大戦～現代までの世界の変遷**
☑ **中国王朝の変遷**

《　演 習 問 題　》

1　日中関係の歴史に関する記述として，正しいものはどれか。

1　古代社会における日本と中国の関係は対等なものではなく，朝貢関係がほとんどであった。その中でも，魏の卑弥呼は対等な外交を志向したことで知られる。

2　足利義満は，古代社会に一般的だった朝貢関係を屈辱的な外交と考えていた。そのため，日明貿易を開始した際にも対等な関係を強く主張した。

3　江戸幕府は鎖国政策を推進する中，イギリスやスペイン，ポルトガルの日本への来航を禁止させた。しかし清は例外的に出島での貿易を許可された。

4　明治政府は幕末に締結された欧米との不平等条約に苦しみ，岩倉使節団を派遣するなど，条約の改正を急いだ。一方，清とは早期に対等な日清修好条規を締結した。

5　太平洋戦争の後，日本と中国との外交関係は混乱した。当初は台湾との関係を重視したものの，1970年代に日中平和友好条約を結ぶことによって中華人民共和国との国交を結び，その後，条約を具体化するために日中共同声明を発表した。

2 摂関政治に関する記述として，妥当なものはどれか。

1 平安時代において，天皇の権威は度々形骸化した。特に，天皇の幼少
時には関白が政治を代行し，成人になると摂政として実質的な権力を行使
したのが摂関家であった。

2 摂関政治の始まりは，藤原氏が力を握ったことから始まる。具体的には，
藤原冬嗣の子である良房が摂政に，良房の養子基経が関白になった例が，
その原型となった。

3 宇多天皇は，藤原北家との血縁関係を用いて，その権威を強めようとし
た。その際に妨げとなると考えたのが菅原道真の存在であった。

4 藤原北家の権威が衰えた後，白河天皇は幼少であった堀河天皇に譲位し
た。これは，摂関政治を継続する意図によるものであった。

5 摂関政治が進められた背景には，藤原北家の経済力の欠如があった。藤
原北家は，他の一族に比べると荘園の所有が小規模であったため，天皇の
権威を自らの権力の後ろ盾とする必要があった。

3 弥生時代から奈良時代にかけての歴史に関する記述として，妥当なも
のはどれか。

1 壱与の後を継いで邪馬台国の女王となった卑弥呼は，魏に朝貢し，金印
紫綬と銅鏡を授かった。

2 大和政権の首長を示す天皇の称号の起源は，大和政権の成立のころまで
遡り，7世紀後半頃になると大王という称号と並行して用いられるように
なった。

3 筑紫国造磐井は，新羅と結託して磐井の乱を起こしたが，朝廷によって
大将軍に任命された物部麁鹿火によって鎮圧された。

4 7世紀に進められた大化改新と呼ばれる一連の改革に対して蘇我氏が激
しく反発したため，乙巳の変により，中臣鎌足と中大兄皇子らは，蘇我
蝦夷・入鹿親子を滅ぼした。

5 平城京に都が置かれるのに先立って，現在の京都に長岡京が置かれ，こ
の下で天平文化や国風文化が栄えた。

4 鎌倉時代の政治に関する記述として，正しいものはどれか。

1　1185年，後白河法皇から守護，地頭の特命権を得た源頼朝は，鎌倉幕府成立後に起きた承久の乱を受け，守護が軍事権を掌握する支配機構を構築した。

2　北条泰時は，武家社会と公家に関する慣習や道徳に基づく権利や義務を定めた貞永式目を制定し，御家人，公家の統制を強化した。

3　地頭は，土地の支配権を拡大させようとする荘園領主の横暴な態度について，統制の強化を幕府に訴えたものの，その問題を解決することはできなかった。

4　1274年の文永の役を受け，鎌倉幕府の8代執権であった北条時宗らは，異国警固番役を整備し，非御家人についても要害警備のために動員した。

5　1297年，北条貞時は困窮していた御家人の救済を目的として徳政令を発令し，困窮の救済を成功させるとともに，将軍と御家人の間に御恩と奉公による強固な主従関係を確立させた。

5 日本の戦国時代に関する記述として，正しいものはどれか。

1　室町時代は，将軍家をはじめとして，各方面での後継者争いが激しかった時代である。その最大のものが管領家の後継争いに端を発した応仁の乱である。

2　応仁の乱以後，各地で戦国大名が割拠した。その中でも有力な例として，守護大名から成長した越後の武田氏や，守護代から成長した相模の北条氏が挙げられる。

3　戦国大名は自らの支配地における統治を強固なものとし，他勢力に勝利するために，富国強兵策を進めた。そうした中で，各大名は経済力を強めるために，こぞって楽市楽座と呼ばれる経済政策を進めた。

4　織田信長は，戦国の世の中を終らせるために，武力統一の姿勢を示す天下布武の印章を使い始めた。その熱意を背景に，中部地方のほぼ全域と近畿を手中に収めたが，本能寺の変にて自刃した。

5　豊臣秀吉は，織田信長の後を継いで天下統一を目指し，小田原の北条氏を屈服させたことにより，それは完成した。その過程で検地や刀狩などの政策を実行した。

6　幕末以降に日本が諸外国と結んだ条約に関する記述として，正しいものはどれか。

1　1871年の大久保利通・木戸孝允・伊藤博文らによる渡米は，日米修好通商条約改正の予備交渉を目的としたものの，充分な成果を上げることはできず，政治や産業についての視察などを行うにとどまった。

2　欧米との不平等条約に苦しんでいた日本は，日清修好条規を締結する際にも，領事裁判権を認められないまま合意するに至り，このことに対する国内での不満が条約締結から批准までの期間が長くなる要因となった。

3　日本は1875年に，ロシアとの間で樺太・千島交換条約を締結し，樺太を手に入れるために千島を放棄したものの，ポーツマス条約によって千島の南部を再び領土と定めた。

4　日本と清との間で懸案となっていた琉球帰属問題は，駐清公使のイギリス人のウェードの調停により解決に至ったものの，相互にくすぶっていた不満が日清戦争勃発の主要な要因となった。

5　1875年に起きた江華島事件を機に，釜山・仁川・元山の三港の開港を停止させるとともに，領事裁判権や関税免除を撤廃させた。

7　大正から昭和の情勢に関する記述として，妥当なものはどれか。

1　第一次世界大戦後，ヨーロッパが復興を遂げ，アジア市場に大きな影響を与えるようになった。日本の輸入が輸出を大きく上回るようになると，株式市場は高騰した。

2　震災手形の処理をめぐり，一部の銀行経営の問題点が表面化すると，中小銀行の破産や休業が相次ぎ，金恐慌に陥った。当時の内閣はそれを背景に総辞職に追い込まれた。

3　昭和恐慌の際，浜口内閣は金輸出を禁止した。これは正貨の海外流出を防ぐことを目的にした措置であった。

4　国際連盟は，第一次世界大戦後，紛争を解決し，新たな戦争を防ぐ機能を期待された機関であった。日本は，国際連盟規約を批准できず，加盟には至らなかった。

5　日本がポツダム宣言を受諾することにより，第二次世界大戦は終結した。この宣言において，日本は，国家体制の保護，占領軍による直接統治の回避などの条件を認められた。

8 現代の日本に関する記述として，正しいものはどれか。

1　日露戦争は，日本が満州や朝鮮の支配権を巡りロシア帝国と戦った戦争である。日本は苦戦したものの，日英同盟を結んでいる英国の斡旋により講和を結んだ。

2　第一次世界大戦は，日本から離れた欧州を主戦場とする世界戦争である。日本は各国の経済状況を検討しつつ，アメリカとの友好関係を根拠にして，積極的に参戦した。

3　太平洋戦争は，当初日本が優勢だった。しかし，ミッドウェイ海戦の敗北の後，日本は各地で敗北を重ねたことを受けて，米国などによるヤルタ協定を受け入れ，無条件降伏した。

4　サンフランシスコ平和条約により，全連合国との講和が実現した。この後，日本は西側諸国の一員として経済発展を第一に高度成長社会を実現していった。

5　1970年代から，日本は欧米に対して巨大な貿易黒字を抱え，貿易摩擦が問題となっていた。一方，1980年代半ばのプラザ合意後の為替レートの変動により，輸出産業は打撃を受けた。

9 古墳時代から律令制度の成立にかけての日本の歴史に関する記述として，妥当なものはどれか。

1　4世紀末ごろ，大王を首長とし，大和朝廷を政府とする大和政権が国土を統一し，氏姓制度と呼ばれる政治が運営された。

2　2世紀末につくられた最も古い古墳は前方後円墳であり，その後，その主流は円墳や方墳などに移行した。

3　日本に仏教が導入された契機は，6世紀半ばに中国大陸から仏像や経典がもたらされたことであった。

4　8世紀はじめに養老律令が成立し，続いて大宝律令が制定されたことを受け，日本において本格的な律令政治が始まった。

5　班田収授法により，6歳以上の男女には口分田を与え，一定の年齢になった時に国に返させた。

10 織豊政権と江戸幕府に関する記述として，妥当なものはどれか。

1　織田信長は，キリスト教を厳しく取り締まるとともに，楽市・楽座を取りやめ，経済の統制をはかることによって自らの支配体制を強固なものと

した。

2　全国統一を果たした豊臣秀吉は，太閤検地や刀狩によって支配の基礎を築くとともに，朝廷と激しく対立し，その権威を否定した。

3　江戸幕府において，一般の政務を担当する常設の最高職は大老であった。

4　江戸幕府の下で，農民を統制する慶安の御触書，主として朝廷を統制する禁中並公家諸法度が制定された。

5　参勤交代は，大名に対し妻子を自らの領地から出さないことを強制し，国元と江戸を1年交代で往復させることを柱としていた。

11　第2次世界大戦に関する記述として，妥当なものはどれか。

1　第2次世界大戦は，1939年，ドイツ軍のチェコスロバキア侵攻に対して，イギリス，フランスが宣戦布告したことにより開戦した。

2　第2次世界大戦開戦後，ポーランドはソ連とドイツにより分割された。

3　第2次世界大戦開戦後，日本は中国に侵攻し，また，ハワイの真珠湾を攻撃した。

4　第2次世界大戦では，戦車が初めて戦場で使用された。

5　第2次世界大戦は，1945年5月にドイツが連合国に対して無条件で降伏したことにより終結した。

12　大航海時代に関する記述として，正しいものはどれか。

1　スペイン王室の援助を受けたコロンブスによる新大陸の発見が，ポルトガルをはじめとした各国が海外に進出するきっかけとなった。

2　ポルトガル人のマゼラン（マガリャンイス）は，西回りの世界周航を目指し，その過程において，フィリピンを発見することなどを通じて地球の球体を証明した。

3　エリザベス1世の時代に東インド会社を国家の事業として設立したイギリスは，アジアに進出してインドや東南アジア全体を支配下に治めた。

4　フランスは，ルイ14世の時代から本格的に海外へと進出し始め，イギリスやスペインとの対立の中，南米のブラジルなどを植民地化した。

5　オランダは，スペインからの独立戦争の途中において世界への進出を本格化し，日本の江戸時代には西欧唯一の貿易相手国になった。

13 　東西の冷戦体制とその終結までに関する記述として，正しいものはどれか。

1　1945年，アメリカの大統領に就任したアイゼンハウアーは，社会福祉の向上に加え，東側に対する反共政策を促進し，1947年3月にはギリシア，トルコへの共産主義の進出を阻止するため，ソ連に対する「封じ込め政策」を宣言した。

2　1949年，アメリカによるマーシャル＝プランに対抗して，コメコン（経済相互援助会議）が創設され，ソビエト連邦，ポーランド，チェコスロバキア，ハンガリー，ルーマニア，ブルガリアはこの会議を通じた結束を強めて，西側に対抗する体制を構築した。

3　東側によるワルシャワ条約機構の結成を受け，1949年に，西側の集団安全保障機構として，NATO（北大西洋条約機構）が成立した。

4　1977年，アメリカにおいて，民主党のカーターが大統領に就任すると，人権を侵害する国家に対して経済援助などの圧力をかける「人権外交」を進めたが，米中の国交については，対ソ戦略に関する利害関係の不一致により，正常化されない状況が続いた。

5　冷戦の終結に伴い，第二次世界大戦後に生まれた分裂国家の東西ドイツが統一を果たし，南北朝鮮が国連への加盟を実現した後，旧バルト3国が独立し，ソ連が解体されたことにより，民族紛争や宗教対立が急減した。

14 　中世のローマ・カトリック教会に関する記述として，妥当なものはどれか。

1　フランスのクリュニー修道院は，聖職の売買の拠点となった。10世紀以降，この修道院の改革をきっかけに，教会改革運動が進められた。

2　教皇グレゴリウス7世は，聖職者に対して厳格な方針を示したことで知られる。その代表的なものは，聖職の売買禁止，聖職者の妻帯禁止などであった。

3　皇帝ハインリヒ4世が，聖職叙任権をめぐり，当時の教皇と激しく対立した。教皇側が皇帝に許しを請い，決定的な衝突は回避されたものの，後に大きなわだかまりを残した。

4　中世において，教皇から破門されることは，皇帝が支配の正統性を失うことを意味した。そのため，教皇と皇帝は，大規模な教会において共同で執務を行う慣例が成立した。

5 聖職叙任権をめぐる対立は，12世紀に入って収束した。教皇インノケンティウス3世と皇帝ハインリヒ5世の間で結ばれたヴォルムス協約によって，その件に関する妥協が成立した。

15 ヴェルサイユ体制とその前後の時代に関する記述として，正しいものはどれか。
1 オーストリアの皇太子がセルビアの青年に暗殺されたことにより第一次世界大戦が勃発し，オーストリアはフランス，ロシア，イギリスなどと同盟を結び，セルビアと戦った。
2 パリ講和会議において主導権を握ったのは，イギリスのロイド＝ジョージ首相やフランスのクレマンソー首相らであった。
3 第一次世界大戦中にアメリカのウィルソン大統領によって提唱された平和原則十四カ条は，秘密外交の推進と経済障壁の強化を柱とするものであった。
4 国際連盟の設立の際に自らの主張が取り入れられたアメリカは，上下両院における手続きを経て，設立と同時に同連盟に加盟した。
5 第一次世界大戦末期の1918年，オーストリアとハンガリーは共同で主導権を保持する思惑からオーストリア＝ハンガリー帝国を成立させた。

16 絶対王政に関する記述として，妥当なものはどれか。
1 絶対王政の歴史的な意義の一つに，近代的な国家の形成への影響が挙げられる。絶対王政の成立を契機に，ヨーロッパ各国は統一的で中央集権的な国家を形成した。
2 絶対王政を思想の面から支えたのは，王権神授説であった。その説によれば，統治権を含む国王の権力は，神から聖職者を経て，国王に授けられるものとされた。
3 絶対王政における主権について，ボーダンは立法権に焦点を当てて展開した。その説によれば，国王は神法，自然法に優越する立法権を持つ。
4 絶対王政の代表的な戦争として，レパントの海戦が挙げられる。スペインの無敵艦隊は，トルコ，イギリスを撃破し，スペインの覇権は決定的なものとなった。
5 絶対王政の下，17世紀には英蘭戦争が勃発した。この戦争を経て，オランダはヨーロッパの海域における覇権を握ることになった。

17 中国の王朝の歴史に関する記述として，妥当なものはどれか。
  1　秦の始皇帝は，焚書などによって思想を統制するとともに，全国を郡と県に分けて役人を派遣する郡県制を廃止した。
  2　魏晋南北朝によって混乱した中国を統一し，唐を建国した楊堅は，均田制，府兵制，科挙などを実施し，集権化をはかった。
  3　宋を建国した趙匡胤は，軍との対立が絶えず，中央の軍を弱体化させる政策を進め，文官を節度使とする文治主義を進めた。
  4　明の永楽帝は，建文帝から禅譲を受けた正統な後継者であったが，宦官を冷遇する一方，東林派という官僚集団を優遇したことが国の混乱を招いた。
  5　中国最後の王朝である清は，女真族による王朝であったが，辮髪を強制する一方，重要な役職に漢人を登用するなどの配慮もみられた。

18 イスラーム教とイスラーム世界に関する記述として，妥当なものはどれか。
  1　メディナで生まれたムハンマドがイスラーム教を創始すると，その地の有力者たちから激しく迫害され，そこから逃れるためにメッカに移住した。
  2　誕生した当初のイスラーム教は，キリスト教徒やユダヤ教徒に対して極めて厳しい態度をとり，速やかな改宗を迫った。
  3　ムハンマドの死後，彼の後継者はカリフと呼ばれたが，最初の4代は選挙によって決定された。
  4　正統カリフ時代の最後のカリフであったアリーは，晩年にシリア総督のムアーウィヤを後継者として指名した。
  5　11世紀にセルジューク朝がバグダードに入城すると，それに反発した当時のカリフにより，スルタンの称号を剥奪された。

19 イギリスにおける産業革命に関する記述として，妥当なものはどれか。
  1　石炭や鉄などの資源が乏しかったため，原材料の大部分を輸入する必要があった。
  2　労働力が不足していたものの，保有していた植民地から移民を促進することによって充足できた。
  3　綿工業における技術革新は，速やかにインドにも波及し，インドは綿製品の輸出国となった。

4　大工場などの経営者の社会的地位や発言力が大きくなることにより，貿易の制限が撤廃され，彼らに有利な自由貿易の体制が確立した。

5　産業革命は，イギリスにおいて18世紀の後半から進んだのに対して，フランス，ドイツ，アメリカなどにおいては，20世紀に入ってから始まった。

20 中世ヨーロッパに関する記述として，妥当なものはどれか。

1　800年にカール大帝がローマ教皇からローマ帝国の帝冠を剥奪されたことを契機として，教皇を中心としたヨーロッパ世界の秩序の基礎がつくられた。

2　中世ヨーロッパ社会が成立する契機となったのは，この地域において荘園制度とそれに基づく主従関係が崩壊したことであった。

3　11世紀後半になると教皇と皇帝の間で叙任権闘争が展開され，皇帝が教皇を屈服させたことを契機として，絶対君主制が成立した。

4　中世になると，ヨーロッパの民衆が聖書に直接的に接するようになり，そうした中で培われた神と教会への忠誠心が封建社会を思想の面から支えた。

5　聖地エルサレムを奪回するため，11世紀末から7回にわたって派遣された遠征軍は，結果として失敗であったものの，王権の強大化や都市の発達を促進した。

21 市民革命に関する記述として，妥当なものはどれか。

1　17世紀のイギリスにおいて勃発した内乱において，クロムウェルは武力を用いずにピューリタン革命を成功させた。

2　クロムウェルの死後，オランダから招かれて即位した国王が専制政治をおこなったことに議会が反発したことが，名誉革命の発端となった。

3　18世紀のフランスで始まったフランス革命は，ルイ16世による国民議会の弾圧に反発した民衆がバスティーユ牢獄を襲撃したことによって始まった。

4　ホッブズは，国王の統治権は神から授かった神聖なものであることを強調し，市民革命に反対する説を展開した。

5　アメリカの植民地からイギリス本国に送られていた議員の人数が少な過ぎたことが反発を招き，その議員らの辞職，ボストン茶会事件などを契機としてアメリカ独立戦争が始まった。

《 解 答 ・ 解 説 》

1 　4

解説　1．古代世界で対等な外交を目指したのは邪馬台国の卑弥呼ではなく，推古朝の聖徳太子である。卑弥呼は親魏倭王として，魏に朝貢しており対等な外交とは言えない。　2．足利義満は，貿易の利益に着目して朝貢貿易である勘合貿易を行った。この貿易を屈辱的と考えて中止させたのは，足利義持である。　3．江戸時代の鎖国政策はスペインやポルトガルの来航を禁止させた。しかし，イギリスはアンボイナ事件の後に自ら撤退したのであり，来航を禁止されたわけではない。また，清は貿易を行っていたが，その拠点となったのは，出島ではなく唐人屋敷である。　4．正しい。日米和親条約以来，日本は欧米諸国のほとんどの国と不平等条約を締結させられた。一方，アジア諸国とは不平等条約を強制されていない。清と結んだのは対等の条約であり，また，朝鮮に対してはむしろ不平等条約を締結させている。　5．日本は再独立の後，中華民国（台湾）との外交関係を結んだ。その後，米国の中国政策の変化とともに中華人民共和国との関係も変化していく。ただし，国交を結ぶ際に表明したのは日中共同声明であり，その後，日中平和友好条約を締結した。

2 　2

解説　1．誤り。摂政と関白の記述が逆である。　2．正しい。これ以降，摂政，関白の役職は，藤原氏に独占される時期が続いた。　3．誤り。宇多天皇は，藤原北家との血縁が強くなかったため，学者出身の菅原道真を登用しようとした。　4．誤り。白河天皇が譲位したのは，院政を始めるためであった。　5．誤り。藤原家は，多くの荘園を実質的に支配下においていた。

3 　3

解説　1．誤り。邪馬台国の初代女王が卑弥呼であり，2代目の女王が壱与である。他の記述については正しい。　2．誤り。大王という称号は5世紀頃，天皇という称号は7世紀後半頃と考えられており，選択肢の文章は2つの称号の新旧が誤っている。　3．正しい。磐井の乱は，527年に起こった。　4．誤り。大化の改新は，乙巳の変の後に実施された一連の改革であり，選択肢の

文章は時系列が逆になっている。　5．誤り。長岡京は，平城京と平安京の間
に都が置かれた。また，天平文化は奈良時代に，国風文化は平安時代に栄え
た文化である。

4 　4

解説　1．鎌倉幕府の支配機構が設けられたのは，1221年の承久の乱より
も前のことである。承久の乱は，源氏の正統が途絶えると，これを契機とし
た後鳥羽上皇が北条義時追討の院宣を発し，討幕を図った兵乱のことである。
2．貞永式目は，武士（御家人）にのみ適用されたものであって，公家法や本
所法などは朝廷の支配下にあった。　3．荘園領主と地頭を逆にすると，正し
い選択肢になる。　4．正しい。異国警固番役では，九州定住の御家人や本
所一円地の非御家人も，筑前，肥前などの要害警備にあたらせた。　5．売
却地返還の際に，御家人と非御家人，凡下で対応に差などがあったこと，ま
た，借上が所領買収を拒んだことなどから，御家人の困窮と経済の混乱が起
こった。

5 　4

解説　1．応仁の乱が室町時代最大の後継者争いだったという点は正しい。
しかし，この戦は足利義政の後継者争いがきっかけであり，管領家が発端だっ
たとはいえない。　2．戦国大名をすべて場所とともに覚えることは困難であ
り，しかも必要ではない。しかし，この時代の下剋上を代表する大名が相模
の北条氏であること，守護大名から成長したのが甲斐の武田氏という点は覚
えておくべきである。　3．戦国大名が富国強兵政策をとったという点は正し
い。しかし，楽市楽座を本格化させたのは織田信長であり，戦国大名がこ
ぞって楽市楽座を行ったという点は誤り。　4．正しい。天下布武という武力
統一の方針を実際に表明した大名が織田信長であった。楽市楽座やキリスト
教の保護など，特徴的な政策も少なくない。　5．豊臣秀吉が小田原の北条
氏を屈服させたこと，太閤検地や刀狩を行ったことは正しい。しかし，検地
は統一の過程であるが，刀狩は統一後のことである。

6　1

解説　1.　正しい。日米間の不平等条約改正への取り組みは難航した。
2.　日清修好条規は相互に領事裁判権を認める内容を含んでいた。　3.　千島
と樺太についての記述が逆である。　4.　日清の琉球帰属問題について調停に
入ったのは米前大統領のグラントであり，日清戦争終了後までは解決しなかっ
た。　5.　正確には，1875年の江華島事件を機に，釜山・仁川・元山の三港
が開かれた。また，この時の条約は，日本に領事裁判権や関税免除を認めさ
せるなどの不平等条約であった。

7　2

解説　1.　誤り。日本が輸入超過に転ずると，株式が大暴落し，戦後恐慌
が生じた。　2.　正しい。金融恐慌の際，総辞職したのは若槻礼次郎内閣で
あった。　3.　誤り。浜口内閣は，金輸出を解禁し，正貨の海外流出を招い
た。　4.　誤り。国際連盟には，日本は理事国として加盟したが1933年に脱
退した。　5.　誤り。ポツダム宣言は，日本に無条件降伏を求める内容であっ
た。

8　5

解説　1.　日露戦争の講和条約はポーツマス条約である。この時，日本は
すでに日英同盟を結んでいたが，条約締結に力を貸したのは同盟国のイギリ
スではなく，友好関係にあったアメリカのセオドア＝ローズベルトであった。
2.　第一次世界大戦は欧州での戦争であり，日本は直接的な利害関係は薄かっ
たものの，日英同盟を口実に参戦した。なお，日本が宣戦した相手国はドイ
ツである。　3.　太平洋戦争は序盤，日本が優勢な状態で推移したが，ミッ
ドウェイ海戦を転機として戦況が悪化したという点は正しい。しかし，敗戦
につながる無条件降伏は，ヤルタ協定ではなくポツダム宣言によるものであ
る。　4.　サンフランシスコ平和条約は，西側資本主義諸国との講和であり，
社会主義諸国や中国とはその当時には講和に至っていない。ソビエト連邦と
は日ソ共同宣言により，中華人民共和国とは日中共同声明により国交が回復
し，戦争状態が終結した。　5.　正しい。1970年代以降，日本の貿易黒字は
巨大化し，それが欧米諸国との貿易摩擦を生んだ。プラザ合意は，ドル高を
是正することを柱としており，その後，急激に円高ドル安が進んだ。それに

より輸出産業は打撃を受け，円高不況がもたらされた。

9 1

解説 1. 正しい。4世紀末頃に国土を統一したのが大和政権であった。
2. 誤り。前方後円墳は3世紀中頃〜後期に出現した。なお，古墳は弥生時代
後期に墳丘墓がすでに出現していた。古墳時代後期になると，横穴式石室が
一般化した。　3. 誤り。6世紀半ば，中国からではなく百済から仏教が伝
わった。　4. 誤り。養老律令と大宝律令の順番が逆になっている。なお，
これらは唐の律令の影響を受けていた。　5. 誤り。班田収授法によれば，口
分田を返すのは一定の年齢になった時ではなく死んだ時であった。

10 4

解説 1. 誤り。織田信長はキリスト教を保護し，市場の税を免除すると
ともに座の特権を廃止する「楽市・楽座」を実施した。　2. 誤り。豊臣秀吉
は，朝廷の権威を自らの支配に利用しており，「激しく対立」「権威を否定」
という記述は誤りである。　3. 誤り。一般の政務を担当する常設の最高職は
老中であり，大老は非常時に置かれる役職であった。　4. 正しい。大名統制
のために武家諸法度が制定された。　5. 誤り。大名の妻子は江戸に住むこと
を強制された。

11 2

解説 1. 誤り。1939年，ドイツ軍はポーランドに侵攻し，イギリスとフ
ランスがドイツに対して宣戦布告した。チェコスロバキアは，ドイツのポー
ランド侵攻前に，ドイツ軍に占領され，チェコとスロバキアに解体された。
2. 正しい。ソ連は1939年にドイツと独ソ不可侵条約を締結し，ポーランド
の分割を密約していた。ドイツ軍がポーランドに侵攻すると，続いてソ連軍
もポーランドに侵攻し，分割した。　3. 誤り。1937年に盧溝橋事件・北支
事変が勃発し，日本と中国は第2次世界大戦開戦以前に戦闘状態にあった。
4. 誤り。戦車が初めて戦場で使用されたのは，第1次世界大戦である。
5. 誤り。1945年5月のドイツの無条件降伏後も日本は戦争を続け，同年8月
の原子爆弾投下後の8月15日にポツダム宣言を受諾して，第2次世界大戦は
終結した。

12 5

解説　1．アジアへの道・インド航路は，ポルトガルのバーソロミュー＝ディアス，ヴァスコ＝ダ＝ガマ，スペイン王室に支援されたコロンブスの3名によって開拓された。ただし，時間的な順番は，ディアス，コロンブス，ガマの順になる。ポルトガルから始まる，というのが正しい内容となる。　2．マゼランが西回り航路の世界周航を目指したという点は正しいが，彼は寄港地のフィリピンでの戦闘により命を落としている。彼自身が球体を証明したのではなく，彼の部下が球体を証明したというのが正しい。　3．エリザベス1世の時代に，イギリスが世界最初の東インド会社を設立し，アジアに進出したという点は正しい。しかし，アンボイナ事件にみられるように，東南アジアではオランダとの競争に敗れて撤退している。よって，東南アジア全体を支配したという点が誤り。　4．フランスもイギリスやオランダと同じく東インド会社を設立し，世界各地へと進出していった点は正しい。しかし，進出先は，新大陸ではカナダ，アジアではインドシナなどであり，ブラジルを植民地化したという事実はない。なお，ブラジルはポルトガルの進出先である。　5．正しい。オランダは鎖国時代における西欧唯一の貿易相手国であり，長崎の出島で貿易を行っていた。ただし，貿易は行っていたが包括的な外交関係はなかった。

13 2

解説　1．選択肢はアイゼンハウアーではなく，トルーマンに関する記述である。トルーマンは，1947年3月に「封じ込め政策（トルーマン＝ドクトリン）」を宣言した後，同年6月にはヨーロッパ経済復興援助計画（マーシャル＝プラン）を発表するなど，対外的には西側の代表として強固な反共政策を推進した。　2．正しい。具体的には，ソ連が原油を輸出し，東欧諸国が工業製品などの対価を輸出するなどの仕組みが構築された。1962年以降，モンゴル，キューバ，ベトナムなどもこれに参加したが，冷戦の終結後である1991年の6月に解体された。　3．ワルシャワ条約機構は，西ドイツがNATO（北大西洋条約機構）に加盟したことに対抗し，1955年に構築された体制である。　4．1979年，対ソ戦略で利害関係が一致したため米中国交正常化が果たされることとなった。　5．旧バルト3国が独立し，ソ連が解体した後，民族紛争や宗教対立が激化し内戦が増加することとなった。

[14] 2

解説 1. 誤り。クリュニー修道院は，教会改革運動の中心的な役割を果たした。 2. 正しい。グレゴリウス7世は，聖職叙任について，世俗権力によるものを禁じた。 3. 誤り。破門された皇帝ハインリヒ4世がイタリアのカノッサにおいて教皇グレゴリウス7世に謝罪した事件が，カノッサの屈辱である。 4. 誤り。第1文は正しいが，共同で執務を行う慣例は成立していない。 5. 誤り。ヴォルムス協約の教皇側の当事者は，カリクストゥス2世である。

[15] 2

解説 1. 第一次世界大戦において，ドイツ・オーストリアの同盟国は，フランス・ロシア・イギリスなどの連合国と戦った。 2. 正しい。パリ講和会議において主導権を握ったのは，アメリカのウィルソン大統領，イギリスのロイド＝ジョージ首相やフランスのクレイマンソー首相であった。 3. 第一次世界大戦中にウィルソン大統領は十四カ条の平和原則を示した。その内容は，秘密外交の禁止，経済障壁の撤去，民族自決権の一部承認などを柱としていた。 4. 国際連盟の設立の際，提唱国であったアメリカは上院の反対により加盟することができなかった。 5. 1918年，オーストリア＝ハンガリー帝国は連合国との休戦協定に署名した。その際，当時の皇帝が国事への関与やハンガリーの統治権を放棄し，同帝国は解体された。

[16] 1

解説 1. 正しい。中世は，諸侯や聖職者が一定の権力を握っていたが，絶対王政の成立は統一的な国家の形成に貢献した。 2. 誤り。王権神授説は，国王の統治権が神から直接国王に与えられているとする説である。 3. 誤り。ボーダンは，国王の主権や立法権を認めながらも，国王も神法や王位継承に関する王国基本法には従うべきとした。 4. 誤り。スペインの無敵艦隊は，トルコに勝利したものの，アルマダの海戦でイギリスに敗れた。 5. 誤り。英蘭戦争は，イギリスが制定した航海法をめぐる戦争であり，戦後，イギリスが海上覇権を握ることになった。

[17] 5

解説 1．誤り。秦の始皇帝は，郡県制を導入し，この制度はそれ以降の王朝にも引き継がれた。　2．誤り。唐を隋とすると正しい記述となる。　3．誤り。趙匡胤が文官を節度使としたことは正しいが，禁軍という中央の軍は強化したので，誤りである。　4．誤り。永楽帝は，明の2代皇帝の建文帝を倒して即位し，宦官を重んじた。　5．正しい。清の王朝は，漢人にも配慮したものの，批判的な者については厳しい弾圧の対象となった。

[18] 3

解説 1．誤り。メディナとメッカの記述が逆になっている。なお，この移住は，ヒジュラ（聖遷）と呼ばれる。　2．誤り。キリスト教徒やユダヤ教徒については，「啓典の民」であるとして，寛容な姿勢であった。　3．正しい。ウマイヤ朝以降，カリフは世襲によって決定された。　4．誤り。アリーの暗殺後，シリア総督のムアーウィヤがカリフとなったが，それを認めない一派がシーア派となった。　5．誤り。セルジューク朝が1055年にバグダードに入城すると，カリフからスルタンの称号を授かった。なお，スルタンとは，イスラーム世界における世俗君主を意味する称号である。

[19] 4

解説 1．誤り。イギリスで起こった「産業革命」は，18世紀後半から生産活動の中心が「農業」から「工業」へ移行したことによる経済や社会の大きな変化を意味する。その当時のイギリスは，石炭や鉄などの資源が豊富であった。産業革命当時のイギリスは，石炭や鉄などの資源に恵まれていた。　2．誤り。産業革命が始まった頃のイギリスでは，第2次囲い込み（エンクロージャー）によって職や土地を追われた農民がたくさんいたため，労働力が豊富にあったといえる。なお，「囲い込み（エンクロージャー）」は中世末期のヨーロッパ，特にイギリスにおいて，領主や地主が牧羊業や集約農業を行うために起こした動きであり，共同利用が認められていた。耕作地や開墾地などを柵や生垣などで囲み，排他的な私有地であることを示す行為である。これにより，土地を追われた多くの農民が工場労働者となった。　3．誤り。産業革命の前に，イギリスはインドから綿製品を多く輸入していた。産業革命が進むと，イギリスはインドに綿製品を輸出したため，インドにおける伝統的な綿工業は大きな打撃

を受けた。　4．正しい。産業革命前の貿易は，様々な規制の下にあったが，この規制は，原材料の輸入や製品の輸出の妨げとなっていた。産業革命の進行によって大工場経営者などの産業資本家らの政治的な発言力が大きくなり，彼らに有利な自由貿易の体制が実現した。　5．誤り。イギリスにおける産業革命は18世紀の後半から進んだのに対して，フランス，ドイツ，アメリカなどにおいては，19世紀中頃に入ってから始まった。

20 5

解説 1．誤り。カール大帝は，800年にローマ皇帝から帝冠を受けた。2．誤り。中世ヨーロッパにおける封建社会は，荘園制度とそれに基づく主従関係によって成り立っていた。　3．誤り。11世紀後半の叙任権闘争では，教皇が皇帝を屈服させたカノッサの屈辱により，教皇の力は絶頂を迎えた。4．誤り。民衆が聖書に接するようになったのは，宗教改革以降のことである。　5．正しい。十字軍は，全体として，教皇権の弱体化，王権の強大化，関連した都市の発達などをもたらした。

21 3

解説 1．誤り。クロムウェルは鉄騎軍を率いて国王軍を破り，1649年に国王を処刑し共和政を実現した。　2．誤り。クロムウェルの死後に復活した王政の下で行われた専制政治に議会が反発し，議会側がオランダから国王を迎えたという一連の流れが名誉革命である。無血で実現したため，この名前がついた。　3．正しい。フランス革命は1789年に勃発した。　4．誤り。ホッブズは，一人ひとりが持っている自己保存の権利としての自然権を，人々が国王に譲渡する社会契約を結んでいるとし，自説を展開した。よって，「統治権は神から授かった」とする記述は誤りである。また，彼の説は結果的に絶対君主制を擁護する一面があった。　5．誤り。植民地はイギリス本国に議員を送っていなかった。

社会科学　　　　地　理

```
IIIIIIIIIIIIIIIIIIIIIIIIIIIIIIIIIIII  P O I N T  IIIIIIIIIIIIIIIIIIIIIIIIIIIIIII
```

地図と地形図：地理において地図と地形図は，頻出事項の分野である。まず地図の図法は，用途と特徴を確実に把握し，地形図は，土地利用や距離などを読み取ることができるようになる必要がある。

世界の地形：地形に関する問題は，かなり多く取り上げられる。地形の特色・土地利用・その代表例は押さえておきたい。また，大地形・沈水海岸・海岸地形なども，よく理解しておくこと。試験対策としては，地形図と関連させながら，農業・工業とのかかわりを整理しておくとよい。

世界の気候：気候に関しては，ケッペンの気候区分が最頻出問題となる。次いで農業とのかかわりで，土壌や植生の問題も出題される。気候区の特徴とその位置は明確に把握しておこう。気候区とあわせて土壌・植生なども確認しておくことも大切である。

世界の地域：アメリカ合衆国は，最大の工業国・農業国であり，南米やカナダとのかかわりを問う問題も多い。また東南アジア，特にASEAN諸国での工業・鉱物資源などは広範に出題される。EU主要国に関しては，できるだけ広く深く学習しておく必要がある。資源・農業・工業・交通・貿易など総合的に見ておこう。

日本の自然：地形・気候を中心とした自然環境は頻出である。地形や山地・平野などの特徴は理解しておきたい。

日本の現状：農業・工業などに関する問題は，今日本が抱えている問題を中心に整理するとよい。農産物の自由化が進み，労働生産性の低い日本の農業は，苦しい状況に追い込まれている。工業においては，競争力を維持していく手段を選んでいかざるを得ない状況に陥っている。環境問題も大きな課題である。このような時事的な繋がりのある問題を取り上げた出題にも対処する必要がある。

狙われやすい! 重要事項

☑地図・地形
☑土壌・環境・気候
☑人種・民族
☑人口・交通
☑アジア・オセアニア
☑ヨーロッパ
☑南北アメリカ
☑アフリカ

≪ 演 習 問 題 ≫

1 各国の政策や社会状況に関する記述として，正しいものはどれか。

1　ベトナムは，日本などをモデルとする「ルックイースト」政策を採用し，急激な発展を遂げた。

2　アルゼンチンにとって，農業の発展は重要な課題とされていたため，同国では，穀物の増産を目指す「緑の革命」が進められた。

3　先進国内においても地域ごとの格差の存在はみられ，イタリア国内では，南部と北部の間で大きな経済的な格差が存在する。

4　パキスタンでは，国内における紛争が度々みられ，特にクルド人の独立問題は，国内の火種となっている。

5　カナダのケベック州では，イギリス系住民が独立を目指す運動が度々先鋭化し，衝突を生んだ。

2 世界の宗教とその分布に関する記述として，妥当なものはどれか。

1　民族宗教は，世界宗教と対比して用いられることばであり，特定の民族において信仰される宗教である。民族宗教の特徴として，複数の神々を同時に崇拝する多神教であることが挙げられる。

2　国教は，国家から特権や特別な地位を与えられた宗教である。国際連合憲章ではこれを定めることを禁止しているため，国連加盟国では国教制度を定めている国はなく，歴史の中で一時的に存在した制度である。

3　カトリックは，ローマ教皇が最高権力者となり，宗教的秩序を形成しているキリスト教である。ヨーロッパ以外では，ラテンアメリカに信者が多い。

4　イスラーム教は，いくつかの派に分かれているが，スンナ派とシーア派は二大宗派を形成している。特にシーア派の信者数が最も多い。

5　仏教の中で，戒律を重んじつつ，厳しい修行により自己の悟りをめざすのが北伝仏教である。この影響を大きく受けた地域として，日本，中国，朝鮮，スリランカ，ミャンマー，タイなどが挙げられる。

3　**世界の地形に関する記述として，妥当なものはどれか。**

1　地中海・ヒマラヤ造山帯は，4000メートルを超すチベット高原の南のヒマラヤ山脈が最高地点である。西側には，パミール高原，ヒンズークシ山脈，カフカス山脈，アルプス・ピレネーが連なる。

2　環太平洋造山帯は，日本列島を除く環太平洋地域に連なる造山帯である。ロッキー，シェラネバダなど，北アメリカのコルジェラ山系はこの造山帯に含まれる。

3　山地は農業に適した地域が多いため，古くから人口が密集してきた。また，傾斜を利用した陸運の要所として，鉄道や高速道路が発達している。

4　浸食をうけた古い褶曲山地や造陸運動で隆起した土地は，高原や台地となる。これらの土地は，多くの水分を含む土壌が集積しやすく，北アメリカのコロラドやコロンビアは，その代表的な例である。

5　山地には，その所々に広範に窪んだ地域が含まれる。U字谷に比べ，V字谷がある地域は，牧畜などに利用されてきた。

4　**ヨーロッパの農業に関する記述として，妥当なものはどれか。**

1　イギリスでは，18世紀になると企業的大規模農牧業が営まれた。これは，大地主が共有地や中小の地主の土地を併合し，資本家がそれを借用することによって営まれた。

2　冷夏暖冬の西岸海洋性気候は，農業生産にも大きく影響を与えた。この地域は，牧草の成育や酪農には適さないものの，耕作には適していたため，多様な作物が栽培された。

3　旧西ドイツは，歴史的に小作農が多かった。また，自給用の穀物の生産も困難だったため，古くから穀物を輸入し，畜産物を出荷する外国依存

型の経営が一般的であった。

4　地中海性の気候は，夏の乾燥，冬の湿潤によって特徴づけられ，農業生産にも大きな影響を与えてきた。ブドウやオリーブの生産には適さないものの，灌漑技術の導入により，柑橘類の栽培が広がった。

5　ヨーロッパでは，各地で地域の特性に合わせた農業が発達した。ヨーロッパの北西部では，作物の栽培と家畜の飼育を分離し，それぞれの地域に特化しながら効率化を進めた。

---

5 **世界の鉱工業に関する記述として，正しいものはどれか。**

1　オーストラリアは，国内で石炭も鉄鉱石も大量に産出することができる。それゆえ，両者を必要とする鉄鋼業が他国に比べて大規模に発展している。

2　中国は，資源も豊富であるが，最大の強みはその人口の多さにあるともいえ，豊富で安価な労働力を利用して各種の輸出指向工業が発展している。

3　アメリカ合衆国は，各種資源を自給できる最大級の工業国である。それゆえ，鉄鋼業や造船業，各種繊維産業などで世界の生産をリードしている。

4　ノルウェーは，降水量に非常に恵まれ電力が極めて安価に供給できる。それゆえ，豊富な国内産のボーキサイトを利用したアルミニウム精錬が発展している。

5　ナイジェリアは，アフリカ最大の産油国である。それゆえ，そのオイルマネーを利用して各種の産業を発展させ，国内の治安は極めて安定している。

---

6 **アジアとオセアニアの気候に関する記述として，妥当なものはどれか。**

1　東アジアは，ユーラシア大陸の東部を占める地域であり，貿易風の影響を大きく受ける。また，夏は高温多雨で冬は乾燥する地域が多く，気温の年較差が大きいのが特徴である。

2　東南アジアは，インドシナ半島，マレー半島，インドネシア，フィリピンの島々などで構成される地域であり，大部分が熱帯で夏に大量の雨が降ることから，米作などが発達した。

3　南アジアは，インド半島とその周辺の地域であり，そのほとんどが熱帯に属することから，インドでは，米，小麦，綿花，茶，ジュートが多く生産されている。

4　西アジアは，気候のほとんどが乾燥帯であり，ステップと砂漠が広がる地域である。おもな産業は，石油およびそれに関連する産業であるが，古くは，その過酷な気候から他の地域との交流が乏しく，独自の文化を生んだ。

5　オセアニアは，太平洋のミクロネシア，メラネシア，ポリネシア，オーストラリア，ニュージーランドなどで構成される地域であり，熱帯や温帯の地域を含む一方，火山は比較的少ない。

[7]　世界の土壌に関する記述として，妥当なものはどれか。

1　沖積平野においてみられる沖積土は，粘土，砂，礫などからなる土壌であり，河川による運搬や堆積の作用によって生成される。

2　栗色土は，ステップにおいて生成される土壌であり，地表に炭酸塩が集積するため，農産物の生産力は極めて低い。

3　ツンドラ地帯に分布するツンドラ土は，腐植層が未発達であることを特徴とする土壌であり，間帯土壌に分類される。

4　テラローシャは，ブラジルのサンパウロ州などに分布する成帯土壌であり，肥沃さを利用して，コーヒー豆の栽培などに利用される。

5　レグールは，玄武岩が風化することなどによって生成される土壌であり，肥沃な性質を持つが，アジアの農地ではほとんどみられない。

[8]　地図の図法に関する記述として，正しいものはどれか。

1　メルカトル図法は，等角コースが直線で示されており，距離が正しいため航海図として利用される。

2　心射図法は，地図上の2点間を結ぶ直線が正しい方位を示すので，航海図として利用される。

3　グード図法は，2つの図法（サンソン図法とモルワイデ図法）を結合した地図で，海洋部分が断裂しているので航海図としては適さない。

4　正距方位図法は，任意の2点間の距離と方位が正しく示されるので，航空図として利用される。

5　モルワイデ図法は，面積が正しく表記されている図であるが，高緯度のゆがみが大きいため世界地図としては用いられない。

9 **北アメリカに関する記述として，妥当なものはどれか。**

1　北アメリカ域内における貿易の拡大に大きく貢献してきたのは，NAFTA（北米自由貿易協定）である。この協定に基づき，アメリカ合衆国，カナダ，メキシコ，ニカラグアでは，入国手続の原則的な廃止を含む広範な経済交流が進められている。

2　カナダは，アメリカ合衆国と同様に，共和制に分類される国家である。また，カナダには，サンベルトと呼ばれ，独自の産業を発展させている地域を含む。

3　カナダの一部の地域では，民族問題を抱えている。特にフランス系の住民が多いケベック州においては，独立や自治の拡大についての見解の相違から，度々対立が深まった。

4　五大湖沿岸工業地域において有名なのは，航空機，IC産業などである。代表的な都市として，ヒューストン，バーミングハム，アトランタなどが挙げられる。

5　南部工業地域は，自動車産業，鉄鋼業，機械工業などで知られる。メサビ鉱山や水運などを背景に，大工業地帯として発展を遂げてきた。

10 **日本の貿易に関する記述として，正しいものはどれか。**

1　日本の主要貿易港である神戸港からは，自動車・自動車部品が最も多く輸出されている。

2　日本の主要輸入品のうち，アメリカからの輸入が占める割合が1番多い品目は，とうもろこし，大豆，木材である。

3　日本の輸出品目は，1990年頃には知識集約型の半導体など電子部品の伸びが大きかったが，経済グローバル化が進み，新興国に取って代わられた。

4　近年日本の貿易形態は，原料を輸入し，製品を輸出する水平貿易から，工業製品を相互に輸出入する垂直貿易に移ってきている。

5　日本の主要輸出品のうち，機械類・自動車・衣類が約半分を占めている。

11 下の図は，各都市における各月の降水量および気温の平均を示したものである。各都市名の組み合わせとして，妥当なものはどれか。

A
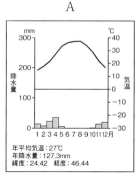
年平均気温：27℃
年降水量：127.3mm
緯度：24.42　経度：46.44

B
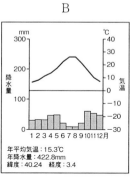
年平均気温：15.3℃
年降水量：422.8mm
緯度：40.24　経度：3.4

C
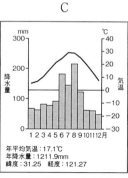
年平均気温：17.1℃
年降水量：1211.9mm
緯度：31.25　経度：121.27

（『地理データファイル2022年度版』帝国書院のデータより作成）

1　A　シャンハイ　　B　リヤド　　　C　マドリード
2　A　シャンハイ　　B　マドリード　C　リヤド
3　A　マドリード　　B　リヤド　　　C　シャンハイ
4　A　リヤド　　　　B　シャンハイ　C　マドリード
5　A　リヤド　　　　B　マドリード　C　シャンハイ

12 中国に関する記述として，妥当なものはどれか。

1　中国の面積は約960万m²で，ロシアに次いで2番目に広い国土を有している。
2　中国の民族構成は，約70%の漢民族と，55の少数民族から成っている。
3　中国の主要産業は，「世界の工場」としての第二次産業である。
4　北京の気候は，夏は高温多湿で冬は寒冷乾燥しており，春と秋は短い。
5　中国は「北京時間」を基準とし，グリニッジ標準時との時差は＋10時間である。

《 解 答 ・ 解 説 》

1 3

解説 1．日本をモデルとしたルックイースト政策をとったのはベトナムではなくマレーシアである。ベトナムがとっているのは，社会主義型の市場経済を目指すとするドイモイである。　2．緑の革命は人口が急増し，食糧の増産が急務とされていたアジアなどの国々で，化学肥料の使用などにより実現した。アルゼンチンは昔から農業大国であり，緑の革命などは必要とされていない。　3．正しい。イタリアは北部が工業化の進展した経済先進地域，南部は大土地所有制度が残存する経済発展が遅れた地域であり，両地域間の経済対立が顕著である。それゆえ，南部のナポリなどでは北部のミラノなどへの反感が極めて強いといわれている。　4．クルド人は国家を持たない民族として，世界で最も人口が多い。彼らは，イラクやトルコ，イランにまたがるクルディスタンという地に居住しており，パキスタンにおいては独立問題になっていない。なお，パキスタンにおいて深刻な国内問題は，カシミール問題である。5．カナダは大航海時代からフランスが進出した地域であり，その代表的な土地がケベックである。カナダのほとんどの地域はイギリス系・英語圏であるので，独立を目指しているのはイギリス系住民ではなくフランス系住民である。

2 3

解説 1．誤り。民族宗教であるユダヤ教は一神教であり，民族宗教が多神教であるとは限らない。　2．誤り。国際連合憲章において国教を定めることを禁止した条文はなく，イギリス，アイスランド，サウジアラビア，タイなどの国々は，国教制度を採用している。　3．正しい。カトリックは，ローマを中心として世界に広がったが，南ヨーロッパや東ヨーロッパの一部の国々，ラテンアメリカの一部において信者が多い。　4．誤り。イスラーム教の中で最も多数なのはスンナ派である。　5．誤り。日本，中国，朝鮮に伝わる北伝仏教は大乗仏教とも呼ばれ，自己の完成とともに，一切衆生の救済を重視する菩薩道が説かれている。一方，戒律を重んじつつ，厳しい修行により自己の悟りをめざすのが南伝仏教（上座部仏教）であり，スリランカ，ミャンマー，タイなどに伝わった。

3 1

解説 1．正しい。世界の主な山地は，中生代の終わりから新生代第三紀にかけての造山運動によって形成された。地中海・ヒマラヤ造山帯と環太平洋造山帯は，ともにその時代につくられた。　2．誤り。環太平洋造山帯には，日本列島が含まれる。　3．誤り。山地は平地に比べて，人口は希薄であり，道路や鉄道網も少ない。　4．誤り。コロンビアやコロラドの高原は，極端な乾燥地である。　5．誤り。U字谷とV字谷についての記述が逆になっている。

4 1

解説 1．正しい。イギリスにおいて資本主義が発達することにより，農業のあり方も大きく変貌を遂げた。　2．誤り。西岸海洋性気候は，耕作には適さないものの，牧草の成育や酪農に適している。　3．誤り。旧西ドイツでは，歴史的に自作農が多く，穀物も自給していたため，自己完結型の経営が広く行われていた。　4．誤り。ブドウやオリーブは，地中海式農業における主要な産物である。他の記述については正しい。　5．誤り。ヨーロッパ北西部では，作物栽培と家畜飼育を結びつけた農業が発達した。

5 2

解説 1．オーストラリアは石炭，鉄鉱石ともに大産出国であるが，労働力や資本の不足などから鉄鋼業が大規模に発展しているとは言えない。むしろ，鉱産資源を輸出して利益を上げている国家である。　2．正しい。輸出指向工業は豊富な低賃金労働者を利用して行う工業である。中国は人口の多さはもちろんだが，資源も豊富であり，現在では『世界の工場』といわれることもある。労働力を大量に利用する，繊維工業などでは圧倒的な競争力を持っている。しかし，今後はより人件費の安い東南アジアや南アジアへの産業の移転も考えられ，一部ではその動きもみられる。　3．アメリカは鉱産資源も多く技術も高いことから，工業が高度に発達している。このことは相対的に人件費の上昇や資源の枯渇を招き，繊維産業などの労働力を大量に必要とする工業や，多くの資源を必要とする鉄鋼業は国際競争力を失っている。　4．ノルウェーは降水が極めて多く水力発電が盛んなため，電力は極めて安価という点は正しい。また，その安価な電力を利用してアルミニウム工業が発展しているという点も

正しい。しかしボーキサイトは熱帯近辺で産出することが多く，ノルウェーにおいてボーキサイトが豊富に産出されているとは言えない。　5．ナイジェリアがアフリカ最大の産油国で，その多くを輸出して貿易が黒字となりオイルマネーが豊富という点は正しい。しかしその経済力は一部の特権階級に集中し，国内で平等に分配されているとは言えない。実際に，過去においては石油を原因とした内乱が発生し，現在でも国内対立は激しいものがある。

6 2

解説　1．誤り。東アジアの気候に大きな影響を与えているのは，貿易風ではなく季節風（モンスーン）である。貿易風とは，亜熱帯高圧帯から赤道低圧帯へ恒常的に吹く東寄りの風であり，季節風（モンスーン）は，季節によって方向を吹き分ける風である。季節風は，東アジア，東南アジア，インドで最もよく発達する。　2．正しい。東南アジアでは，夏の南西モンスーンによって大量の雨がもたらされ，その気候が米作に利用されてきた。　3．誤り。南アジアの気候は，熱帯，温帯，乾燥帯，高山気候など，比較的変化に富んでおり，「ほとんどが熱帯に属する」との記述は誤りである。また，インドにおける生産の主な品目は正しいが，これらの品目が生産できるのは，変化に富んだ気候を利用しているからである。　4．誤り。西アジアの気候と産業についての記述は正しいが，この地域では古くから東西の文化や政治の交流の拠点とされてきたので，他の地域との交流が乏しいという記述は誤りである。　5．誤り。オセアニアを構成する国々や気候についての説明は正しいが，この地域の多くは太平洋造山帯に属し，火山島が多い。

7 1

解説　1．正しい。沖積土は，運積土の一種である。　2．誤り。栗色土において炭酸塩が集積するのは下層部である。栗色土の生産力は高く，灌漑により営農も可能である。　3．誤り。間帯土壌は，地形やもとになる岩の影響を受け特定の地域において生成される土壌であり，ツンドラ土は，成帯土壌である。成帯土壌は，植生や気候の影響により生成され，帯状に分布する土壌である。　4．誤り。テラローシャは間帯土壌である。他の説明については正しい。　5．誤り。レグールは間帯土壌である。黒色綿花土とも呼ばれ，インドのデカン高原に分布する。

8 3

解説 地図には，角度が正しい（正角図法），面積が正しい（正積図法），距離が正しい（正距図法），方位が正しい（方位図法）の4条件があり，これによって用途が異なる。　1．メルカトル図法は正角図法である。距離は正しく示されないが，等角航路が直線で示され，航海図として利用される。　2．心射図法は方位図法で2点間の最短経路が直線で表され，方位も正しいので航空図に利用される。　3．正しい。正積図法である。　4．正距方位図法は正距図法で図の中心から他の任意の点へ引いた直線の方位と距離が正しく表され，航空図として利用される。　5．モルワイデ図法は正積図法で面積が正しく表現され，高緯度のゆがみが比較的少ないため世界地図として用いられる。

9 3

解説 1．誤り。NAFTA（北米自由貿易協定）にニカラグアは含まれていない。また，入国手続が廃止されているという事実もない。　2．誤り。カナダは立憲君主制の国家である。また，サンベルトは，アメリカ合衆国の北緯37度以南の地域である。　3．正しい。ケベック州における選挙では，度々，独立問題などが争点とされた。　4．誤り。選択肢の内容は，南部工業地域についての記述である。　5．誤り。選択肢の内容は，五大湖沿岸工業地域についての記述である。

10 3

解説 1．神戸港からの輸出品は，産業機械，染料・塗料・化学工業品などで，自動車・自動車部品は名古屋港，横浜港が多い（2020年）。　2．日本への主要輸入品目でアメリカからの占める割合が1番多いのはとうもろこし（69.3％），大豆（70.6％），小麦（45.9％）などがある（2019年）。木材は1番がカナダ（24.0％），次いでアメリカ（17.5％）である（2019年）。　3．正しい。ちなみに1970年頃は多額の設備費などを必要とする資本集約型工業（鉄鋼業，石油化学工業など）製品が主であった。　4．原料を輸入し，加工した製品を輸出する貿易を垂直貿易といい，国家間で同じような工業製品を相互に輸出入することを水平貿易という。　5．日本の主要輸出品に衣類は当てはまらない。衣類は中国からの輸入が多く輸入衣類の約56％を占める（2019年）。

11 5

解説 Aはサウジアラビアのリヤド，Bはスペインのマドリード，Cは中国のシャンハイ（上海）である。Aは，年中降水量が少なく乾燥していることから，ケッペンによる気候区分における砂漠気候（BW）に該当するリヤドであることがわかる。これは，樹木や草本類がほとんど生育しない気候である。Bは，降水が冬に多く夏に少ないことから，ケッペンによる気候区分における地中海性気候（Cs）に該当するマドリードであることがわかる。ここでは，オリーブ，イチジク，オレンジなどの柑橘類，ブドウなどの果樹，小麦，大麦などを組み合わせ地中海式農業が行われてきた。また，夏季に雨が少ないことにより，古くから灌漑施設がつくられてきた。Cは気温の差が比較的大きいうえに夏は多雨で冬は乾燥することから，ケッペンによる気候区分における温暖湿潤気候（Cfa）に該当するシャンハイ（上海）であることがわかる。ここでは，米や小麦等の多様な農作物が収穫される。

以上より，正解は5。

12 4

解説 1．誤り。中国の面積は約960万m²で，ロシア，カナダ，アメリカに次いで4番目に広い国土を有している。　2．誤り。漢民族の占める割合は，総人口の約92％である。　3．誤り。2012年に，金融・流通・マスコミ・通信といった第三次産業が第二次産業を上回り，2015年には名目GDPの50％を超えている。　4．正しい。北京の気候は，夏は高温多湿で冬は寒冷乾燥し，春と秋は短い典型的な暖温帯半湿潤大陸性季節風気候である。　5．誤り。中国は「北京時間」を基準とし，グリニッジ標準時との時差は＋8時間である。

第3部

教養試験
自然科学

- 数　　学
- 物　　理
- 化　　学
- 生　　物
- 地　　学

自然科学　　　　数　学

■■■■■■■■■■■■■■■■■■■■■■■■■ POINT ■■■■■■■■■■■■■■■■■■■■■■■■

　数学の分野では，高校までの学習内容が出題される。教科書に出てくる公式を覚えるだけではなく，応用問題への対応が必要となる。以下に示す単元ごとの最重要事項を確実に押さえ，本書でその利用法を習得しよう。

　「数と式」の内容では，一見何をしたらよいか分かりづらい問題が出てくるが，「因数分解」，「因数定理」，「剰余の定理」，「相加平均・相乗平均の関係」などを用いることが多い。その他にも，「分母の有理化」や根号，絶対値の扱い方などをしっかり確認しておこう。

　「方程式と不等式」の内容では，特に二次方程式や二次不等式を扱う問題が頻出である。「二次方程式の解と係数の関係」，「解の公式」，「判別式」を用いた実数解や虚数解の数を求める問題は確実にできるようにしたい。また，「二次不等式の解」，「連立不等式の解の範囲」については，不等号の向きを間違えないように注意しよう。余裕があれば，「三次方程式の解と係数の関係」や「円の方程式」なども知っておきたい。

　「関数」の内容でも，中心となるのは二次関数である。「二次関数のグラフの頂点」，「最大値と最小値」，「x軸との共有点」は確実に求められるようにしよう。また，グラフを「対称移動」や「平行移動」させたときの式の変形もできるようにしたい。その他にも，「点と直線の距離」，「三角関数」の基本的な公式なども知っておきたい。

　「数の性質」の内容では，「倍数と約数」，「剰余系」，「n進法」などの問題が出題される。これらについては，とにかく多くの問題を解いてパターンを覚えることが重要である。

　「微分・積分」の内容では，グラフのある点における「接線の方程式」，グラフに囲まれた「面積」が求められるようになっておきたい。

　「場合の数と確率」の内容では，まずは順列・組合せと確率計算が正しくできなければならない。その際，場合の数が多かったり抽象的であったりして考えにくいようであれば，樹形図の活用や問題の具体的な内容を書き出すことで，一般的な規則性が見つかり解法が分かることがある。余事象を利用す

ることで，容易に解ける問題もある。「同じものを含む順列」，「円順列」など
もできるようにしたい。

　「数列」の内容では，等差数列，等比数列，階差数列の一般項や和の公式
を覚えよう。余裕があれば，群数列にも慣れておこう。

　「図形」の内容では，三角形の合同条件・相似条件，平行線と角に関する性
質，三角形・四角形・円などの基本的性質や，面積の計算方法などは必ずと
言ってよいほど必要となるので，しっかりと整理しておくこと。

　数学の知識は「判断推理」や「数的推理」の問題を解く際にも必要となるた
め，これらと並行して取り組むようにしたい。

狙われやすい! 重要事項

☑ 二次方程式・不等式
☑ 二次関数の最大値・最小値
☑ 平面図形の面積

《 演 習 問 題 》

[1] 次の不等式の解として，正しいものはどれか。

$$\begin{cases} 9x - 1 \geqq x + 15 \\ x + 9 < 4x - 3 \end{cases}$$

1　$x \geqq -4$　　2　$x > -4$　　3　$x < 4$　　4　$x \geqq 4$　　5　$x > 4$

[2]　次の図に示された2次関数のグラフをx軸方向に-1，y軸方向に1移
動した後，さらにy軸に対して対称な位置に移動させたグラフの式として，
正しいものはどれか。

1　$y = x^2 - 8x + 14$
2　$y = -2x^2 + 16x - 28$
3　$y = -x^2 + 8x + 18$
4　$y = -x^2 + 8x - 14$
5　$y = 2x^2 - 16x + 28$

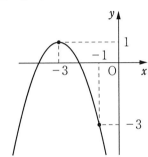

3 次の図の△ABCにおいて，3つの角の比を∠A：∠B：∠C＝3：4：5とし，その外接円の半径を2とする。外接円の中心Oを頂点とし，AB，BC，CAを底辺とする3つの三角形に分けたとき，この3つの三角形の面積の合計として正しいものはどれか。

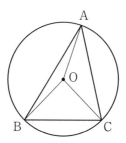

1　$3+\sqrt{3}$　　2　$3+\sqrt{5}$　　3　$\dfrac{5\sqrt{2}}{2}$　　4　$4\sqrt{3}$　　5　$4\sqrt{5}$

4 $x+y-2z+1=0$，$x-y-3=0$であるとき，2次関数$w=x^2-3y-z-3$の最小値として正しいものはどれか。

1　-2　　2　-1　　3　1　　4　2　　5　3

5 1，2，3，4，5の数字が1つずつ書かれたカードをよくきって左から3枚並べたとき，真ん中の数字が1番大きくなるような並べ方は全部で何通りあるか。

1　15通り　　2　20通り　　3　25通り　　4　30通り　　5　35通り

6 x^3-x^2+x+aが$x+2$で割り切れるとき，aの値として妥当なものはどれか。

1　6　　2　-6　　3　-10　　4　14　　5　-14

7 $2\leqq x\leqq3$，$3\leqq y\leqq4$のとき，$xy+x-y-1$の最小値と最大値の差として正しいものは次のうちどれか。

1　4　　2　5　　3　6　　4　7　　5　8

8 2つの2次関数, $y = -x^2$, $y = 8(x-a)(x-b)$ のグラフが, ただ一つの共有点をもつとき, $\dfrac{b}{a}$ の値として正しいものはどれか。ただし, $ab \neq 0$ とする。

　1　3と$\dfrac{1}{2}$　　2　2と3　　3　2　　4　2と$\dfrac{1}{2}$　　5　1と$\dfrac{1}{2}$

9 x軸およびy軸に接し, 点$(2, 1)$を通る円は2つあるが, そのうち面積が大きい方の円の方程式として正しいものはどれか。
　1　$(x+5)^2 + (y+5)^2 = 25$
　2　$(x-5)^2 + (y-5)^2 = 25$
　3　$(x+4)^2 + (y+4)^2 = 16$
　4　$(x-4)^2 + (y-4)^2 = 16$
　5　$(x-1)^2 + (y-1)^2 = 1$

10 次の図を利用して$\tan 15°$の値を求めよ。

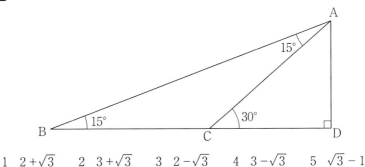

　1　$2+\sqrt{3}$　　2　$3+\sqrt{3}$　　3　$2-\sqrt{3}$　　4　$3-\sqrt{3}$　　5　$\sqrt{3}-1$

11 辺ABの長さが6cm, 辺ADの長さが10cm, $\angle B = 60°$の平行四辺形ABCDの対角線ACの長さとして, 正しいものはどれか。
　1　$2\sqrt{3}$cm　　2　$3\sqrt{5}$cm　　3　$2\sqrt{17}$cm　　4　$2\sqrt{19}$cm
　5　$3\sqrt{22}$cm

12 円に内接する四角形ABCDがある。AB $= 3$, BC $= 5$, CD $= 2$, DA $= 2$の内接四角形ABCDの面積として正しいものはどれか。
　1　$4\sqrt{3}$　　2　$6\sqrt{3}$　　3　$8\sqrt{3}$　　4　$60\sqrt{3}$　　5　$19\sqrt{3}$

《 解 答 ・ 解 説 》

1 5

解説　$9x - 1 \geq x + 15$

移項して整理すると，$8x \geq 16$　　∴　$x \geq 2$　…①

同様に，$x + 9 < 4x - 3$ より，$-3x < -12$　　∴　$x > 4$　…②

①，②の共通部分を求めると　$x > 4$

以上より，正解は5。

2 4

解説　一般に，二次関数は $y = a(x + p)^2 + q$ と表せる。設問の図に示されているグラフの頂点の座標は $(-3, 1)$ なので，

　$y = a(x + 3)^2 + 1$

このグラフは $(-1, -3)$ を通るので，

　$-3 = a(-1 + 3)^2 + 1$

　　$a = -1$

よって，この二次関数は $y = -(x + 3)^2 + 1$

このグラフの頂点を「x軸方向に-1，y軸方向に1移動させる」と，頂点の座標は，

　$(-3 - 1, 1 + 1)$　→　$(-4, 2)$

さらに，頂点を「y軸に対して対称な位置に移動させる」と，頂点の座標は，

　$(-4, 2)$　→　$(4, 2)$

よって，この2次関数は，

　$y = -(x - 4)^2 + 2$

　$= -x^2 + 8x - 14$

以上より，正解は4。

3 1

解説　$\angle A : \angle B : \angle C = 3 : 4 : 5$, $\angle A + \angle B + \angle C = 18$ より，

　$\angle A = \dfrac{3}{3 + 4 + 5} \times 180° = \dfrac{3}{12} \times 180° = 45°$

　$\angle B = \dfrac{4}{3 + 4 + 5} \times 180° = \dfrac{4}{12} \times 180° = 60°$

$$\angle C = \frac{5}{3+4+5} \times 180° = \frac{5}{12} \times 180° = 75°$$

共通の弧に対する中心角の大きさは，円周角の大きさの2倍なので，

$$\angle BOC = \angle A \times 2 = 90°$$
$$\angle COA = \angle B \times 2 = 120°$$
$$\angle AOB = \angle C \times 2 = 150°$$

ここで，

$$\triangle OBC = \frac{1}{2} \times 2 \times 2 \times \sin 90° = 2$$
$$\triangle OCA = \frac{1}{2} \times 2 \times 2 \times \sin 120° = \sqrt{3}$$
$$\triangle OBC = \frac{1}{2} \times 2 \times 2 \times \sin 150° = 1$$

よって，

$$\triangle ABC = \triangle OBC + \triangle OCA + \triangle OAB = 2 + \sqrt{3} + 1 = 3 + \sqrt{3}$$

以上より，正解は1。

4 5

解説

$$x + y - 2z + 1 = 0 \quad \cdots①$$
$$x - y - 3 = 0 \quad \cdots②$$

②から　$y = x - 3 \quad \cdots③$

③を①に代入すると，$x + (x - 3) - 2z + 1 = 0$

∴　$z = x - 1 \quad \cdots④$

③，④を $w = x^2 - 3y - z - 3$ に代入して

$$w = x^2 - 3(x - 3) - (x - 1) - 3$$
$$= x^2 - 4x + 7$$
$$= (x - 2)^2 + 3$$

$x = 2$ のとき，$y = -1$，$z = 1$

よって，w は $x = 2$，$y = -1$，$z = 1$ のとき最小値3となる。

以上より，正解は5。

⑤ 2

解説 5枚のカードから3枚取り出す組み合わせは，

$$_5C_3 = \frac{5 \times 4 \times 3}{3 \times 2 \times 1} = 10 〔通り〕$$

また，取り出した3枚のカードの数字が (1, 2, 3) のとき，真ん中が1番大きくなる並べ方は，

(1, 3, 2) または (2, 3, 1) の2通り

このようなカードの組合せが10通りあるので，求める並べ方は全部で

$2 \times 10 = 20$ 〔通り〕

以上より，正解は2。

⑥ 4

解説 因数定理より，$P(k) = 0$ ならば，$P(x)$ は $x - k$ で割り切れる。

ここで，$P(x) = x^3 - x^2 + x + a$ とおくと，これが $x + 2$ で割り切れるから，

$P(-2) = 0$

よって，$f(-2) = (-2)^3 - (-2)^2 + (-2) + a = -8 - 4 - 2 + a = 0$

∴ $a = 14$

以上より，正解は4。

⑦ 3

解説 $xy + x - y - 1 = x(y + 1) - (y + 1)$
$$= (x - 1)(y + 1)$$

$2 \leqq x \leqq 3$ より $1 \leqq x - 1 \leqq 2$

$3 \leqq y \leqq 4$ より $4 \leqq y + 1 \leqq 5$ だから

最小値は $x - 1 = 1$, $y + 1 = 4$ のとき $1 \times 4 = 4$

最大値は $x - 1 = 2$, $y + 1 = 5$ のとき $2 \times 5 = 10$

よって，最大値と最小値の差は $10 - 4 = 6$

以上より，正解は3。

8 4

解説 $y = -x^2$ と $y = 8(x-a)(x-b)$ が共有点をもつので,

$-x^2 = 8(x-a)(x-b)$

$9x^2 - 8(a+b)x + 8ab = 0$

共有点が1つより,上式が重解をもつので,判別式を D とすると,

$$\frac{D}{4} = 16(a+b)^2 - 9 \times 8ab = 0$$

$$2(a+b)^2 - 9ab = 0$$

$$2a^2 - 5ab + 2b^2 = 0$$

$$(2a-b)(a-2b) = 0$$

よって,$a = \dfrac{b}{2}$,$2b$ となるので,$\dfrac{b}{a} = 2$,$\dfrac{1}{2}$

以上より,正解は4。

9 2

解説 一般に,中心 (a, b),半径 r の円の方程式は,

$(x-a)^2 + (y-b)^2 = r^2$

ただし,x 軸および y 軸と接しており,かつ,x, y ともに正の座標の点を通るので $a = b = r$ が成り立つ。

さらに,点 $(2, 1)$ を通るので,$(2-r)^2 + (1-r)^2 = r^2$

$\therefore$ $r = 1$,5

条件より,面積が大きい円に対応するのは $r = 5$

よって,求める円の方程式は,

$(x-5)^2 + (y-5)^2 = 25$

以上より,正解は2。

⑩ 3

解説 ADの長さを1とすると，△ACDはAD：AC：CD = 1：2：3の直角三角形なので，

AC = 2，CD = 3

また，∠BAC = ∠ABC = 15°より，△CABは二等辺三角形なので，

BC = AC = 2

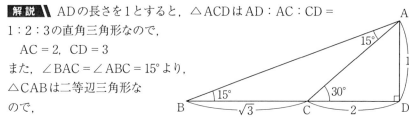

よって，$\tan 15° = \dfrac{\text{AD}}{\text{BD}} = \dfrac{\text{AD}}{\text{BC} + \text{CD}} = \dfrac{1}{2 + \sqrt{3}}$

これを有理化すると，

$$\tan 15° = \frac{1}{2 + \sqrt{3}} \times \frac{2 - \sqrt{3}}{2 - \sqrt{3}} = \frac{2 - \sqrt{3}}{4 - 3} = 2 - \sqrt{3}$$

以上より，正解は3。

⑪ 4

解説 平行四辺形の対辺は等しいので，AD = BC = 10〔cm〕

△ABCにおいて，余弦定理より，

$$\begin{aligned}
\text{AC}^2 &= \text{AB}^2 + \text{BC}^2 - 2 \times \text{AB} \times \text{BC} \times \cos B \\
&= 6^2 + 10^2 - 2 \times 6 \times 10 \times \cos 60° \\
&= 36 + 100 - 120 \times \frac{1}{2} \\
&= 76
\end{aligned}$$

AC＞0より，

AC = $\sqrt{76}$ = $2\sqrt{19}$〔cm〕

以上より，正解は4。

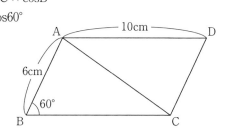

⑫ 1

解説 四角形ABCDの対角線ACを引き，△ABCと△ACDに分けて考える。

△ABCにおいて，余弦定理より，

$$\begin{aligned}
\text{AC}^2 &= \text{AB}^2 + \text{BC}^2 - 2 \times \text{AB} \times \text{BC} \times \cos \angle B \\
&= 3^2 + 5^2 - 2 \times 3 \times 5 \times \cos \angle B \\
&= 34 - 30 \times \cos \angle B \cdots ①
\end{aligned}$$

同様に，△ACDにおいて，

$\quad$ AC^2 = AD^2 + CD^2 − 2 × AD × CD × cos∠D

$\quad\quad$ = 2^2 + 2^2 − 2 × 2 × 2 × cos∠D

$\quad\quad$ = 8 − 8 × cos∠D

ここで，四角形ABCDは円に内接するので，∠D = 180° − ∠B より，

$\quad$ cos∠D = cos(180° − ∠B) = − cos∠B

よって，

$\quad$ AC^2 = 8 + 8 × cos∠B···②

①②より，

$\quad$ 34 − 30 × cos∠B = 8 + 8 × cos∠B

$\quad\quad$ 38 × cos∠B = 26

$\quad\quad\quad$ cos∠B = $\dfrac{13}{19}$

よって，sin∠B = $\sqrt{1 - \left(\dfrac{13}{19}\right)^2}$ = $\dfrac{\sqrt{19^2 - 13^2}}{19}$ = $\dfrac{\sqrt{361 - 169}}{19}$ = $\dfrac{\sqrt{192}}{19}$ = $\dfrac{8\sqrt{3}}{19}$

$\quad$ △ABC = $\dfrac{1}{2}$ × AB × BC × sin∠B

$\quad\quad$ = $\dfrac{1}{2}$ × 3 × 5 × $\dfrac{8\sqrt{3}}{19}$

$\quad\quad$ = $\dfrac{60\sqrt{3}}{19}$

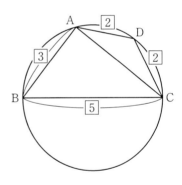

$\quad$ △ACD = $\dfrac{1}{2}$ AD × CD × sin∠D

$\quad\quad$ = $\dfrac{1}{2}$ × 2 × 2 × sin(180° − ∠B)

$\quad\quad$ = 2 × sin∠B

$\quad\quad$ = $\dfrac{16\sqrt{3}}{19}$

したがって，四角形ABCDの面積は，

$\quad$ △ABC + △ACD = $\dfrac{60\sqrt{3}}{19}$ + $\dfrac{16\sqrt{3}}{19}$ = $\dfrac{76\sqrt{3}}{19}$ = $4\sqrt{3}$

以上より，正解は1。

自然科学　　　　物　理

############################ P O I N T ############################

　物理の分野では，ほとんどが高校物理の内容を中心とした問題で，下記のいずれの単元からも出題される可能性がある。しかし，出題パターンは限られており，優先的に取り組むべきなのは「力学」で，「電磁気」，「波動」がこれに続く。ほとんどが計算問題であるが，正誤問題や穴埋め問題が出る場合もある。

　「力学」では，「等速直線運動」や「等加速度直線運動」が基本となり，「落体の運動」，「斜面をすべる物体の運動」などはこれらの知識を用いて解いていくことになる。また，覚えた公式をどの問題で，どういう形で利用するのか，自身で判断できるようにならなければいけない。例えば，「落体の運動」では自由落下，鉛直投げ下ろし，鉛直投げ上げ，水平投射，斜方投射といった様々な運動形態が出てくる。その他にも，「糸の張力」，「ばねの弾性力」，「浮力」といった力の種類や，「仕事とエネルギー」，「運動量」などを題材にした問題も多い。

　「熱と気体」では，「熱量の保存」に関する計算問題や，「物質の三態と状態変化」に関する正誤問題または穴埋め問題が頻出である。覚えることが少ない単元なので，しっかりと練習しておけば得点源になりやすい。

　「波動」では，まず波の基本公式を覚え，波長，振動数，速さ，周期といった物理量を用いて，式変形ができるようになっておくべきである。そして，最も重要なのが「ドップラー効果」を題材にした計算問題であり，基本公式は確実に覚えておかなければならない。そのうえで，音源と観測者が静止している場合，近づく場合，遠ざかる場合によって，基本公式の速度の符号が変わることに気を付けてほしい。実際の試験問題では，問題文からいずれの場合であるか読み取り，自身の判断で公式を立てられるようにならなければいけない。なお，この単元では波の性質（反射，屈折，回折，干渉など）やその具体例，温度と音速の関係など，基本的性質を問う正誤問題が出題されることが多いので注意しよう。

　「電磁気」では，コンデンサーや電気抵抗のある電気回路を題材にした計算問題が非常に多い。公式としては，「オームの法則」，「合成抵抗」，「合成容量」，「抵抗率」に関するものは確実に使えるようになっておきたい。余力が

あれば，「キルヒホッフの法則」も覚えておこう。計算パターンは限られているが，コンデンサーや抵抗の数，および接続方法を変えた多様な問題が出題されるので注意が必要である。接続方法には「直列接続」と「並列接続」があり，実際の試験問題では，与えられた電気回路のどこが直列（または並列）接続なのか自身で判断できなければならない。

　「原子」では，まずは α 線，β 線，γ 線の基本的な性質や違いを理解しよう。そのうえで，「核分裂」や「核融合」の反応式が作れること，「放射性原子核の半減期」に関する計算問題ができるようになっておこう。この単元も，是非とも得点源にしたい。

　学習方法としては，本書の例題に限らずできるだけ多くの問題を解くことである。公式を丸暗記するより，具体的な問題を解きながら考える力を養っていこう。難問が出題されることはほとんどないので，教科書の練習問題や章末問題レベルに集中して取り組むようにしたい。

☞ **狙われやすい! 重要事項** ∙∙

☑ **力のつりあい**
☑ **等加速度運動**
☑ **音波の性質**
☑ **電気回路**

《 **演 習 問 題** 》

1 重さが5kgの物体を，下図のように垂直な壁面から張り出したうで木AB，BCの先端Bにつり下げるとする。重力加速度を $10\mathrm{m/s^2}$ とすると，AB，BCそれぞれにかかる力の大きさの組み合わせはどれか。ただし，うで木の重量は無視でき，$\sqrt{3} = 1.73$ とする。

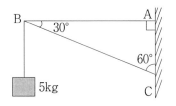

	AB	BC
1	25.0 N	25.0 N
2	43.3 N	50.0 N
3	50.0 N	43.3 N
4	86.6 N	100.0 N
5	100.0 N	86.6 N

2 振動数が440Hzの音が，温度が20℃の部屋から，5℃の屋外へもれているとする。このときの音の振動数と波長の関係について正しいのはどれか。
　1　振動数，波長ともに減少する。
　2　振動数は変化しないが，波長は長くなる。
　3　振動数は変化しないが，波長は短くなる。
　4　振動数は減少するが，波長は変化しない。
　5　振動数，波長ともに変化しない。

3 起電力が3Vで内部抵抗が0.4Ωの電池Eが2個と，0.3Ωの抵抗Rがある。これらを図のようにつないだら，Rを流れる電流はいくらになるか。

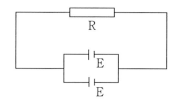

　1　6A　　　2　5A　　　3　4A　　　4　3A　　　5　2A

4 右図のような単振り子に関する記述のうち，正しいのはどれか。
　1　速度が最大になるのはB点とD点である。
　2　おもりの加速度が最小であるのはA点とE点である。
　3　D点での加速度の向きは，いつも等しい。
　4　運動エネルギーが最小であるのはC点である。
　5　位置エネルギーが最大なのはB点とD点である。

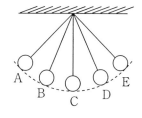

5 なめらかな水平面上に質量5.0kgの物体が静止している。その物体を一定の力Fで引いたところ5.0秒後に4m/sになった。物体を引いている力Fはいくらか。
　1　1.0N　　　2　2.0N　　　3　3.0N　　　4　4.0N　　　5　5.0N

6 長さ15cmのつる巻ばねに50gのおもりをつるすとその長さは17cm になった。これとは異なるおもりをつるすとその長さは21cmになった。このおもりの質量はいくらになるか。

   1 120g   2 150g   3 180g   4 210g   5 240g

7 次の図において，抵抗R_2に4Aの電流が流れたとき，この回路の電源電圧Eは何Vであるか。ただし，電池の内部抵抗は考えないものとする。

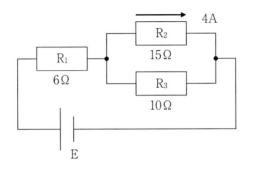

   1 90V   2 100V   3 110V   4 120V   5 130V

8 図のように，3Ωの抵抗を並列に4つつなぎ，さらに10Vの電源と電流計を接続したとき，この回路全体の消費電力は何Wか。ただし，電源と電流計の抵抗を0とし，消費電力は小数第2位を四捨五入して求めるものとする。

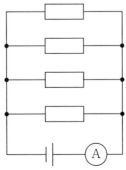

   1 97.3W   2 103.7W   3 133.3W   4 151.9W   5 167.7W

解答・解説

1 4

解説 次の図のように，補助線B′Cを引き，それぞれにかかる力をベクトルで表すと，ABにかかる力は$\overrightarrow{AB}$，BCにかかる力は$\overrightarrow{BC}$となる。物体にかかる重力の大きさは$\overrightarrow{BB'}$で表せ，(力)＝(質量)×(重力加速度) より，

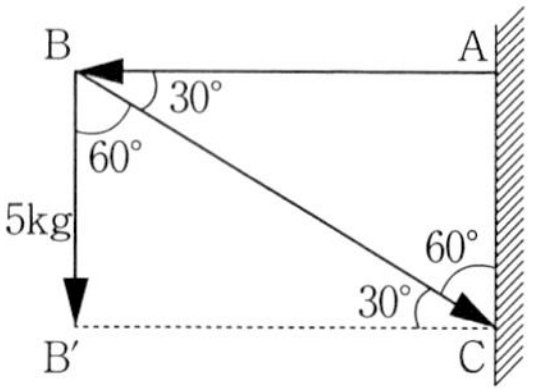

$$\overrightarrow{BC}=\frac{\overrightarrow{BB'}}{\cos 60^\circ}=\frac{5\times 10}{\frac{1}{2}}=100\ [\mathrm{N}]$$

$$\overrightarrow{AB}=\overrightarrow{BC}\cos 30^\circ=100\times\frac{\sqrt{3}}{2}=50\sqrt{3}\fallingdotseq 86.5\ [\mathrm{N}]$$

以上より，正解は4。

2 3

解説 音波の速さV〔m/s〕は，乾燥した空気中では振動数によらず温度t〔℃〕に依存し，$V=331.5+0.6t$の関係がある。よって，温度が下がると音速は減少する。

また，音波の振動数をf〔Hz〕，波長をλ〔m〕とすると，$V=f\lambda$の関係が成り立つ。ここで，振動数は媒質が変わっても変化しないので，音速が減少すると波長が短くなることがわかる。

以上より，正解は3。

3 1

解説 各部を流れる電流の強さをi_1〔A〕，i_2〔A〕，i_3〔A〕とすると，

つながれている電池2個は同じものなので，

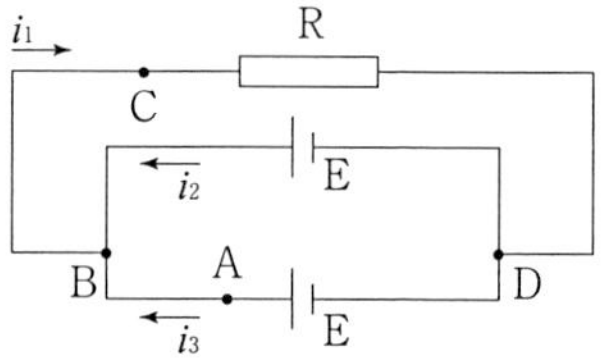

$$i_2=i_3=\frac{1}{2}i_1$$

また，閉回路A→B→C→D→Aにこの向きを正の向きとして，キルヒホッフの法則を用いると，$3=0.3i_1+0.4i_3=0.3i_1+0.4\times\frac{i_1}{2}$より

$$i_1=6\ [\mathrm{A}]$$

以上より，正解は1。

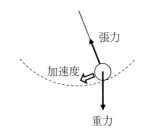

張力

加速度

重力

4 3

解説 図のように振り子が振れているとき, おもりにはたらく力は張力と重力だけである。また, どの位置であっても, おもりの運動方向はおもりが描く円弧の接線方向, つまり張力の垂直方向なので, 張力はおもりに対して仕事をしない。よって, 力学的エネルギー保存の法則が成り立ち, 運動エネルギーと位置エネルギーの和は一定となる。

1. 誤り。運動エネルギーが最大となるのは, 位置エネルギーが最小となるC点である。　2. 誤り。加速度が最小になるのはC点である。　3. 正しい。D点での加速度の向きは, 図のように張力の垂直方向となる。　4. 誤り。運動エネルギーが最小になるのは, 位置エネルギーが最大となるA, E点である。　5. 誤り。位置エネルギーが最大になるのは, 高さが最大になるA, E点である。

5 4

解説 物体には一定の力が加わっているので, この物体は等加速度直線運動をしている。物体の初速度をv_0〔m/s〕, 速度をv〔m/s〕, 加速度をa〔m/s²〕, 時刻をt〔s〕とすると,

$v = v_0 + at$

$a = \dfrac{v - v_0}{t} = \dfrac{4 - 0}{5.0} = 0.8$〔m/s²〕

したがって, 物体を引く力Fは, 運動方程式より,

$F = 5.0 \times 0.8 = 4.0$〔N〕

以上より, 正解は4。

6 2

解説 フックの法則より, ばねの自然長からの伸びx〔m〕は, 加えた力f〔N〕に比例する。ばね定数をk〔N/m〕とすると, $f = kx$と表せる。

　50gのおもりをつるしたとき, ばねの自然長からの伸びは$17 - 15 = 2$〔cm〕

　異なるおもりをつるしたとき, ばねの自然長からの伸びは$21 - 15 = 6$〔cm〕

となったので, 50gのおもりをつるしたときより3倍の大きさの力が加わった

ことになる。

ここで，（力）＝（質量）×（重力加速度）であり，重力加速度は一定なので，異なるおもりの質量は50×3＝150〔g〕

以上より，正解は2。

7 4

解説 まず，R_2に流れる電流と抵抗値からR_2にかかる電圧を求めると，オームの法則より，（電圧）＝（電流）×（抵抗値）となるので，

$4 \times 15 = 60$〔V〕

また，R_2と並列に接続されているR_3にかかる電圧も60Vとなるので，R_3に流れる電流は

$\dfrac{60}{10} = 6$〔A〕

さらに，R_1に流れる電流はR_2に流れる電流とR_3に流れる電流の和なので，

$4 + 6 = 10$〔A〕

すると，R_1にかかる電圧は，

$10 \times 6 = 60$〔V〕

ここで，電源電圧Eは，R_1とR_2（またはR_3）にかかる電圧の和なので，

$60 + 60 = 120$〔V〕

以上より，正解は4。

8 3

解説 まず，回路全体の合成抵抗を求める。並列回路の合成抵抗の逆数は，それぞれの抵抗の逆数の和に等しいから，

$\dfrac{1}{合成抵抗} = \dfrac{1}{3} + \dfrac{1}{3} + \dfrac{1}{3} + \dfrac{1}{3} = \dfrac{4}{3}$　∴　合成抵抗$= \dfrac{3}{4} = 0.75$〔Ω〕

ここで，（電力）＝（電流）×（電圧）$= \dfrac{(電圧)^2}{抵抗} = \dfrac{10^2}{0.75} \fallingdotseq 133.3$〔W〕

以上より，正解は3。

化 学

▬▬▬▬▬▬▬▬▬▬ **POINT** ▬▬▬▬▬▬▬▬▬▬

　化学の分野では，ほとんどが高校化学の内容から出題される。「理論化学」，「無機化学」，「有機化学」に大別されるが，主に「理論化学」からの出題が多い。また，「無機化学」や「有機化学」の内容は，「理論化学」の内容が分かれば理解・暗記がしやすいので，まずは「理論化学」に優先的に取り組むとよい。

　「理論化学」では，計算問題とそれ以外の問題が同じぐらいの割合で出題される。計算問題としては，化学反応式をもとにした物質の質量，体積，物質量などの計算や，与えられた原子量から化合物の式量や分子量を求めることが必須である。そのうえで，気体の状態方程式（圧力，体積，絶対温度など），混合気体の分圧や全圧，溶解度を用いた物質の析出量，熱化学方程式を用いた反応熱，中和滴定に必要な酸や塩基の体積や濃度，酸や塩基のpH，電気分解で析出する物質の質量などが求められるようになっておきたい。その他には，化学理論（分圧の法則など），物質の分離法，化学結合，物質の状態変化，化学平衡，コロイド溶液，化学電池などについてしっかり整理しておこう。

　「無機化学」では，計算問題はほとんど出題されず，大部分が物質の性質を問う正誤問題である。まずは，元素周期表の特徴をしっかりと理解し，性質の似た物質のグループがあることを把握すること。また，イオン化エネルギーや電気陰性度など，周期表と大きく関わる用語を覚えよう。無機物質は金属と非金属に大別される。金属では，1族の金属，2族の金属の他に，鉄，銅，銀，アルミニウム，チタンなどの代表的な金属の性質，化学反応，製法を覚えておくこと。非金属では，ハロゲン，希ガス，炭素やケイ素の性質，化学反応を覚えておくこと。そのうえで，代表的な気体（酸素，窒素，二酸化炭素，アンモニアなど），溶液（塩酸，硫酸，硝酸など）などについて，教科書レベルの知識を身に付けておきたい。

　「有機化学」では，計算問題としては有機化合物の元素分析の結果から分子量が求められるようになろう。その他には，教科書レベルの代表的な有機化

合物の性質や反応性を覚えること，高分子化合物については，樹脂，繊維，ゴムなどに利用される物質について整理しておこう。

　本書に限らず，できるだけ多くの公務員試験の問題に触れ，解いた問題を中心に知識を増やしていこう。出題傾向がつかめたら，大学入試センター試験や大学入学共通テストから類題を探すのもよい。

狙われやすい! 重要事項

☑基礎的な化学理論
☑物質の状態変化
☑酸と塩基
☑化学平衡
☑無機物質の性質

《 演 習 問 題 》

1 トルエンを触媒を用いて酸化すると固体物質が得られる。この物質は次のどれに属するか。

　　1　アミノ酸　　　　　2　脂肪酸　　　3　芳香族カルボン酸
　　4　カルボン酸エステル　　5　炭水化物

2 次の文は，鍾乳洞がどうしてできるかについて述べたものである。文章全体から判断すると，ア～エの中で適切でないものがある。適切でないものすべてをあげているのはどれか。

　石灰岩地帯にCO_2を含んだ，ア弱酸性の水が浸透すると，石灰岩中のCaが，イ$CaCO_3$として水に溶けてしまう。この溶液が空洞に出ると，ウ圧力の減少，水分の蒸発などによってエ$Ca(HCO_3)_2$の沈殿が生じて，これが鍾乳石となる。

　　1　エ
　　2　イ・エ
　　3　ウ・エ
　　4　ア・イ・ウ
　　5　イ・ウ・エ

3 金属のイオン化傾向が「大きい」ということを，間違って表している
のはどれか。
1 電子を放出しやすい。
2 化学的に活性で，化合しやすい。
3 酸化作用が大きい。
4 還元力が強い。
5 陽イオンになりやすく酸化数が増加しやすい。

4 金属に関する記述として，最も妥当なものはどれか。
1 銅は金属の中で最もよく電気や熱を導く。また，この金属の化合物は感
光性があるので，写真のフィルムに用いられる。
2 アルミニウムは酸化物を融解塩電解をすることで得られる金属である。
この元素の単体は軽くてやわらかい金属である。空気中では表面が酸化さ
れて，ち密な被膜を生じている。
3 水銀の単体は常温で固体である。他の金属と合金をつくりやすく，これ
をアマルガムという。
4 鉄は酸化物をコークスから生じる一酸化炭素で還元して得られる。この
金属にクロムやニッケルを混ぜてつくった合金はジュラルミンといわれ，
錆びにくいという特徴をもつ。
5 カルシウムは常温で水と激しく反応し，水素を発生させる。炎色反応で呈
する色は黄色である。炭酸塩と塩酸を反応させると二酸化炭素が発生する。

5 結晶に関する記述として，最も妥当なものはどれか。
1 共有結合は結合力が強いといわれるので，氷やドライアイスなどの分子
結晶は，硬度がきわめて大きい。
2 塩化ナトリウムや水晶のようなイオン結晶は，溶融した場合，電気伝導
性がある。
3 ナフタレンや水素が昇華しやすいのは，分子間力が弱く，分子の熱運動
により容易に分子間の結合が切れるためである。
4 氷は水よりも密度が小さい。これは，水の結晶では，分子が比較的大き
なすき間をつくって配列しているからである。
5 ダイヤモンドは互いに電子を出し合って，その自由電子によって結合し
ているので，融点，沸点は高い。

6 次の現象のうち，化学変化とよばれるものはどれか。
1　水が沸騰して水蒸気になる
2　砂糖が水に溶ける
3　紙が燃えて灰になる
4　鉄を高温に熱すると溶ける
5　酸素の気体に圧力を加えると体積が小さくなる

7 5.0×10^5〔Pa〕，27℃，10Lの気体を，温度を変えずに25Lになるまで膨脹させると，圧力はいくらになるか。
1　1.0×10^5〔Pa〕　　2　1.5×10^5〔Pa〕　　3　2.0×10^5〔Pa〕
4　5.0×10^5〔Pa〕　　5　12.5×10^5〔Pa〕

8 ある物質25gを100gの水に溶かした。この水溶液の質量パーセント濃度はいくらになるか。
1　20%　　2　25%　　3　30%　　4　50%　　5　125%

9 化学変化に関する記述として，妥当なものはどれか。
1　気体が関係する化学反応において，同温かつ同圧の下で，反応する気体の体積間には簡単な整数比が成り立つ。
2　化学反応において，正触媒を加えると，活性化エネルギーが増大することを通じて反応速度が大きくなる。
3　可逆反応において，実際に反応が停止した状態を化学平衡といい，この状態に達した後に，濃度や圧力などの条件を変えても，新たな化学変化は起こらず，不変の状態が続く。
4　中和反応とは，酸の水素イオンと塩基の水酸化物イオンが反応して，水が生成することによってそれぞれのイオンの性質が打ち消される反応であり，物質によって，吸熱反応と発熱反応のいずれかを示す。
5　ケン化と呼ばれる反応を利用して作られるのがセッケンであり，具体的には，油脂に酸を加えることによって製造される。

《 解 答 ・ 解 説 》

1 3

解説 トルエン$C_6H_5CH_3$は二酸化マンガンを触媒として酸化すると，安息香酸C_6H_5COOHが生成する。

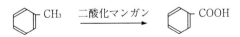

アミノ酸 ···················酸性のカルボキシ基—COOHと塩基性のアミノ基—NH_2を含んでいる化合物。

脂肪酸 ························R—COOHという一般式で表される化合物。脂肪族カルボン酸ともいう。

芳香族カルボン酸 ········芳香族炭化水素（ベンゼン環を含む炭化水素）の水素原子1個またはそれ以上を，カルボキシ基—COOHで置換した化合物。

ヒドロキノン酸 ···········芳香族炭化水素の水素原子2個が，アルコール基—OHで置換されたもの。

カルボン酸エステル ·····カルボン酸とアルコールが反応して生成する化合物。

炭水化物 ····················炭素の水和物として示される化合物。

2 2

解説 ア．正しい。二酸化炭素が溶けた水のpHは約5.6であり，弱酸性である。　イ．誤り。石灰岩は炭酸カルシウム$CaCO_3$が堆積したものであり，これが水に溶けると，$CaCO_3 + H_2O + CO_2 \rightarrow Ca(HCO_3)_2$という化学反応が起こり，炭酸水素カルシウム$Ca(HCO_3)_2$が生じる。　ウ．正しい。水に溶け出した$Ca(HCO_3)_2$は，水分の蒸発や圧力の減少などで，$Ca(HCO_3)_2 \rightarrow CaCO_3 + H_2O + CO_2$という反応が起こり，再び$CaCO_3$が析出する。　エ．誤り。ウの反応式で析出した$CaCO_3$が沈殿することで，鍾乳洞ができる。

したがって，イの「$CaCO_3$」とエの「$Ca(HCO_3)_2$」を入れ替えると，正しい文章となる。

以上より，正解は2。

3 3

解説 金属元素の原子は，一般に，その最外殻電子の1個ないし数個を他に与えて，陽イオンになることがある。この性質が強いことを，イオン化傾向が大きいという。電子を放出しやすいことから次々と発展して，「電子を放出しやすい→陽イオンになりやすい→酸化数が増す→酸化されやすい→還元剤となる→化合しやすい」となる。

4 2

解説 1．誤り。銀に関する記述である。　2．正しい。　3．誤り。水銀の単体は常温で液体である。　4．誤り。ジュラルミンはアルミニウムと銅を主成分とする合金である。　5．誤り。カルシウムが炎色反応で呈する色は橙赤色である。

5 3

解説 1．誤り。分子結晶は，分子内の原子の結合は共有結合であるが，分子間力による結合力が弱いため，もろくてこわれやすい。　2．誤り。水晶はイオン結晶ではなく，共有結合性結晶である。　3．正しい。　4．誤り。水ではなく氷の分子が，大きなすき間をつくって配列している。　5．誤り。ダイヤモンドではなく鉄などの金属結晶の記述である。

6 3

解説 物質そのものが新しいもの（別の化学式で表すもの）に変化することを化学変化という。1，2，4，5は物質そのものは変化していない。

7 3

解説 膨張後の気体の圧力を P〔Pa〕とすると，ボイルの法則より，

$$(5.0 \times 10^5) \times 10 = P \times 25$$

$$P = \frac{(5.0 \times 10^5) \times 10}{25} = 2.0 \times 10^5 \text{〔Pa〕}$$

以上より，正解は3。

8 1

解説 溶質の質量が25g，溶媒の質量が100gより，溶液の質量は 25 + 100 = 125〔g〕となる。

よって，この水溶液の質量パーセント濃度は，$\frac{25}{125} \times 100 = 20$〔%〕

以上より，正解は1。

9 1

解説 1．正しい。気体反応の法則についての記述である。　2．誤り。正触媒を加えた場合，活性化エネルギーが減少することを通じて反応速度が大きくなる。　3．誤り。化学平衡の状態では，反応は止まっているように見えるものの，実際に止まっているわけではなく，右向きの反応と左向きの反応の速度が等しくなっている。また，化学平衡に達した後も，濃度，圧力，温度の影響により反応が進み，新たな平衡状態に達する。　4．誤り。中和反応は発熱反応であり，そこで生じる熱を中和熱という。　5．誤り。セッケンは，油脂に塩基である水酸化ナトリウムを加えて加熱することによって作られる。

自然科学　生　物

|||||||||||||||||||||||||||||||||| P O I N T ||||||||||||||||||||||||||||||||||

　生物の分野では，高校までの内容が出題される。出題形式としては，ほとんどの問題が基本的な知識を問う正誤問題や穴埋め問題で，計算問題はごく一部である。また，教科書と同じような図表が与えられる問題が多いので，図表から必要な情報を的確に読み取れるように，教科書などをしっかり読み込んでおこう。暗記事項が多いものの，中学生物の知識だけで解ける問題もあるため，効果的な学習ができれば十分得点源となる。以下に，それぞれの単元で最重要事項をまとめるので，優先的に取り組んでほしい。

　「細胞」に関する内容として，まずは「細胞小器官」の構造やはたらきを覚え，「動物細胞と植物細胞の違い」を整理しよう。次に，「細胞分裂」について「体細胞分裂の一連の流れ」を覚え，その後「減数分裂」との違いを整理しよう。さらに，「動物細胞と植物細胞の分裂の仕組みの違い」についても理解しよう。図が与えられた問題の対策としては，「どの細胞のどの分裂のどの時期か」が判断できるようになっておきたい。なお，細胞周期や分裂細胞数の計算方法にも慣れておこう。

　「遺伝子」に関する問題として，まずは「DNAとRNA」の構造やはたらきを覚え，これらの違いを整理しよう。次に，「遺伝現象」について，「メンデルの法則に従う遺伝現象」の一連の流れや3つの法則，生まれてくる子の遺伝子型や表現型の分離比の計算方法を完璧に押さえること。その上で，「メンデルの法則に従わない遺伝現象」について，具体例とともに覚えよう。特に，「ABO式血液型」で生まれてくる子の血液型のパターンを問う問題は頻出である。余裕があれば，伴性遺伝の仕組みや組み換え価の計算などに挑戦しよう。

　「代謝」に関する問題としては，まずは「酵素」について基本的な性質を覚え，「消化酵素のはたらきと分泌腺」の組合せを覚えよう。次に，「呼吸」については3つの過程を覚え，それぞれの反応に関与する物質や生成するATPの数を覚えよう。また，「光合成」からは様々な論点や図表からの出題実績があるので，一連の流れを覚えるだけでなく，できるだけ多くの問題に触れること。

　「体内環境と恒常性」に関する内容としては，「免疫反応」の体液性免疫と細胞性免疫の流れと違い，「血液凝固」の仕組み，「ホルモン」のはたらきと分泌腺，「交感神経と副交感神経」のはたらきの違い，「腎臓と肝臓」のはたらき，「ヒトの脳」の部位とはたらきの違いなどがよく出題される。ほとんどがヒトに関わる内容なので取り組みやすいが，「ホルモン」については植物ホルモンから出題される場合も多い。

　「生態系」に関する問題としては，「食物連鎖」や「物質循環」がよく出題されるので，全体の流れをしっかりと把握し，図の読み取りや穴埋め形式の問題への対応をしよう。

　本書に限らず，できるだけ多くの公務員試験の問題に触れ，解いた問題を中心に知識を増やしていこう。出題傾向がつかめたら，大学入試センター試験や大学入学共通テストから類題を探すのもよい。

👉 狙われやすい！重要事項 ....

☑ **細胞**
☑ **代謝**
☑ **体内環境と恒常性**
☑ **生態系**

《 演 習 問 題 》

[1] **遺伝の種類とその具体的な例として，正しい組み合わせはどれか。**

1　複対立遺伝子 ── ヒトのABO式血液型
2　致死遺伝子 ──── スイートピーの紫と白の花色
3　伴性遺伝 ───── マルバアサガオやオシロイバナの花色
4　不完全優性 ─── ヒトの赤緑色覚異常
5　補足遺伝子 ──── キイロハツカネズミの毛色

2 植物の細胞，組織について，正しく記述されているのはどれか。

A 葉の基本組織は，さく状組織にある柔細胞の集団よりなっている。細胞の形が不規則なためすき間が多く，葉緑体をもっている。

B 気孔は葉の表面にあり，水，水蒸気，二酸化炭素の通路となるのは，1対の孔辺細胞にはさまれたすき間である。孔辺細胞は葉緑体を含み，膨圧の変化で気孔を開閉している。

C 茎の形成層は分裂組織に属し，この細胞は原形質に富み，細胞壁は薄い。これは茎や根の肥大成長に直接関係している。

D 木部の道管は維管束に属し，原形質はもたない。上下の細胞壁が消失して1本の長い管になっており，管壁の細胞壁は木化し，部分的には肥厚しているところもあり，いろいろな模様をつくっている。

　1　AとC　　2　AとD　　3　BとC　　4　BとD　　5　CとD

3 植物の開花について，正しく記述されているのはどれか。

1 トマト，エンドウ，トウモロコシなどは，明期が長くなり，暗期が10時間以下にならないと花芽が形成されず，開花できない。

2 冬になってから温室で発芽させた秋まきコムギは，暖かい環境下の栽培により成長が促進され，初夏には出穂し，開花してしまう。

3 わが国の植物園などで温室栽培されている熱帯植物の多くは，明期が長くなる春から初夏にかけて，開花する。

4 暗期が一定時間以上になると開花する植物アサガオは，暗期の途中で，数分間程度だけなら光を当てても，花芽の形成に影響せず，開花する。

5 秋咲き植物であるキクは，葉の上半部をすべて除去しても，下半部を短日処理すれば，茎の上部成長点に花芽が形成され，開花する。

4 人間の輸血について，正しく記述されているのはどれか。

1 A型の人からB型の人への輸血は可能である。

2 A型の人からO型の人への輸血は可能である。

3 A型の人からAB型の人への輸血は可能である。

4 B型の人からO型の人への輸血は可能である。

5 AB型の人からB型の人への輸血は可能である。

5 ヒトの色覚異常は劣性の遺伝病で，伴性遺伝をする。次のうち，ヒトの色覚異常の遺伝について，正しく記述されているのはどれか。
　1　父，母とも色覚異常でなくても，色覚異常の息子が産まれることがある。
　2　父，母とも色覚異常であっても，その娘が色覚異常であるとはかぎらない。
　3　母が色覚異常だったら，その子供はすべて色覚異常である。
　4　健康な父と，色覚異常の母では，その息子は健康で，娘は潜在色覚異常になる。
　5　色覚異常の父と，健康な母では，その息子は色覚異常で，娘は潜在色覚異常になる。

6 大脳のはたらきについて，正しく記述されているのはどれか。
　1　からだの平衡を正しく保つ中枢がある。
　2　感覚・感情・記憶・推理・判断の中枢がある。
　3　内臓のはたらきを調節する中枢がある。
　4　呼吸・心臓のはく動・かむ・飲みこむなどの中枢がある。
　5　眼球運動，こう彩の中枢がある。

7 ヒトの体内における恒常性の維持などに関与する血液について，正しく記述されているのはどれか。
　1　ヒトの血液が赤いのは，血液全体の約55％を占める血漿が全体として赤味を帯びているからである。
　2　白血球の1種であるマクロファージは，アメーバ状の形状をなしており，血管内外の異物を捕食する作用を持つ。
　3　血液凝固に関与する血小板は，骨髄細胞の一部がちぎれて血液中に流出することによって形成され，中央部がくぼんだ円盤状の形状をしている。
　4　空気中の酸素分圧は，ヘモグロビンと酸素の結合と深く関連しており，酸素分圧が低いほど両者はよく結合する。
　5　血液中の糖分が低い状態になると，インスリンのはたらきによって血糖値を増加させる作用が活発になる。

8 種子の発芽に必要な条件として，正しい組み合わせはどれか。

1　水　　温度　　空気
2　水　　温度　　土
3　土　　温度　　肥料
4　光　　土　　　温度
5　水　　光　　　温度

9 遺伝子に関する記述として，誤っているものはどれか。

1　遺伝子はたんぱく質を生産するもとになる。
2　種を構成するのに必要な最小の遺伝子群のことをゲノムと呼ぶ。
3　遺伝子治療は遺伝性疾患やがんなどの患者に遺伝子を導入して行う治療のことである。
4　ヒトの遺伝子の本体はRNAである。
5　遺伝子は4種の遺伝暗号（塩基）が連なってできている。

10 生態系について，正しく記述されているものはどれか。

1　自浄できる分量を大幅に超えた汚水が海などに流入すると，ほとんどのプランクトンが瞬時に死滅する。その結果，多くの魚類が捕食する対象を失うため，死滅に至る。
2　アンモニアは，窒素の循環において重要な役割を果たす。アンモニアは，植物の根によって吸収され，アミノ酸やタンパク質などに変えられる。
3　生態系ピラミッドは，生産者，第一次消費者，第二次消費者などによって構成される。いわゆる高次の消費者は，低次の者に比べると，個体数，エネルギー量において大規模になる。
4　無機物から有機物を生み出す働きを持つのが生産者である。プランクトンや細菌はこれに含まれず，緑色植物が主な例として挙げられる。
5　湖沼における生態系に大きな脅威を与えているのは硫黄酸化物や窒素酸化物である。被害の最大の原因は，雨が少ない地域の湖沼において，自然界に古くから存在する化合物の濃度が上昇したことにある。

11 動物の生態や行動に関する各文の空欄A～Cに入る用語の組み合わせとして，正しいものはどれか。

・ミツバチは，「8の字ダンス」により，仲間に対して餌場までの距離や方向を伝えるが，これは，　A　と呼ばれる。これと同様の例として，容器内の水に一定方向の水流を生じさせると，その流れに向かって泳ぐメダカの動きが挙げられる。

・アオガエルが，捕食しようとした虫から舌に刺激を与えられると，やがてその虫を食べなくなる。これを　B　という。

・類似した生活様式を持つ複数の種類の生物が同じ地域に生息する際，過度な競争を避けるために場所を違えて生息することを　C　という。

	A	B	C
1	生得的行動	条件反射	植生
2	刷り込み	試行錯誤学習	棲み分け
3	生得的行動	試行錯誤学習	棲み分け
4	刷り込み	条件反射	植生
5	生得的行動	条件反射	棲み分け

12 肝臓と腎臓に関する次の記述中の（　　　）に適する語句の組み合わせとして，最も妥当なものはどれか。

　肝臓では小腸で吸収されたグルコースが，一部（　A　）につくりかえられ貯蔵される。これは必要な時にグルコースに分解され，血糖濃度の維持などに用いられる。また，体内の各組織で生じたアンモニアは肝臓で毒性の低い（　B　）に変えられ，その後，尿として排出される。腎臓は尿を生成し，老廃物を体外に排出する。

　（　C　）と細尿管からなる多数のネフロン（腎単位）の働きによって尿がつくられる。

	A	B	C
1	デンプン	アルブミン	ボーマンのう
2	デンプン	オルニチン	ランゲルハンス島
3	グリコーゲン	尿素	マルピーギ小体
4	グリコーゲン	オルニチン	糸球体
5	セルロース	尿素	腎う

《 解 答 ・ 解 説 》

1　1

解説　1.　正しい。複対立遺伝子は3つ以上の対立遺伝子による遺伝現象で，ヒトのABO式血液型などに見られる。　2.　誤り。致死遺伝子はキイロハツカネズミの毛色の決定などに関わっている。　3.　誤り。伴性遺伝は性染色体上に存在する遺伝子による遺伝現象で，ヒトの赤緑色覚異常などで見られる。　4.　誤り。不完全優性はマルバアサガオやオシロイバナの花色などで見られる。　5.　誤り。補足遺伝子はスイートピーの花の色の決定などに関わっている。

2　5

解説　A.　誤り。葉の葉肉は，さく状組織と海綿状組織からなり，記述されているのは海綿状組織についてである。さく状組織は，葉緑体は多くもっているが，すき間が少ない。　B.　誤り。気孔は葉の裏側に多く分布している。　C.　正しい。形成層では，細胞分裂が活発に行われている。　D.　正しい。道管は，死んだ細胞によってつくられる。
よって，正しいのはCとDである。以上より，正解は5。

3　5

解説　1.　誤り。トマト，エンドウ，トウモロコシなどは，明暗の長さに関係なく花芽が形成される中性植物である。　2.　誤り。秋まきコムギは，一定期間低温条件におかれてから開花結実する。このように，低温条件で花芽の形成を促すことを春化処理という。　3.　誤り。多くの熱帯植物は短日植物であり，開花時期は秋～冬である。　4.　誤り。暗期がある一定の長さ以上になると花芽を形成する短日植物に対して，暗期の途中に光を当てると花芽が形成されなくなる。これを光中断という。　5.　正しい。日長刺激を受容するのは葉であり，葉でつくられたフロリゲンという花芽形成促進物質が芽に移動することで，花芽が形成される。一部の葉が日長を受容すれば，その刺激は植物全体に伝わっていく。

4 3

解説 実際の輸血の場合は，同じ血液型同士で行うが，理論上は次のようになる。

各型の血液にはそれぞれ赤血球の中に凝集原（A，B）と，血しょうの中に凝集素（α，β）がある。そして輸血の際に，Aとα，Bとβが出会うと，抗原抗体反応が起こり，輸血は不可能となる。各型の凝集原，凝集素を表すと，

A型……A，β	B型……B，α
AB型……AとB，凝集素はナシ	O型……凝集原はナシ，αとβ

となる。つまり，輸血をして供血者と受血者のAとα，Bとβが共存しなければ輸血可能となる。

5 1

解説 ヒトの色覚異常に関する遺伝子は，X染色体上に存在する。健康な男性の性染色体をXY，健康な女性の性染色体をXXとし，色覚異常をもたらすX染色体をX′と表すと，色覚異常の男性はX′Y，色覚異常の女性はX′X′である。また症状は出ていないものの，X′染色体を1つもつ女性X′Xを潜在色覚異常とする。以上を組み合わせて産まれる可能性のある子どもは次の表のようになる。

	両 親		子 供	
	父	母	息 子	娘
ア	X Y	X X	X Y	X X
イ	X Y	X′X	X Y，X′Y	X X，X′X
ウ	X Y	X′X′	X′Y	X′X
エ	X′Y	X X	X Y	X′X
オ	X′Y	X′X	X Y，X′Y	X′X′，X′X
カ	X′Y	X′X′	X′Y	X′X′

1. 正しい。イより，健康な父XYと潜在色覚異常の母X′Xの間には，色覚異常の息子X′Yが産まれる可能性がある。　2. 誤り。カより，色覚異常の父X′Yと母X′X′の間には，色覚異常の娘X′X′が産まれる可能性がある。
3. 誤り。ウより，色覚異常の母X′X′と健康な父XYの間には，潜在色覚異

常の娘X′Xが産まれる可能性がある。　4．誤り。ウより，健康な父XYと色覚異常の母X′X′との間には，色覚異常の息子X′Yが産まれる。　5．誤り。エより，色覚異常の父X′Yと，健康な母XXの間には，健康な息子XYが産まれる。

6 2

解説　1．誤り。これは小脳のはたらきに関する記述である。　2．正しい。3．誤り。これは間脳に関する記述である。　4．誤り。これは延髄に関する記述である。　5．誤り。これは中脳に関する記述である。

7 2

解説　1．誤り。ヒトの血液が赤いのは，赤血球が赤色の呼吸色素であるヘモグロビンを含んでいるからである。血液全体の約55％を占める血漿は，やや黄味を帯びている。　2．正しい。マクロファージは，白血球の一種であり，血管内外の異物を捕食し，免疫に関与する。　3．誤り。血小板が血液凝固に関与している点，骨髄細胞の一部がちぎれて血液中に流出することによって形成されるという点は正しいが，その形状は不定形である。中央部がくぼんだ円盤状の形状は赤血球の特徴である。　4．誤り。酸素分圧が高いほどヘモグロビンと酸素はよく結合する。　5．誤り。血液中の糖分が低い状態において血糖値を増加させるはたらきをするのは，インスリンではなくアドレナリンなどである。インスリンは，高血糖の状態の際に血糖値を減少させる。

8 1

解説　一般に，種子の発芽に必要な条件は温度，水，空気であり，光，土，養分（肥料）は当てはまらない。

9 4

解説　1．正しい。DNAの塩基配列がRNAに写し取られ，これをもとにアミノ酸配列がつくられ，たんぱく質が合成される。遺伝子とは，DNAの塩基配列のうちたんぱく質合成に関与する部分である。　2．正しい。ゲノムとはすべての遺伝情報のことである。ヒトの場合，ゲノムは約20,500個の遺伝子からなる。　3．正しい。遺伝子治療とは，患者に遺伝子を導入することで

遺伝子を組み換え，病気を治療する方法である。　4．誤り。ヒトの遺伝子の本体はDNAである。　5．正しい。DNAを構成する塩基配列には4種類の塩基があり，その組み合わせが遺伝暗号となり，合成するアミノ酸配列を指定する。

10 2

解説　1．誤り。汚水の流入は，特定のプランクトンの異常な発生や増加をもたらす。その結果，酸素が不足することにより，魚類などの大量死に至る。　2．正しい。植物の根から吸収されたアンモニアは，その植物の中で，アミノ酸，タンパク質などの有機窒素化合物の合成に利用される。　3．誤り。低次の消費者は，高次の者に比べると，個体数，エネルギー量，生体量のいずれも大きくなる。　4．誤り。植物プランクトンや光合成細菌は，生産者に含まれる。　5．誤り。酸性雨と富栄養化の説明が混同されている。酸性雨が湖沼にもたらす影響は，硫黄酸化物や窒素酸化物が溶け込んだ雨により湖沼が酸性化し，魚などが減少することである。一方，富栄養化が湖沼にもたらす影響は，生活排水が大量に流入することで，湖沼に元から存在する栄養塩類の濃度が増加し，プランクトンなどが異常発生することである。

11 3

解説　Aには，「生得的行動」が入る。これは，学習などによらず，生物が生まれつき行う定型的行動である。一方，「刷り込み」とは，アヒルなどが孵化後に最初に接したものの後を追うように，特定の行動を引き起こす対象が記憶されることを意味する。　Bには，「試行錯誤学習」が入る。これは，行動への報酬や罰により，その行動を繰り返したり，行わなくなったりすることを意味する。一方，「条件反射」とは，生得的行動と，それとは無関係の刺激を結びつけ，刺激のみで反応を起こすことである。「古典的条件付け」ともいう。　Cには，「棲み分け」が入る。これは，生活様式が類似する異種の生物群が，生活空間や生活時間・時期などを分け，競争を回避しながら共存する現象である。一方，「植生」とは，ある場所に生育している植物の集団を意味する。以上より，正解は3。

12　3

解説　小腸で吸収されたグルコースは，門脈を通って肝臓に運ばれグリ
コーゲンの形で貯蔵される。グリコーゲンは必要に応じてグルコースに分解
され，血糖濃度の調節などに用いられる。代謝の過程で生じる有害なアンモ
ニアは，肝臓のオルニチン回路で毒性の低い尿素に変えられる。さらに肝臓
ではアルブミンや血液凝固に関係するタンパク質の合成や，不要となったタ
ンパク質の分解も行われる。加えて，アルコールなどの有害物質の分解や，
脂肪の消化・吸収を促進する胆汁を生成する働きもある。腎臓は皮質と髄質，
腎うからなっており，皮質にあるマルピーギ小体（腎小体）と，細尿管からな
る多数のネフロン（腎単位）の働きで尿がつくられる。腎小体は糸球体とボー
マンのうから成る。ネフロン（腎単位）は1つの腎臓中に約100万個ある。以
上より，正解は3。

自然科学 地 学

地学の分野では，高校までの内容が出題される。出題形式としては，ほとんどの問題が基本的な知識を問う正誤問題や穴埋め問題で，計算問題はごく一部である。中学の学習内容が最も役に立つ分野といえるので，高校地学の勉強が困難な場合は，中学地学から取り組むのもよい。以下に，それぞれの単元の最重要事項をまとめるので，優先的に取り組んでほしい。

「地球の外観と活動」に関する内容として，まずは地殻や境界面の種類や特徴をしっかり覚えること。そのうえで，プレートやマントルなど，「地震」や「火山活動」につながる仕組みについて理解しよう。その他にも，ジオイドや重力の定義の理解，扁平率の計算などが出題されやすい。「地震」では，P波とS波の違いや震度とマグニチュードの違いについて理解するとともに，地震波の速度・震源からの距離・地震発生時刻の計算ができるようにしたい。「火山活動」を理解するためには，まずは「火成岩の分類」を完璧に覚える必要がある。鉱物組成の違いがマグマの粘度の差となって現れ，火山の形や活動様式の違いにつながっていく。

「地球の歴史」に関する問題としては，地質年代を代表する生物の名称，大量絶滅などの出来事について，時系列で整理しておこう。また，示相化石や示準化石についても狙われやすい。

「大気と海洋」については，「大気」に関する内容に優先的に取り組もう。日本の季節，前線の種類と特徴，台風の定義などは頻出である。また，フェーン現象を題材とした乾燥断熱減率・湿潤断熱減率を使った温度計算や，相対湿度の計算をできるようにしよう。その他にも，風の種類や大気圏の層構造について問われることがある。「海洋」については，エルニーニョ現象が起こる仕組みが頻出である。

「宇宙」に関する問題としては，まずは地球から見て恒星・惑星・月・星座などがどのように見えるかを完璧に覚えよう。また，南中高度の計算もできるようにしておくこと。次に，「太陽や太陽系の惑星」について，それぞれの特徴を押さえよう。特に，地球型惑星と木星型惑星の違い，金星の見え方な

どが頻出である。会合周期の計算もできるようにしておきたい。さらに，「太陽系外の宇宙の構造」として，HR図を使った恒星の性質の理解，恒星までの距離と明るさの関係などを知っておこう。

本書に限らず，できるだけ多くの公務員試験の問題に触れ，解いた問題を中心に知識を増やしていこう。出題傾向がつかめたら，大学入試センター試験や大学入学共通テストから類題を探すのもよい。

狙われやすい！ 重要事項

☑太陽系
☑地球の運動
☑大気と海洋
☑地球の内部構造
☑地震

《 演 習 問 題 》

1 岩石に関する記述として，誤っているものはどれか。

1　大地を形成する岩石は，火成岩，堆積岩，変成岩に大別される。このうち，火成岩はその生成過程により，火山岩，深成岩に分類される。

2　火成岩のうち，マグマが地殻の深部でゆっくり冷えて固まってできた岩石を深成岩とよび，カコウ岩やセンリョク岩などがある。

3　火山岩と深成岩の組織を比べると，火山岩が等粒状であるのに対し，深成岩は斑状になっている。

4　岩石を化学組成により分類した場合，それぞれのSiO_2を含む割合によって，その多い順に酸性岩，中性岩，塩基性岩などに分類することができる。

5　酸性岩は白っぽく見えるが，塩基性岩は黒っぽい。

2 太陽系における地球型惑星（地球，水星，金星，火星）と木星型惑星（木星，土星，天王星，海王星）を比べたとき，正しいものはどれか。

1　各々の半径および質量は，木星型惑星より地球型惑星のほうが小さいが，平均密度は地球型惑星のほうが大きい。

2　各々の質量は，地球型惑星では太陽に近いものほど，木星型惑星では太陽から遠いものほど小さくなる。

3　各々の自転周期は，木星型惑星より地球型惑星のほうが短い。

4　各々の軌道平均速度は，地球型惑星では太陽に近いものほど，木星型惑星では太陽から遠いものほど小さくなる。

5　各々の扁平率 {(赤道半径－極半径) ÷赤道半径} は，木星型惑星より地球型惑星のほうが大きい。

3 **地震に関する以下の文章で，正しいものの組み合わせを選べ。**

A　震度は各地での地震の揺れの大きさを表すが，震度は0から7までの10段階に分かれている。

B　地殻とマントルでは，地震波の進む速度はマントルの方が速い。

C　地震波にはP波，S波，表面波があるが，P波が最も速く，S波が最も遅い。

D　地震のエネルギーを表すマグニチュードは1大きくなると約32倍のエネルギーとなり，2大きくなると約64倍のエネルギーとなる。

　　1　A・B　　2　A・C　　3　A・D　　4　B・C　　5　B・D

4 **地球の自転と公転に関する記述として，誤っているものはどれか。**

1　フーコーの振り子は，地球が自転しているために北半球では振動面が上から見て時計回り（右回り）に回転する。

2　台風の風が等圧線に垂直に吹かないのは，地球の自転により転向力が働くためである，転向力はコリオリの力と呼ばれる。

3　近くの恒星は地球の公転により，遠くの恒星に対して動くように見える。この相対的なずれを年周視差といい，地球の公転の証拠の一つとなる。

4　恒星からやってくる光は，地球が公転しているので実際の方向よりも斜め前方から来るように見える。この角度を年周光行差といい，地球が公転していることの証拠となる。

5　天体が約1日周期で東から西へ移動することを日周運動という。天体の日周運動は地球の自転の証拠となる。

5 太陽に関して，最も妥当なものはどれか。

1 太陽をおおう大気の最外層を彩層とよび，弱い光を発して，黒点の多い時期にほぼ円形になり，少ない時期には楕円形になっている。

2 太陽面上の暗い斑点状の点を黒点とよび，温度は，その周辺に比べると低く，平均して約11年を周期として増減している。

3 太陽のまわりでは，絶えず赤い炎が高く吹き上げられたり下降したりしている。この部分をプロミネンス（紅炎）とよび，組成成分は水素，ヘリウム，カルシウムなどの軽い元素のみである。

4 太陽の大気の最下層部分をコロナとよび，太陽表面から非常に速く飛び出す赤く輝くガスの集合である。

5 太陽をおおっている大気を含めた全体を光球とよび，中心部が暗く，周辺部は明るい。

6 大気圏に関する記述として，最も妥当なものはどれか。

1 大気圏は地表から1000km以上の高空まで広がっており，下から順に，対流圏，電離圏，中間層，成層圏に分けられる。

2 対流圏では，雲，雨，台風，前線活動，雷などの天気現象が見られる。しかしながら，これは対流圏特有の現象ではない。

3 約10kmから約50kmの成層圏には，太陽からの紫外線を吸収するオゾン（O_3）を多く含むオゾン層がある。

4 中間圏の気温は，上層になるに従って上がり高度90kmでは摂氏約80度になる。

5 熱圏には，電子密度が極小となるいくつかの電離層が存在する。

7 気団が移動した場合，大気中に含まれる水蒸気が凝結して起こる現象で積乱雲をつくるのは，次のうちどれか。

1 冷たい陸から暖かい海へ移動した場合

2 暖かい海から冷たい海へ移動した場合

3 冷たい海から暖かい陸へ移動した場合

4 暖かい陸から冷たい海へ移動した場合

5 冷たい陸から冷たい海へ移動した場合

8 **火山活動について，最も妥当なものはどれか。**
1 火山は，全て地下の粘性の小さいマグマが地表に噴出したものである。
2 火山噴火によって，火山地域には必ず陥没地形（カルデラ）が生ずる。
3 火山の噴火は，大陸地域には起こらない。
4 盾状火山をつくるマグマは，玄武岩質である。
5 火砕流は，流紋岩質マグマより玄武岩質マグマの活動に多い。

9 **月はいつも同じ面を地球に向けている。このことを説明する事象として，正しいものはどれか。**
1 月の公転周期が地球の自転周期に一致する
2 月は自転も公転もしていない
3 月の自転周期と月の公転周期が一致する
4 月の自転周期が地球の自転周期に一致する
5 月の公転周期が地球の公転周期に一致する

《 **解 答・解 説** 》

1 **3**

解説 3.は「火山岩」と「深成岩」の説明が逆である。火山岩は斑状組織，深成岩は等粒状組織をもっている。

2 **1**

解説 1. 正しい。木星型惑星は主に気体でできているが，地球型惑星の表面は固体である。この違いが，大きさや密度の違いに関わっている。　2. 誤り。惑星を太陽から近い順に並べると，水星，金星，地球，火星，木星，土星，天王星，海王星となるが，最も大きいのは木星であり，土星，天王星，海王星，地球，金星，火星，水星と続く。よって，地球型惑星については，太陽からの距離と大きさの間に規則性はない。　3. 誤り。自転周期は，木星型惑星のほうが短い。　4. 誤り。いずれの型の惑星でも，軌道平均速度は太陽からの距離が遠いほど小さい。　5. 誤り。扁平率は，地球型惑星より木星型惑星のほうが大きい。

3 1

解説　A．正しい。震度5と6には強と弱があり計10段階である。　B．正しい。マントルは圧力などの要因により地殻に比べて岩石どうしが密着しており，弾性定数が大きく硬いので，地震波が伝わりやすく速度が速くなる。C．誤り。P波が最も速く，次いでS波，表面波は最も遅い。　D．誤り。マグニチュードが1大きくなると約32倍になることは正しいが，2大きくなると$32 \times 32 \fallingdotseq 1000$〔倍〕になる。

4 5

解説　1．正しい。振り子の振動面は回転しないが，地球が回転しているため観察者には振動面が回転して見える。北半球では振動面は上から見て時計回り（右回り）に回転する。これは地球が上から見て反時計回りに自転しているためである。　2．正しい。台風に向かって上から見て反時計回りで強い風が吹き込むのも，地球の自転による転向力が働くからである。　3．正しい。近くの恒星は地球が公転していると，遠くの恒星に対して動くように見える。地球の公転軌道の両端と恒星を結んでできる二等辺三角形の頂角の半分の大きさが年周視差になる。これは地球の公転の証拠となる。　4．正しい。恒星からの光も地球の公転も速度があるので，恒星からの光は実際の位置から来る光の方向（地球が止まっていたとしたときの方向）より斜め前方から来るように見える。これを年周光行差という。これは地球の公転の証拠となる。5．誤り。日周運動だけでは，地球が静止していて恒星が動いているのか，恒星が静止していて地球が自転しているのかを判断できない。

5 2

解説　1．誤り。彩層の外側にはコロナという真珠色の層がある。　2．正しい。太陽の表面温度は約6000Kであるが，黒点では1500～2000Kほど低温である。　3．誤り。プロミネンスとは，太陽表面から飛び出す赤いガスであり，カルシウムは含んでいない。　4．誤り。コロナより彩層の方が下層である。　5．誤り。太陽は中心部が最も明るく，周辺部ほど暗い。また，光球とは光を出している厚さ約500kmの層のことである。

6 3

解説 1. 誤り。大気圏は下から，対流圏，成層圏，中間圏，熱圏の順である。 2. 誤り。天気の変化は，対流圏で起きる現象である。 3. 正しい。オゾン層が太陽からの紫外線を吸収することにより，成層圏は高度が高くなるほど気温が上昇する。 4. 誤り。中間圏の気温は，高度が高くなるほど下降する。 5. 誤り。熱圏にある電離層は，電子密度が高い層である。

7 3

解説 積乱雲ができるのは，上空に冷たい空気が入り，地上にある暖かい空気が上昇し，対流が起こることで大気が不安定になった場合である。特に，海からくる気団には水蒸気が含まれているため，大気はより不安定となる。なお，暖かい地面であれば，上昇気流が発生しやすい。

8 4

解説 1. 誤り。粘性の大きなマグマが地表に噴出してできた火山もある。 2. 誤り。カルデラが生ずるのは，粘性の大きなマグマが噴出する火山地域である。 3. 誤り。火山の噴火は，大陸でも海底でも起こっている。 4. 正しい。玄武岩質マグマは粘性が小さく，盾状火山をつくる。 5. 誤り。火砕流は，粘性が非常に大きな流紋岩質マグマの活動により多く発生する。

9 3

解説 月は地球の周りを1回公転するごとに1回自転しており，月の公転周期と月の自転周期が一致している。その自転周期は27.3日で，地球より長い。

第4部

文章理解

- 現代文
- 英　文

文章理解　現代文

||||||||||||||||||||||||||||| **P O I N T** |||||||||||||||||||||||||||||

　長文・短文にかかわらず大意や要旨を問う問題は，公務員試験においても毎年出題される。短い時間のなかで正解を得るためには，次のような点に注意するのがコツである。

① 　全文を，引用などに惑わされず，まず構成を考えながら通読してみること。

② 　何が文章の中心テーマになっているかを確実に把握すること。

③ 　引続き選択肢も通読してしまうこと。

④ 　選択肢には，正解と似通った紛らわしいものが混ざっているので，注意すること。

⑤ 　一般に本文中にも，選択肢と対応した紛らわしい要素が混ざっているので，これを消去すること。

　こうすると，5肢選択といっても，実際には二者択一程度になるので，後は慌てさえしなければ，それほど難しいものではない。

||||||||| 《 **演 習 問 題** 》 |||||||||

1 　次のA～Fを意味の通るように並べ替えるとき，正しいものはどれか。

A 　食生活でも，知的活動でも，必ずしも自らの好みと合わないものとあえて触れ，摂取することが不可欠である。

B 　特定のもののみを摂取することの有害性は，知的活動についても共通する部分がある。

C 　食生活において避けるべきことは，本来幅広く摂取すべきである栄養素について，特定のもののみを摂取し続ける「偏食」である。

D 　このような場合，仮に少なからぬ時間を費やしたとしても，見識を広げることにはつながらない。

E 　むしろ，偏狭な独断のみが醸成されることになりかねない。

F 　例えば，自らの意見を形成するために，情報や他者の意見に触れる際，

自らと正反対の立場のものに触れることなく，自分と近いものだけに触れるような場合である。

1　C − A − B − E − F − D
2　C − B − F − D − E − A
3　C − E − A − B − F − D
4　E − A − B − F − C − D
5　E − B − F − D − C − A

2　次の文章の内容と一致するものとして，最も適当なものはどれか。

　身体の問題というと，人はまず自分の身体を眺める。手を見，腕を見，さらには我が身を鏡に映しだしてみる。つまり，身体というと，人はまず個人の身体を思い浮かべるのだ。そしてたいていは，どこかしら恥ずかしくなって，肩をすくめる。身体は個人に属すのであって，集団に属すわけではないというわけ。だが，ほんとうはそうではない。仕草や表情にしてもそうだが，共同体の基盤は身体にあると言っていいほどなのである。

　日常生活の随所にその証拠がころがっている。たとえば，人はなぜスポーツを観戦するのか。勝敗の行方を見極めたいと思うからか。そうではない。人の身体の動きに同調してみたいのである。相撲で，ひとりの力士が土俵を割りそうになりながら残すとき，見るものも同じように反り身になって相手の回しを握り締めているのである。だからこそ，手に汗握るのだ。つまり，スポーツを見るものは，そのスポーツを一緒に戦っているのである。野球にしてもそうだ。投球が決まった一瞬，まるで指揮者に操られたように，会場の全体がどよめく。投手や打者の呼吸に，全観衆の呼吸が同調しているからである。それが人間の身体なのだ。

1　身体問題についての一般的な理解と本質的な理解は一致している。
2　人が自分の身体を眺める理由は，共同体の基盤としての本質を確認するためである。
3　仕草や表情と身体問題は，厳密に区別すべきである。
4　共同体の基盤が身体にある証拠として，スポーツ観戦が挙げられる。
5　スポーツ観戦の途中にどよめきが起きるのは，指揮者としての役割を担うものがいるからである。

3 次の文章の要旨として，最も適当なものはどれか。

　小学校でも中学校でも，教わることはたくさんある。その上で，どれが基本的な考え方でどれが末節な知識なのかという，ウェイト付けのような高度な知的作業は，自分が小中学生だった時のことを思い出せば無理な事がわかる。しかし，我々は，なにも小学校や中学校で完成というわけではない，僕の事務所の人間のように，円周率の本当の意味を取り戻すチャンスは必ずやってくるのだ（その時のために円周率は約3ではなく，3.14と教えるべきである）。このように「基本的なことが何故基本的なのか」が自らわかるのは，一度いろんなことがわかった上での事である。

　「基本が大事」なのは勿論である，しかし同時に，基本を学ぶことは難しい。だとしたら，僕はいつか，基本の大切さや意味を取り戻すための義務教育のアフターサービスのような新しい教育を，TVやインターネットなどのメディアでやってみたいと思っている。

1　義務教育において学ぶことはその多くが無意味なことであり，それに魂を吹き込むためには，教育を受けて時間が経った後のアフターサービスが不可欠である。

2　基本を学ぶことは，大切ではあるが難しいことであり，ある事柄がなぜ基本であるかを明らかにできるのは，様々なことがわかった後のことである。

3　教育において最初に着手すべきことは，基本的な考え方と末節の知識の見分け方を身につけさせることである。

4　円周率のような複雑な知識は，なるべく簡略化させて教えるべきであり，教育のハードルを全体的に下げることこそが求められる。

5　高度な知的作業を避けてきたことが現在の小中学校の教育水準の低下を招いた主要な原因である。

4 次の文章の内容と一致するものとして，最も適当なものはどれか。

　都会の通りで，ふたりの人がすれ違おうとしている。少し離れたところで，ふたりは，互いに相手を一瞥し，素早く相手の顔や服装に視線を走らす。ふたりは，接近してすれ違う際に，互いに相手の視線を避け，目をそらす。そのようなことは，毎日，世界中の街や都会で無数に繰り返されている。

　通りすがりの人が互いに相手を素早く一瞥し，接近すれば目をそらしていく際に，多くの状況でわれわれが互いに相手に要求する，アーヴィン・ゴッ

フマンのいう儀礼的無関心を，通りすがりの人たちは実際におこなっている。儀礼的無関心は，たんに相手を無視することでは決してない。人はそれぞれ，相手の存在を認めていることをそれとなく相手に知らせるが，出しゃばりすぎととられかねない素振りは少しでも避ける。儀礼的無関心は，いわばわれわれが多少とも無意識におこなっていることがらであるが，日常生活において根本的に重要である。

1　儀礼的無関心は無意識に行われる一方，日常生活において大切な意義を持つ。

2　儀礼的無関心が無関心である所以は，相手が無視することに本質があるからである。

3　人がすれ違う光景は，都会であるかそれ以外の地域であるかによって大きく異なる。

4　儀礼的無関心が成立するためには，相手の存在を認めていることに気付かれてはならない。

5　相手の存在を認めていることを大袈裟に示すことが，効果的な対人関係の出発点になる。

5　次の文中の空欄に共通して入る言葉として，最も適当なものはどれか。

　今日の社会は，不快の源そのものを追放しようとする結果，不快のない状態としての「　　　」すなわちどこまでも括弧つきの唯々一面的な「　　　」を優先的価値として追求することとなった。それは，不快の対極として生体内で不快と共存している快楽や安らぎとは全く異なった不快の欠如態なのである。そして，人生の中にある色々な価値が，そういう欠如態としての「　　　」に対してどれだけ貢献できるものであるかということだけで取捨選択されることになった。「　　　」が第一義的な追求目標となったということはそういうことであり，「　　　への隷属状態」が現れて来たというのも又そのことを指している。休息すなわち一時の解放と結びつくのであって，楽しみや安らぎなら隷属状態とは結びつかない。

1　苦痛　　2　優先　　3　安らぎ　　4　悲しみ　　5　安楽

6 次の文章の内容と一致するものとして，最も適当なものはどれか。

　哲学の以前，我々は常識において，また科学において，現実を知っている。しかしながら，哲学は常識の単なる延長でもなければ，科学の単なる拡張でもない。哲学的探求は知っていると共に知っていないところから始まるということは，もと単に，知ってい知っていないのは事物の部分であって，まだ知っていない部分について知り，その知識をすでに知っている部分の知識に附け加えることで問題がなくなるというような関係にあるのでなく，持っている知識が矛盾に陥ることによって否定され，全く知っていないといわれるような関係にあるのである。現実の中で，常識が常識としては行詰り，科学も科学としては行詰るところから哲学は始まる。哲学は常識とも科学とも立場を異にし，それらが一旦否定に会うのでなければ哲学は出てこない。ソクラテスの活動が模範的に示している如く，そこには知の無知への転換がなければならぬ。無知と知との中間といわれる哲学の道は直線的でなくて否定の断絶に媒介されたものであり，知の無知への転換を経た知への道である。それ故に哲学は懐疑から発足するのがつねである。しかしながら哲学は常識や科学を否定するに止まるのではない，それらとただ単に対立する限り哲学は抽象的である。それが常識や科学を否定することは却ってそれらに媒介されることであり，それらを新たに自己のうちに生かすことによって，哲学は真に現実的になり得るのである。

　1　哲学の道は，知から無知に転換した後，また知に向かう特徴がある。
　2　哲学は，常識や科学を否定することなく，それらを深めることによって成立する。
　3　哲学は，日常と科学を単純に延長したり拡張したりすることによって成り立つ。
　4　哲学は，常識と科学と一致するものではないものの，立場については共通する部分が多い。
　5　哲学の道は，ソクラテスの思想からプラトンの世界観への発展というプロセスをたどった。

7 次の文中の空欄（　　　）に当てはまるものとして，最も適当な内容はどれか。

　匿名の言論の欠点として，責任の所在のあいまいさが挙げられる。当の本人が応じるかどうかは別として，もし，実名を出した上で発言されていれば，事実と異なり，曲解されていた場合，抗議したり，訂正を求めたりすること

は容易にできる。一方で，匿名であったり，発信元が不明であったりすれば，それは極めて困難である。しかも，その内容が大きな影響を与えることも否定できない。

ただし，匿名の言論が必ずしも無意味であったり，有害であったりするわけではない。例えば，公益につながるような内部告発であれば，社会をよりよい方向に進歩させる力にもなり得るのである。また，言論が弾圧されるような状況があれば，体制に批判的な活動を続けることは，匿名でなければ事実上不可能である。

匿名の情報と，発信元がはっきりしている情報とが交錯する空間に生きる私達にとって大切なのは，（　　　）ことである。固定化された先入観にとらわれることなく，また，受け身的な姿勢に終始することなく，積極的に関与することこそが求められるのである。

1　匿名の無責任な情報を拒否する
2　情報の発信者を明らかにすることを求める
3　情報をうのみにせず，主体的な思考や判断を加えながら読み解く
4　体制に対する批判的な姿勢を持ち続ける
5　言論空間を提供する側の欺瞞性を暴露する

8 次の文章の内容と一致するものとして，最も適当なものはどれか。

あるワンコインショップの本社では，定期的に，あらゆる部署の人々が集まり，普段は専門スタッフのみで行われる搬入作業をみんなでやる日が設けられている。これは，社内において「デバン」と呼ばれ，「こういった作業一つの仕事については，皆でよってたかってやれ」という社長の指示に基づくものである。

ところで，単純作業は，外部に任せた方がよいといった風潮が強まっているそうだ。確かに，外部への委託によって効率化を実現した事例も多く報告されている。なお，搬入作業は，流通や販売を担う企業にとって主要な業務の一つであり，在庫品の管理や配列の大切さを考えれば，一概に単純作業とはいえない業務である。

分業化が進んだ組織では，業務の内容が共有されていないことがよくある。分業化は，効率化のために不可欠なことではあるが，不要な壁を作り，他の人や別の部署において何をしているかわからないような状況を作ってしまうという弊害もある。とはいっても，一定以上の規模を持つ組織であれば，他の部署とのつながりが希薄となる「縦割り」や，既定の仕事に固執する「セクショナリ

ズム（部門割拠主義）」がある程度みられるのは，やむを得ないだろう。このような下で，前述の社長がいうように，一つの仕事を「よってたかって」進めることは，組織の風通しをよくし，望ましいつながりを構築する端緒になるはずだ。

1　単純作業の外部委託は高コストであるとの認識が広まり，見直す風潮が強くなっている。

2　部門をまたがって作業することは，組織を好ましい方向に導くきっかけになり得るものである。

3　どの組織にもあてはまるモデルやあり方についての探求が不足すると，組織が硬直化する。

4　搬入，在庫品の管理，配列などは，典型的な単純作業であるという前提の下，仕事を割り振る必要がある。

5　「デバン」と呼ばれる方法を取り入れている企業では，社長による指示が影響力を失いつつあることが問題視されている。

9　次の文章の内容と一致するものとして，最も適当なものはどれか。

古代メソポタミア文明において，ビールには賃金の役割もあった。人々は穀物や家畜，布地の余剰分を税として納め，神官は建設土木などの労働対価としてパンとビールを配給したという。

そのビール自体が課税対象となったのは，随分と後のことだ。日本では明治34年（1901年）だった。すでに課税されていた清酒との不公平感の解消が理由とされる。北清事変の後，膨張する戦費の調達をまかなった。

酒税法改正による税率の変更が2020年10月に始まった。麦芽比率などで異なるビール，発泡酒，第三のビールの税額が，3段階を経て2026年10月に統一される。

ビールが減税されるのは歓迎だが，増税となる発泡酒や第三のビールの愛飲家には悩ましいところ。増税前に駆け込みで買いだめしたという方も多いのではないだろうか。

複雑な税率を一本化するという触れ込みだが，背景には，酒税収入の落ち込みもあるようだ。課税額は1994年度の2兆1200億円をピークに減少。2018年度は1兆2700億円だった。人口の減少や若者のアルコール離れも要因とみられる。

メソポタミアの絵文字には，2人の人物が大きなかめからストローでビールを飲む姿が描かれている。いにしえの時より分け合って飲むものだったのだろ

う。コロナ禍で何かと飲食の機会も限られる中，「乾杯」の発声が一層恋しく感じられる秋冷の10月である。

1　日本の酒税の収入は，ピークから24年間で1兆円を超える減収となった。

2　戦前においては戦費の調達，戦後においては社会保障費の財源とすることが増税の主たる理由とされた。

3　日本においてビールが課税対象となったのはその発売当初に遡り，清酒に比べるとその歴史は古い。

4　古代におけるビールの飲み方は，現代とは異なり，各人による孤独な楽しみであった。

5　古代メソポタミア文明において，神官は，提供された労働に対して，貨幣以外の対価を支払った。

10　次の文章の内容と一致するものとして，最も適当なものはどれか。

民主主義・平民主義・民衆主義の語ではなく，民本主義の語を用いたことについて吉野は，憲政の根底をなすのは，君主制と共和制とを問わず，貴賤上下の別なく，「民衆を重んずる」ところにあるからだ，と説明していた。

教育において民衆を重んずるという原則が尊重されるとき，その民衆一人一人の子どもの個性・能力を育てようとの主張が生まれる。大正デモクラシーの風潮のなかで，この主張をかかげた新教育運動が起こされた。そこには20世紀初頭以来の国際的な新教育運動と通じあうものがあり，またかつて岩手の村で石川啄木が一人で実践していた創造的な教育が運動として展開されるようになったといえる。運動は，この主張をかかげた新しい学校の創設や，授業方法の改革，さらにはさまざまな子ども文化の活動として展開されていった。

1　吉野によれば，民衆を重んずる思想は，共和制に固有のものであり，君主制にはなじまないものである。

2　教育の場で民衆を重視すべきであるという考え方は，個々の子どもの個性や能力を育てるべきであるとする思想につながる。

3　民主主義ということばは，当時は危険思想と考えられていたため，吉野は，民本主義という語を用いることを余儀なくされた。

4　石川啄木によって実践されていた創造的な教育は，当初より多くの仲間の協力によって支えられていた。

5　当時提唱された新しい教育は，時代的な制約によって，授業の進め方に影響を及ぼすことはなかった。

11 次の文章の内容と一致するものとして，最も適当なものはどれか。

　文明人は時計によって時間を測る。それによって，一日二十四時間に正確に区切られ，共通の時間が設定される。これは多くの人間が社会をつくっていくためには，非常に大切なことである。これによって，われわれは友人と待ち合わせもできるし，学校も会社も，同一時刻に一斉に始めることもできる。時計の発明によって，人間はどれほど時間が節約できるようになったかわからない，本当に便利なことだ。

　ところで幼児達は，大人のもつ時計によって区切られた時間とは異なる時間を生きているようだ。「きのう」とか「あした」とかの意味も，はっきりとしていない子もある。「また，あしたにしようね」などと言っている子も，それは厳密にあしたということをさすのではなく，「近い将来」を意味していることも多い。

1　幼児達による時間のとらえ方は，大人が考える時間の感覚とは必ずしも一致しない。

2　子どもへの教育にあたり，大人の尺度を押し付けるようなことがあってはならない。

3　時計を与えたり，時計を気にしながら生活する習慣をつけさせたりすることは，子どもの発達段階に応じて進めるべきである。

4　時計の発明によって，時間が節約できるようになったことは事実であるが，時間に拘束されることによって人間らしさが失われるべきではない。

5　時間を表すことばの意味の範囲については，大人があいまいにとらえるのに対して，子ども達の方が厳密にとらえている。

12 次の文章の内容と一致するものとして，最も適当なものはどれか。

　テレビや雑誌では，新興ベンチャー企業の経営者が時代のヒーローのように持ち上げられる。IT革命や介護福祉を担うのは，ベンチャーの旗手の方々なのだそうだ。そこで取り上げられる若き経営者はいずれも雄弁で，自信に満ちている。しかし，そのような人々は，日本の多くの若者の実態と大きくかけ離れている。

　若者が開業を希望しないのは，きびしい経済情勢のなか，会社を経営することが以前にもまして困難となっているからだ。そのことを多くの人たちが自覚し，慎重になっている。若者がリスクに対し挑戦する意欲が低下しているのだ。

　そんなチャレンジ精神低下の一つの兆候は，1980年代以降，30代や40代の自営業が大きく減少しているという事実に，あらわれている。

1　経済情勢が厳しさを増す中で，若者を含む多くの者が自覚し，結果として，最近の若者はリスクを引き受けようとしない傾向がある。

2　新興ベンチャー企業の経営者の間にも，時代の状況からみて，前途が必ずしも明るくないという認識が広がりつつある。

3　現代の若者の象徴として，メディアが若手の経営者を取り上げることは，理にかなったことである。

4　リスクを避ける傾向が顕著になる兆候は，21世紀に入ってからの調査の結果に現れている。

5　IT産業や介護福祉の分野こそが，日本や世界の経済をリードするものとなる。

《 解 答 ・ 解 説 》

1　2

解説 選択肢より，CとEのいずれかが冒頭に位置することになるが，この場合，「むしろ」ということばを含むEは適さず，「偏食」というテーマを提示しているCが適している。次に，食生活についての話題を知的活動についての論究に広げているBが続く。さらに，Bの事例がFに示され，それを「このような」という指示語で受けるDが続く。その次には，見識を広げず，偏狭な独断のみが醸成されるという展開から，Eの内容が続き，さらに，全体のまとめがAに示されている。以上より，正解は2である。

2　4

解説 三浦雅士『考える身体』より。1．一般的に身体は個人に属すると考えられていることを示した後に，「そうではない」と共同体の基盤としての身体について論じられている。　2．人が自分の身体を眺めるのは，「身体は個人に属する」と考えることによると述べている。　3．むしろ，第1段落の最後において両者が関連付けられている。　4．正しい。第1段落の最後から第2段落の冒頭にかけての内容と一致する。　5.「指揮者に操られたように」との表現はあるが，その役割を果たす者の存在については触れられていない。

③ 2

解説 佐藤雅彦『基本は大人になってから』より。1. 義務教育が無意味であるとは述べられていない。 2. 正しい。文章全体で強調されている「基本を学ぶことの大切さと難しさ」「どれが基本かを見分けられるのはいろいろなことがわかった上でのことであること」といった内容と一致している。 3. 第1段落の2文目において，どれが基本でどれが末節かを見分けることの困難さについて述べている。 4. 円周率は約3ではなく3.14と教えるべきであるという内容と一致していない。 5. 高度な知的作業は小中学生の時には無理であると述べられている。

④ 1

解説 ギデンズ，松尾精文他訳『社会学』より。1. 正しい。最後の一文で，儀礼的無関心が無意識に行われること，根本的に重要であることについて述べられている。 2. 第2段落で「たんに相手を無視することでは決してない」と述べられている。 3. 本文からは読み取れない。 4. 相手の存在を認めていることについてそれとなく相手に知らせるといった内容が書かれている。 5. 本文に触れられておらず，むしろ，儀礼的無関心においては，「出しゃばりすぎととられかねない素振りは少しでも避ける」と述べられている。

⑤ 5

解説 藤田省三『全体主義の時代経験』より。1.「苦痛」は，「不快のない状態」とは一致しない。 2. 2つめの空欄が「『優先』を優先的価値として…」となってしまうことから，不適切であることがわかる。 3.「安らぎとは全く異なった」という内容からみて，不適切である。 4. 1と同様に，「不快のない状態」とは一致しない。 5. 正しい。それぞれの空欄の前後の内容と，空欄に補充しても文脈が不適切にならない点から判断できる。

⑥ 1

解説 三木清『哲学入門』岩波新書より。1. 正しい。文章の後半に「知の無知への転換を経た知への道」とあり，この部分と選択肢の内容が一致している。 2. 後半に常識や科学を否定することに止まらない働きについて述べられている。 3. 2文目に「哲学は常識の単なる延長でもなければ，科学の

174

単なる拡張でもない。」と述べられている。　4．常識や科学と立場を異にすることが述べられている。　5．本文中に触れられていない。

7　3

解説　1．誤り。「拒否する」という姿勢は，第2段落の内容と一致しない。2．誤り。情報の発信者を明らかにすることを求める内容についての記述はなく，ふさわしくない。　3．正しい。文章全体の内容，そして，結論部分の内容と一致している。　4．誤り。体制に批判的な姿勢については，推奨しているわけではなく，匿名性が不可欠な場合の例として挙げられている。　5．誤り。言論空間を提供する側の問題点には触れられておらず，ふさわしくない。

8　2

解説　1．誤り。第2段落において，単純作業を外部に任せた方がよいとの風潮が強まっていることが述べられている一方，「高コスト」「見直す風潮」については触れられていない。　2．正しい。文章の最後の文と一致する。3．誤り。「どの組織にもあてはまるモデルやあり方についての探求」について触れられた箇所はない。　4．誤り。第2段落において，搬入，在庫品の管理，配列は一概に単純作業とはいえないと述べられている。　5．誤り。「デバン」は社長の指示に基づいて実施されており，社長の影響力が低下しているとはいえない。

9　5

解説　北海道新聞『卓上四季』2020年10月1日より。1．誤り。本文によれば，「1994年度の2兆1200億円をピークに減少」「2018年度は1兆2700億円」であるから，その減少額は1兆円には満たない。　2．誤り。「社会保障費の財源」についての言及はない。　3．誤り。第2段落によれば，ビールの課税より前に，清酒は課税の対象になっていた。　4．誤り。最後の段落において，「いにしえの時より分け合って飲むものだったのだろう」との記述がある。　5．正しい。第1段落において，労働の対価としてパンとビールが配給された旨が述べられている。

10 2

解説 山住正己『日本教育小史』より。1. 誤り。第1段落において，民衆を重んずることについて，「君主制と共和制とを問わず」と述べている。2. 正しい。第2段落1文目の内容と一致する。　3. 誤り。本文中に民主主義が危険思想と考えられていたという記述はない。　4. 誤り。「石川啄木が一人で実践していた創造的な教育」という内容と一致しない。　5. 誤り。最後の文章に，授業方法の改革につながった旨が述べられている。

11 1

解説 河合隼雄『子どもの「時間」体験』より。1. 正しい。第2段落で述べられている内容と一致する。　2. 誤り。子どもへの教育の在り方について触れた部分はない。　3. 誤り。「子どもの発達段階に応じて進める」ことについては，述べられていない。　4. 誤り。「人間らしさ」について述べた箇所はない。　5. 誤り。本文の最後の方に，幼児による「あした」の用い方が厳密でないことが示されている。

12 1

解説 玄田有史『仕事のなかの曖昧な不安』より。1. 正しい。第2段落と第3段落の内容と一致している。　2. 若き経営者が雄弁で，自信に満ちているという内容と一致しない。　3.「日本の多くの若者の実態と大きくかけ離れている」という記述と一致しない。　4. 兆候は，1980年代以降において30代や40代の自営業が大きく減少している事実にあらわれているとしている。つまり，21世紀に入ってからとは述べられていない。　5. 日本や世界の経済をリードする例としてITや介護福祉が挙げられているわけではない。

文章理解 　英 文

||||||||||||||||||||||||| **P O I N T** |||||||||||||||||||||||||||

　英文解釈は，公務員試験における英語の中心となるものである。書かれて
ある英文の内容を正しく理解するためには，主語，述語，目的語，補語とい
う英文の要素をしっかりおさえるとよい。

　「主語＋述語動詞」に注目しよう。どれほど修飾語句で飾られた文でも，ま
たどれほど難語，難句でかためられた文でも，裸にすれば，主語と述語動詞
の2つが残る。だから英文を読む時には，まずその主語をつきとめ，次にその
主語に対する述語動詞をさがし出すことである。そして自分の持つ関連知識
と常識力を総動員して全体を理解するよう努めることである。つねに「主語
＋述語動詞」を考えながら読もう。

《 演 習 問 題 》

1 次の英文の内容として，正しいものはどれか。

　So, a few years ago I heard an interesting rumor. Apparently, the head
of a large pet food company would go into the annual shareholder's
meeting with can of dog food. And he would eat the can of dog food. And
this was his way of convincing them that if it was good enough for him, it
was good enough for their pets. This strategy is now known as
"dogfooding," and it's a common strategy in the business world. It doesn't
mean everyone goes in and eats dog food, but businesspeople will use their
own products to demonstrate that they feel – that they're confident in
them. Now, this is a widespread practice, but I think what's really
interesting is when you find exceptions to this rule, when you find cases of
businesses or people in businesses who don't use their own products.
Turns out there's one industry where this happens in a common way, in a
pretty regular way, and that is the screen - based tech industry.

　So, in 2010, Steve Jobs, when he was releasing the iPad, described the iPad as a device that was "extraordinary." "The best browsing experience you've ever had ; way better than a laptop, way better than a smartphone. It's an incredible experience." A couple of months later, he was approached by a journalist from the New York Times, and they had a long phone call. At the end of the call, the journalist threw in a question that seemed like a sort of softball. He said to him, "Your kids must love the iPad." There's an obvious answer to this, but what Jobs said really staggered the journalist. He was very surprised, because he said, "They haven't used it. We limit how much technology our kids use at home."

This is a very common thing in the tech world. In fact, there's a school quite near Silicon Valley called the Waldorf School of the Peninsula, and they don't introduce screens until the eighth grade. What's really interesting about the school is that 75 percent of the kids who go there have parents who are high - level Silicon Valley tech execs. So when I heard about this, I thought it was interesting and surprising, and it pushed me to consider what screens were doing to me and to my family and the people I loved, and to people at large.

1 数年前までは，株主総会においてドッグフーディングをすることが流行していた。
2 テクノロジー業界では，自社の商品を使ってみせて，商品に自信があることを身をもって示すことが当たり前になっている。
3 スティーブ・ジョブズの子どもはiPadを気に入り，webブラウジングをする際には必ずiPadを利用していた。
4 シリコン・バレーの近くにある学校では，子どもたちが中学2年生になるまで，コンピューターを使った授業を行わないようにしている。
5 電子機器の画面は，私や家族，愛する人たち，ひいては世の人々に悪影響を与え始めている。

2 次の英文の内容として，正しいものはどれか。

Since I wrote recently about a girl who uses a wheelchair not being taken on a school trip, I have received many letters from readers. One reader, a schoolteacher, wrote to the effect that the hardships teachers experience from taking such a student along should be appreciated by the public.

At the school where that reader works, a disabled student who needed assistance participated in a school tour. "I was able to take the students there and back without incident," the reader said. "After sending them home, I took a train to return home myself. That was when tears welled up in my eyes," he went on. "Three days of being watchful had worn me out. It was also the sense of relief I had from turning over the disabled student to his parents in our return." The teacher later had all the participants write compositions about the tour. "The student who helped me with the disabled classmate," the reader reported, "said in his composition, 'I am glad he was delighted. But I wish I could have whooped it up like all the others, without worrying about him.'"

1　筆者は，車いすの生徒を修学旅行に参加させる際の教師の苦労に注目した。

2　筆者が教師を務める学校では，介護の必要な生徒を修学旅行に参加させた。

3　修学旅行で介護に協力した生徒は，他の生徒と比較すると，十分にはしゃぎきれなかった。

4　教師は修学旅行の失敗を思い出し，帰宅途中の電車で思わず涙した。

5　筆者は記事の中で，全員参加でかつ皆が楽しめるような修学旅行のプランについて考察している。

3　次の英文中に示された日本人が描く地図に関する記述として，正しいものはどれか。

In this column on Nov. 11, I wrote about an experiment in which people from various countries were asked to draw a world map without a model to refer to. Everyone placed his or her own country in the center of the world. They drew countries they knew very well large than life. They erased from Earth those countries they did not know much about.

The same test was given to 30 Japanese men and women. The features of the maps they drew were: (1) New York was moved to the west. Many moved New York from the East Coast to near Los Angeles on the West Coast. The West Coast is probably much more familiar to Japanese. (2) Italy was drawn relatively accurately. The position was questionable, but the shape was so-so. This is doubtless because they had been taught that Italy is shaped like a boot.

(3) The Philippines and Britain were turned into parts of continents. The two countries are both island countries, but they were stuck to the Asian and European continents. (4) Southeast Asia was erased. Generally, India was placed next to Hong Kong. Vietnam and Thailand did not exist. (5) There was confusion concerning the Middle East. It was so mixed up that it was impossible to tell which country was where.

1 フィリピンとイギリスに関しては，位置はあいまいなものの，その形はまずまずの状態で描かれていた。

2 アメリカを描いた地図の特徴として，ニューヨークとロサンゼルスの位置が逆に描かれることが挙げられている。

3 日本人に手本なしで世界地図を書かせた場合，個々人がそれぞれ全く違う特徴の地図を描く傾向がみられた。

4 イタリアに関しては，国境線が長靴のような特徴的な形であると例えられることから，その形と位置がほぼ正確に描かれていることが多い。

5 中近東各国の位置や形などの知識は混沌としており，どこがどの国か分からない状態である。

4 次の英文の内容として，正しいものはどれか。

Paying close attention to something : Not that easy, is it? It's because our attention is pulled in so many different directions at a time, and it's in fact pretty impressive if you can stay focused.

Many people think that attention is all about what we are focusing on, but it's also about what information our brain is trying to filter out.

There are two ways you direct your attention. First, there's overt attention. In overt attention, you move your eyes towards something in order to pay attention to it. Then there's covert attention. In covert attention, you pay attention to something, but without moving your eyes. Think of driving for a second. Your overt attention, your direction of the eyes, are in front, but that's your covert attention which is constantly scanning the surrounding area, where you don't actually look at them.

I'm a computational neuroscientist, and I work on cognitive brain -

machine interfaces, or bringing together the brain and the computer. I love brain patterns. Brain patterns are important for us because based on them we can build models for the computers, and based on these models computers can recognize how well our brain functions. And if it doesn't function well, then these computers themselves can be used as assistive devices for therapies. But that also means something, because choosing the wrong patterns will give us the wrong models and therefore the wrong therapies. Right? In case of attention, the fact that we can shift our attention not only by our eyes but also by thinking – that makes covert attention an interesting model for computers.

1　潜在的注意は，何かに注意を払うときに，視線もその対象に向けること
　を意味する。

2　何かに注意を向ける際に，視線は動かさず，周りの空間を把握すること
　は，顕在的注意を払っているときによくみられる事象である。

3　顕在的注意は，コンピューター用のモデルを構築する際に興味深い題材
　を提供する。

4　何かに注意を向けることは，一方で，脳がどの情報を遮断するかという
　ことと深く関連する。

5　何かに細心の注意を払うということは，何かにずっと集中していること
　よりも難しい。

5　次の英文の内容として，正しいものはどれか。

Some scientists thought that the animals died out because they ate the flowers of new plants which had a deadly poison. Other scientists said that dinosaurs died out because of small mammals and insects. The mammals ate their eggs, and the insects destroyed the green leaves which were the food for many dinosaurs.

The most surprising theory started with some clay from Italy. A scientist who was studying dinosaurs found a layer of clay which fell and piled up on the earth at the time of the dinosaurs' death. This clay contained a lot of minerals that are usually found only in meteors. The scientists said that a very large meteor hit the earth 65 million years ago. The dust from that explosion blocked the sun's light for two or three years. Many green plants died, and the animals which lived on them died, too. But a scientist studying ancient plants said many green plants did not die when the dinosaurs did. If he is right, the meteor theory is not true.

 1 隕石説が恐竜の絶滅についての説で最も有力である。

 2 恐竜の脳が他の動物と比べて著しく小さいとの説が恐竜絶滅の原因となった。

 3 古代植物学者は致死的な毒を有する植物を食べたため恐竜が死滅したと考えている。

 4 隕石が地球に衝突し粉塵で太陽光が遮られたのが恐竜絶滅の直接の原因である。

 5 古代植物学者の説は隕石説の反証になっている。

6 次の英文の内容として，正しいものはどれか。

With the coronavirus pandemic closing cinemas, restaurants, theatres and live sports and music venues this summer, Canadians have had nowhere to go and nothing to do on their summer vacations. As a result, we have embraced the "do it yourself" spirit this year like never before. Stuck at home, so many are tackling home improvement projects that it has led to a minor lumber shortage in parts of the country.

My son and I started out by building a very simple wooden bench for the back garden. Then we decided it would be useful to have something on the back deck next to the barbecue to hold plates of food and a drink for the cook. Men are easily seduced by the combination of power tools, the scent of fresh-cut lumber and the taste of an ice-cold beer after working on a hot, sunny afternoon. One project led to another and now my back deck has been transformed into a very small pub, complete with a table, two benches and a small bar, just big enough to hold a cooler and provide drinkers with something solid to lean on. The table and benches, shaded by a large umbrella, are the perfect spot to enjoy morning coffee and sunset cocktails.

More importantly, the wide benches provide a place to sit and play guitar and ukulele outdoors without constantly banging one's elbows on the armrests of a folding lawn chair. I commissioned my teen daughter to paint the benches and one is now decorated with blue - green bubbles while the other is covered in bright yellow sunflowers.

1 木材の供給不足が起きた原因は，需要の増加と自然環境の激変による森林の減少などであった。

2 女性達は，木材を使った工作の際に広がる木の優しい香りに魅了されるようになった。

3 筆者がベンチの色塗りを10代の娘に任せた結果，青緑色の水玉と明るい黄色のひまわりが描かれた。

4 筆者と彼の息子が協力しながら最初に作ったのは，食べ物を盛るための大きな木製の皿であった。

5 新型コロナウイルスのパンデミックによる影響は，各国に多大な影響を及ぼしたが，カナダの社会への影響は比較的軽微であった。

7 次の英文の内容として，正しいものはどれか。

At Matsue Castle, we had tea in the Mushanokoji Senke tradition. My male friends are learning this "way." I thought it was really well done for its international significance. Only the kettle for heating the water was made in Japan. All other utensils were made in other countries. I feel that the Japanese effort to use foreign artifacts in the tea ceremony will be valuable in spreading the "art of tea" around the world.

Wouldn't it be wonderful if everyone, everywhere, could spend a few peaceful minutes a day in sincere and honest, heart–to–heart conversation, or even silent communion, with others? It would improve the character of those who would take the time to enjoy the peaceful feeling that is a part of this ancient ritual.

1 心を豊かにするために，人との会話は不可欠なものである。

2 筆者が参加した茶会において，使われていた殆どのものは日本製であった。

3 筆者は，ゆかりのない流派の茶会に参加し，その丁重なもてなしぶりに対して深く感動した。

4 外国にも喫茶の習慣はあるが，茶道は，人との交流を促進し，伝統を守り続けているという点で卓越している。

5 わずかな時間でも，心を開き，人と交流しながらくつろぐことは素晴らしいことである。

《 解 答 ・ 解 説 》

1 4

解説 TED Talks：Adam Alter「なぜ画面を見て過ごしていると幸せから遠のくか」より。（全訳）数年前におもしろい噂を耳にしました。あるペット・フード会社の社長は，定時株主総会に出席するときにはドッグフードを持参し，それを食べていたというのです。自分が食べても良いくらいだから，ペットにも良いはずと株主を説得したかったのですね。今ではこの戦略は「ドッグフーディング」と呼ばれ，ビジネスの世界ではよく使われています。みんながドッグフードを食べるということではなく，ビジネスパーソンが自社の商品を使ってみせて，商品に自信があることを身をもって示すのです。さて，これは広く行われていることですが，とてもおもしろいのが，これに当てはまらない事例です。会社や社員たちが，自社の商品を使わない場合があるのです。実は，ある業界では，それが普通に行われていて当たり前になっています。電子機器の画面にかかわるテクノロジー業界です。

2010年にスティーブ・ジョブズがiPadを世に送り出したとき，iPadを「並外れた」デバイスだと表現し，こう語っています。「最高のWebブラウジングを提供します。ノートパソコンやスマートフォンよりも，格段に良く素晴らしい体験ができます。」その数か月後にジョブズは，ニューヨーク・タイムズ紙の記者から取材を受け，電話で長々と話していますが，その最後に記者が簡単な質問をします。「お子さんたちは，さぞiPadをお気に入りでしょう？」答えはもう分かり切っていましたが，記者はジョブズに唖然とさせられます。驚くのも当然でした。彼はこう言ったのです。「子どもたちは使っていないんだ。うちではテクノロジーを使う時間を制限しているからね」

これはテクノロジーの業界ではごく普通のことです。事実，シリコン・バレーのすぐそばにある学校，ウォルドルフ・スクール・オブ・ザ・ペニンシュラでは，中学2年までコンピューターを使いません。とても興味深いのは，その学校に通う子どもの75％が，シリコン・バレーにある優良ハイテク企業の幹部を親に持つことです。この話を聞いて，私は驚くと同時に興味を持ち，電子機器の画面が，私や家族，愛する人たち，ひいては世の人々にどんな影響を与えているのかを深く考え始めました。

1．誤り。選択肢の内容は本文中では述べられていない。第1段落においては，株主総会でのドッグフーディングをきっかけに，ビジネスの世界でドッ

グフーディングを用いたビジネスがよく使われたと述べられている。　2. 誤り。本文中では，テクノロジー業界はドッグフーディングにあたらないということが述べられている。　3. 誤り。スティーブ・ジョブズの子どもたちは，テクノロジーを使う時間を制限されていた。また，iPadでブラウジングをしているという記述は本文中にはない。　4. 正しい。第3段落2文目から，選択肢で述べている内容が読み取れる。　5. 誤り。電子機器の画面が人々に与える影響については，本文中には述べられていない。

2　3

解説　朝日新聞『天声人語 '99春』車いすで行く修学旅行より。（全訳）修学旅行と車いすについて書いたら，たくさんの手紙を読者からいただいた。教師の苦労も理解してほしい，という趣旨のものもあった。

この方の学校では，介護の必要な生徒も修学旅行に参加した。「無事終了し，生徒を解散させた後，帰宅の電車で思わず涙しました。三日間の気苦労と疲れ，介護の必要な生徒を親に引き継いだ安心からです。後日，介護に協力してくれた生徒の作文の中に『〇〇君が喜んでくれてよかった。でも，僕もほかの子のように気楽にはしゃぎたかった』とありました。」

1. 筆者は修学旅行と車いすについて書いたところ，読者から教師の苦労も理解してほしいというような趣旨の手紙を受け取った。　2. 筆者は教師ではない。筆者が受け取った手紙の中に，介護の必要な生徒も修学旅行に参加させた学校の教師からのものがあった。　3. 正しい。「"said in his composition, 'I am glad he was delighted. But I wish I could have whooped it up like all the others, without worrying about him.'"」この部分から，生徒は選択肢に示された内容の作文を書いたことがうかがえる。　4. 筆者が受け取った手紙には，修学旅行は無事に終了し，その気苦労と疲れ，安心感から涙したと記されている。　5. 本文中に選択肢のような内容は示されていない。

3　5

解説　朝日新聞『天声人語 '97冬』38いびつな地図より。（全訳）いろいろな国の人に，手本なしに世界地図を描いてもらう小実験を先日紹介した。だれもが自国を世界の中心に据える。なじみ深い国は大きく描く。よく知らない国は地球から消してしまう。そんな傾向があるという話だった。

　30人の日本人男女に同じテストをしたそうだ。描き終わった地図の特徴は
(1) ニューヨークの西進。米国東海岸から西海岸のロサンゼルスあたりに引っ
越しさせた人が多かった。日本人には西海岸が親しみ深いのだろう。(2) イタ
リアは相対的に正確だった。位置はあいまいだが，形はまずまず。長靴みた
いと教えられてきたために違いない。

　(3) フィリピンとイギリスの大陸化。両国とも島国だが，アジア大陸，ヨー
ロッパ大陸にくっついてしまう。(4) 東南アジアの消滅。香港の隣がインドと
いうのが一般的。ベトナム，タイなどは存在しない。(5) 中近東は混沌とし
ている。ごちゃごちゃと，どこがどの国かわからない。ざっとこんな調子だ。

　1．フィリピンとイギリスは，両国とも島国であるのに関わらず，大陸化し
それぞれアジア大陸，ヨーロッパ大陸にくっついてしまっているとの記述があ
る。　2．(1) の部分から，ニューヨークが西進して描かれていることが分か
るが，ロサンゼルスの位置に関しては本文中に示されていない。　3．30人の
日本人が描いた地図の特徴が第2段落2文目以降に述べられている。　4．イ
タリアに関しては，相対的には正確なものの，その位置はあいまいであるこ
とが (2) から読み取れる。　5．正しい。(5) There was confusion
concerning the Middle East.の部分から読みとれる。

4　4

解説　TED Talks：Mehdi Ordikhani-Seyedlar「注意を向けた時，脳では
何が起きているのか」より。(全訳) 何かに細心の注意を払う，そう簡単では
ないです。私たちの注意というのは，同時に様々な方向に引き付けられてい
るからです。むしろ，ずっと集中していられる方がよほどすごいことなので
す。

　多くの人は，注意を向けることは何かに焦点を当てることだと思っていま
すが，脳がどの情報を遮断するか，ということでもあります。

　注意には2つの種類があります。一つは，顕在的注意です。顕在的注意で
は何かに注意を払う時に，視線もその対象に向けます。そして，もう一つが
潜在的注意です。潜在的注意では，何かに注意を向けるのに視線は動かしま
せん。例えば車の運転を考えてみましょう。あなたの顕在的注意，つまり，
あなたの目は前を向いています。しかし，潜在的注意でもって周りの空間を
常にチェックしています。つまり，実際には目を向けていないのです。

　私は計算神経科学者として認知分野におけるブレイン・マシン・インターフェース，つまり，脳とコンピューターを結びつけることに取り組んでいます。私は脳のパターンが大好きです。それは私たちにとって重要なものです。なぜなら，その脳のパターンを元に，コンピューター用のモデルを構築し，そのモデルを使ってどのように脳が機能しているのか，コンピューターで把握できるからです。もし脳が充分に機能していなければ，そのコンピューターは治療のための補助的な機器として活用できます。ただ，それには別の側面もあります。間違ったパターンを選ぶと間違ったモデルができてしまい，間違った治療をしかねません。ですよね？　注意の場合，視線の動きだけではなく思考によっても注意の対象を変えることができます。そうした事実があるから，潜在的注意は，コンピューターのモデルとするのに興味深い題材なのです。

　1．誤り。選択肢の内容は，潜在的注意に関するものではなく，顕在的注意に関する記述である。　2．誤り。選択肢の内容は，顕在的注意に関するものではなく，潜在的注意に関する記述である。　3．誤り。最後の文章で，潜在的注意は，コンピューターのモデルとするのに興味深い題材であると述べられている。　4．正しい。第2段落の内容と一致する。　5．誤り。第1段落で，何かに細心の注意を払うということよりも，何かにずっと集中していることの方が難しいと述べられている。

5　5

解説　（全訳）科学者の中には，恐竜は致死的な毒を持つ新しい植物の花を食べたがために死滅した，と考えたものもいた。恐竜は小型の哺乳類や昆虫のせいで死滅した，と言うものもいた。哺乳類は恐竜の卵を食べ，昆虫は多くの恐竜が餌にしていた緑葉を枯らしてしまった，というのだ。最も驚くべき理論はイタリアの或る粘土を根拠に打ち立てられた。恐竜の研究をしていた或る科学者が恐竜が絶滅したのと同時代に地球に降り堆積した粘土の地層を発見したのだった。この粘土には，通常は隕石にしか含まれていない鉱物質が含まれていたのだ。科学者たちは，6千5百万年前に非常に大きな隕石が地球に衝突した，と言った。その爆発の粉塵で2, 3年間太陽光線が遮られた。多くの緑色植物が枯れ，その植物を食べて生きていた動物も死んだのだった。しかし，古代の植物を研究している科学者は，恐竜が絶滅したときに植物で

絶滅したものは多くはない，と言った。その科学者の言うことが正しいとすれば，例の隕石の学説は真実ではない，ということになる。

　内容真偽問題で注意を要するのは，問われているのはあくまで本文の内容についてだということである。　1．誤り。本文では「驚くべき理論」となっている。　2．誤り。本文には登場しない。　3．誤り。本文では「科学者」としか記述がない。　4．誤り。直接の原因ではない。　5．正しい。最終文で述べられていることと一致する。

6 3

解説　『The Japan Times alpha：September 18, 2020』より。（全訳）新型コロナウイルスのパンデミックにより，映画館やレストラン，劇場，生のスポーツや音楽イベントの会場が閉鎖され，カナダの人々は夏の休暇に行くところも，やることもなくなった。その結果，私たちは今年，いまだかつてないほど「日曜大工（DIY）」精神を取り入れている。家に閉じ込められて，自宅を改善するプロジェクトに取り組む人々がとても多くなり，各地でちょっとした材木不足が起きたほどだった。

　息子と私は，裏庭用にごく簡単な木のベンチを作ることから始めた。それから，家の裏のデッキのバーベキュー炉の隣に，調理する人用に食べ物の載った皿や飲み物を置くものがあると便利だと，私たちは判断した。男性は，電動工具と切りたての材木の香り，そして暑い晴れた午後の仕事の後に飲む冷えたビールの味という組み合わせに簡単に誘惑される。1つのプロジェクトがまた別のプロジェクトにつながり，今では家の裏のデッキは，1台のテーブル，2台のベンチ，クーラーボックスが1つ置けて，お酒を飲む人が寄りかかるのに十分な大きさの小型のバーを備えたとても小さなパブに変身した。大きな傘で日陰になったテーブルとベンチは，朝のコーヒーと夕方のカクテルを楽しむのに完璧な場所だ。

　さらに重要なことに，幅の広いベンチは，折りたたみ式のローンチェアのアームレストにひじを絶えずぶつけることなく，座ってギターやウクレレを屋外で弾く場所を提供してくれる。私は10代の娘にベンチの色塗りを任せた。1台は青緑色の水玉に，もう1台は明るい黄色のひまわりで覆われている。

　1．誤り。「自然環境の激変による森林の減少」については触れられていない。　2．誤り。第2段落の3文目に，男性が，電動工具，木材の香り，仕事

の後のビールに誘惑されるという趣旨の文があるが，女性については触れられていない。　3．正しい。最後の文の内容と一致している。　4．誤り。第2段落の1文目によれば，筆者と彼の息子が最初に作ったのは，ベンチであった。　5．誤り。パンデミックによる影響について各国とカナダを比較した文章はなく，また，冒頭の1文に「カナダの人々は夏の休暇に行くところも，やることもなくなった」という趣旨のことが書かれているので，「比較的軽微であった」とする記述は誤りである。

7 5

解説 『英語対訳で読む日本の文化』(https://japanese-culture.info/essays/culture_art_religion/tea_ceremony/) より。

(全訳) 松江城の茶会では武者小路千家流のお手前を拝見した。私の男性の友人達がこの流派に属している。そこで，国際性ということについてよく考慮されていると思った。この日使用された茶道具の中で日本製のものは湯を沸かす釜のみで，後はすべて外国製の茶道具が使われた。茶道を世界に広めようという観点からすればとても良いことである。

　誰もが，どこにいても，一日のわずか数分間でも，人と誠実に心を開き，会話を交わしてくつろぐことができたらどんなに素晴らしいことだろう。たとえ会話がなくても，茶道が与えてくれる穏やかな時の流れは，きっと私たちの心を今よりずっと豊かなものにしてくれるに違いない。

　1．誤り。第2段落1文目の後半において，「たとえ会話がなくても，心を豊かにしてくれる」という趣旨の文がある。　2．誤り。第1段落5文目において，多くの道具が外国製であった旨が述べられている。　3．誤り。第1段落2文目によれば，筆者の友人達がこの流派に属していた。　4．誤り。茶道と外国の喫茶について比較した内容は含まれていない。　5．正しい。第2段落1文目前半の内容と一致している。

第5部

数的処理

- 判断推理
- 数的推理
- 資料解釈

数的処理　　　判断推理

　数的処理では，小学校の算数，中学高校の数学で習得した知識・能力をもとに，問題を解いていく力が試される。また，公務員採用試験の中では最も出題数が多く，合格を勝ち取るためには避けては通れない。

　判断推理では，様々なパターンの問題が出題され，大学入試など他の試験ではほとんど見かけない問題も出てくる。すべての問題を解けるようにするのは困難なので，本書を参考にできるだけ多くの問題を解き，本番までに得意な分野を増やしていこう。

　算数や数学の学習経験が生かせる分野としては，まずは「論理と集合」が挙げられ，命題の記号化，対偶のとり方，ド・モルガンの法則，三段論法，ベン図，キャロル表を使った情報の整理法などを確実に押さえよう。また，「図形」に関する問題も多く，平面図形では正三角形，二等辺三角形，直角三角形，平行四辺形，ひし形，台形，円，扇形などの性質や面積の公式，これらを回転させたときにできる立体図形などを確実に覚えよう。立体図形では，円錐，角錐，円柱，角柱，球，正多面体などの性質や体積・表面積の公式を必ず覚えよう。

　一方，あまり見慣れない問題があれば，本書の問題を参考にして必要な知識や考え方を身に付けてほしい。例えば，「リーグ戦やトーナメント戦」といった馴染みのある題材が扱われる問題でも，試合数を計算する公式を知っておかなければ解けない場合がある。また，「カレンダー」を題材にした問題では，各月の日数やうるう年になる年などを知っておく必要がある。「順序」に関する問題では，表・樹形図・線分図・ブロック図などを使って効率よく情報を整理していく必要がある。その他にも，「暗号」，「うその発言」，「油分け算」などでは，実際に問題を解いてみなければわからない独自のルールが存在する。「図形」を題材にしたものの中には，計算を必要とせず予備知識がなくとも正解が出せる場合があるので，落ち着いて問題文を読むようにしよう。

　問題の解き方のコツとしては，設問の条件を図表にして可視化していき，行き詰まったら推論や場合分けなどをしてみることである。問題によっては図表が完成しなくとも正解が出せる場合や，いくつかの場合が考えられてもすべてで成り立つ事柄が存在するので，選択肢も定期的に見ておくとよいだ

ろう。公務員採用試験では，限られた時間内で多くの問題を解くことになるが，ほとんどの問題では解法パターンが決まっているので，設問を読んだだけで何をすればよいか見通しが立てられるぐらいまで習熟してほしい。

《 演 習 問 題 》

[1] A，B，Cの3人は学校の授業で書道か工芸のいずれかを選択していて，これについて次のように話した。
　　A：「私とBは同じ科目を選択している。」
　　B：「私は書道を選択している。」
　　C：「AもBも私と違う科目を選択している。」
ところが，3人のうち1人だけがうそをついていることが分かった。このとき，3人が選択している科目についてあり得るものはどれか。

	A	B	C
1	書道	工芸	書道
2	書道	工芸	工芸
3	工芸	書道	工芸
4	工芸	書道	書道
5	工芸	工芸	書道

[2] A～Fの6人が，次のような組み合わせでボクシングの試合を行った。試合は全部で6試合行い，最初にBとC，DとEが対戦し，B－C戦の勝者はAと，敗者はFと対戦した。また，D－E戦の勝者はFと，敗者はAと対戦した。試合の結果について，次のア～エのことがわかっているとき，確実にいえるのはどれか。ただし，勝ち数が多いほど上の順位とする。
　ア　AはEに勝った。
　イ　BはAに負けた。
　ウ　CはFに勝った。
　エ　DはFに負けた。
　　1　Aは2位であった。　　2　Bは3位であった。
　　3　Cは4位であった。　　4　Dは5位であった。
　　5　Eは6位であった。

3 ある公園には，北，北東，東，南東，南，南西，西，北西に席が置かれ，中心を含めて9つの席がある。これらに，O～Tの6人が座り，空席が3つあった。ア～キの内容がわかっているとき，確実にいえるものはどれか。

ア　中心をはさんで，Pの向かい側にはQがいる。

イ　中心をはさんだRの向かい側には，誰もいない。

ウ　北東の席にはPがいる。

エ　中心の席にはOがいる。

オ　中心に向かってQの右隣には，Rがいる。

カ　西の席は空席であった。

キ　中心をはさんだSの向かい側には，Tがいる。

1　南の席にはS，北の席にはTが座っている。

2　南の席は空席である。

3　Rの席は不明である。

4　南西に座っている者は不明である。

5　東の席は空席である。

4 下の図は，ある大学の講義室の座席の一部を表している。各席にA～Fの6人が3人ずつ向かい合って座っていて，次のア～オのことが分かっているとき，確実にいえるものはどれか。

ア　AとBは隣り合わせに座っている。

イ　Aの前の席には同性のCが座っている。

ウ　DはEの隣で端の席に座っている。

エ　6人のうち男性はFを含めて3人である。

オ　男性同士は隣り合わせになっていない。

黒板		
座席	座席	座席
座席	座席	座席

1　Aの隣はEで，Eは女性である。

2　Bの隣はFで，Aは女性である。

3　Cの隣はFで，Bは女性である。

4　Dの隣はBで，Cは女性である。

5　Eの隣はCで，Dは女性である。

⑤　1辺が5cmの立方体がある。この立方体の1つの辺の中点から出発し，各面を1度ずつ通過しながら再びもとの点に戻る場合，最短コースの長さとして正しいものは次のどれか。

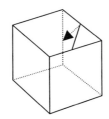

1　21cm　　2　$15\sqrt{2}$ cm　　3　21.4cm　　4　21.5cm　　5　$12\sqrt{3}$ cm

⑥　トランプの4種類のマークのカードがそれぞれ5枚（うち1枚はエース），計20枚ある。これをP，Q，R，Sの4人に5枚ずつ配ったところ，それぞれ次のように話した。

　P「同じ種類が4枚ある。エースが2枚ある」

　Q「ダイヤが3枚，スペードが1枚，他のマークが1枚ある」

　R「ダイヤが1枚，クラブが3枚ある」

　S「すべての種類のカードがある。エースが1枚ある」

このとき，次のア～ウのうち，常に正しいといえるものをすべて選んでいるのはどれか。

　ア　ハートを持っている者は，スペードを持っている。

　イ　スペードを持っている者は，ダイヤを持っている。

　ウ　クラブを持っている者は，ダイヤを持っている。

　　1　アのみ　　2　イのみ　　3　アとイ　　4　イとウ　　5　アとウ

7　あるグループにおいて，楽器を演奏する能力について，次のことがわかっている。

　　ア　ピアノを演奏できる人は，ギターを演奏できる。
　　イ　ギターを演奏できる人は，ベースを演奏できる
　　ウ　ピアノを演奏できる人の一部は，ドラムを演奏できる。
　　以上のことから，確実にいえることとして，最も妥当なものはどれか。

　　　1　ドラムを演奏できない人は，ベースを演奏できない。
　　　2　ベース，ギター，ピアノ，ドラムのすべてを演奏できない人はいない。
　　　3　ギター，ベース，ドラムを演奏できる人がいる。
　　　4　ピアノを演奏できない人は，ギターを演奏できない。
　　　5　ギターとピアノだけを演奏できる人がいる。

8　ある地域にはA～Fの6つの市民プールがあり，それらの位置関係はア～オのとおりである。これらから確実にいえるのはどれか。

　　ア　Eは，Aの真東にある。
　　イ　A，B，D及びB，C，Eはいずれも一直線上にある。
　　ウ　Dは，Cの真東かつEの真北にある。
　　エ　Aは，Bの南西かつCの真南にある。
　　オ　Fは，Bの真北かつDの北西にある。

　　　1　Aは，Dの北東にある。
　　　2　Cは，Bの南西にある。
　　　3　Dは，Bの真東にある。
　　　4　Eは，Bの真東にある。
　　　5　Fは，Cの北東にある。

9　下の図をABを軸にして1回転させてできる図形を，ABを垂直にして真横からみたシルエットとして妥当なのは次のうちどれか。

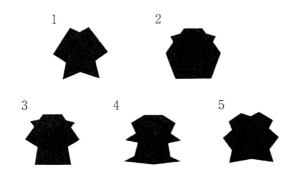

1　　　　　　2

3　　　　4　　　　5

10　A～Eの5人がある集会に出席することになっていたが，1人だけ欠席した。各人は次のように言っている。

　A「私は出席した」
　B「欠席したのはCかEである」
　C「AもDも出席した」
　D「BもDもEも出席した」
　E「欠席したのはAかBかCである」

　5人のうち2人だけが本当のことを言い，残りの3人はうそをついていることがわかった。このとき，本当のことを言っている者の組み合わせとして正しいのはどれか。

　1　AとB　　2　AとC　　3　BとC　　4　BとE　　5　DとE

11　ある集団に対し趣味について調査したところ，ア～エのことがわかった。このとき，確実にいえるものはどれか。

　ア　ゴルフを趣味とする人は，買い物を趣味としている。
　イ　買い物を趣味とする人は，写真撮影を趣味としていない。
　ウ　カードゲームを趣味とする人は，音楽鑑賞を趣味としている。
　エ　写真撮影を趣味としていない人は，音楽鑑賞を趣味としている。

　1　ゴルフを趣味とする人は，カードゲームを趣味としている。
　2　買い物を趣味とする人は，音楽鑑賞を趣味としていない。
　3　音楽鑑賞を趣味としていない人は，買い物を趣味としている。
　4　写真撮影を趣味とする人は，ゴルフを趣味としていない。
　5　カードゲームを趣味とする人は，写真撮影を趣味としている。

12 ある体育館のジムの会員100人について，この1週間のジムおよびシャワーの利用状況を調べたところ，次のA〜Dのことがわかった。

　A　ジムを利用した男性会員の人数は32人であり，シャワーを利用した男性会員の人数は17人であった。

　B　ジムだけを利用した女性会員の人数と，シャワーだけを利用した女性会員の人数との計は23人であった。

　C　ジムを利用し，かつ，シャワーも利用した男性会員の人数は，シャワーだけを利用した男性会員の人数より3人少なかった。

　D　ジムを利用せず，かつ，シャワーも利用しなかった会員の人数は30人であった。

　以上から判断して，この一週間，ジムを利用し，かつ，シャワーも利用した女性会員の人数として，正しいものはどれか。

　1　5人　　　2　6人　　　3　7人　　　4　8人　　　5　9人

13 A〜Dの4人のグループとE〜Hの4人のグループがある。それぞれのグループから1人ずつ選び，2人1組で卓球の試合を行った。今，試合の結果および組み合わせについて，次のア〜カのことがわかっているとき，確実にいえるものはどれか。

　ア　AとEは，同じ組であった。

　イ　BとFは，同じ組ではなく，どちらも優勝していない。

　ウ　Cは，3位の組であった。

　エ　Dは，Gより下位の組であった。

　オ　Hは，4位の組であった。

　カ　同順位の組はなかった。

　　1　Aは，2位の組であった。

　　2　Bは，4位の組であった。

　　3　Gは，3位の組であった。

　　4　CとGは，同じ組であった。

　　5　DとHは，同じ組であった。

14 A～Dの4人が，キャベツ，ニンジン，ダイコン，トマトの4種類の野菜の中から2種類ずつ選んだところ，次のようであった。このとき，Dが選んだ2種類の野菜の組み合わせとして，正しいものはどれか。

・選んだ野菜の組み合わせは4人とも異なっていた。
・キャベツを選んだのは3人，トマトを選んだのは1人であった。
・AとBはダイコンを選んだ。
・BとCの選んだ野菜に同じ種類のものはなかった。

1　キャベツとニンジン
2　キャベツとトマト
3　ニンジンとダイコン
4　ニンジンとトマト
5　ダイコンとトマト

15 A～Dの4人は，それぞれ日本国内を2カ所ずつ旅行した。この4人の間でア～カの事が行われたとわかっているとき，Bの旅行先はどこか。ただし，A～Dが訪れた旅行先は，青森，岩手，長野，静岡，岐阜，大阪，福岡，鹿児島の8カ所で，旅行先の重複はなかったものとする。

ア　Aは，福岡を旅行した者からお土産をもらった。
イ　福岡を旅行した者が，岐阜を旅行した者からお土産をもらった。
ウ　Aは，旅行に出発する際，長野を旅行した者，鹿児島を旅行した者，岐阜を旅行した者の3人に見送ってもらった。
エ　A，B，青森を旅行した者，岩手を旅行した者の4人は，互いに旅行先の写真を見せ合った。
オ　Cは旅行先から，岩手を旅行した者と福岡を旅行した者の2人に電話をかけた。
カ　岩手を旅行した者は，長野を旅行した者と福岡を旅行した者の2人から旅行先の絵はがきをもらった。

1　長野と静岡
2　長野と福岡
3　静岡と岐阜
4　岐阜と大阪
5　福岡と鹿児島

16 8階建てのマンションに設置されているエレベーターがある。このエレベーターが1階から上昇して8階に到着するまでの間に，A～Eの5人がそれぞれ乗り降りした。5人が次のように述べているとき，確実にいえるものとして，最も妥当なのはどれか。なお，同じ階である人が乗り，別の人が降りた場合，この2人は乗り合わせたことにはならないものとする。

A：「私は乗った階から三つ上の階で降りた。」

B：「私は4階で降りた。Aと同じ階で乗ったが，降りたのは異なる階だった。」

C：「私はAが降りた階で乗り，乗った階から二つ上の階で降りた。」

D：「私は乗った階から二つ上の階で降りた。私は誰とも乗り合わせなかった。」

E：「私は既に下の階から乗っていたAと乗り合わせ，Cと一緒に降りた。」

 1 Aは6階で降りた。

 2 Bは2階で乗った。

 3 Cは7階で降りた。

 4 Dは6階で乗った。

 5 Eは4階で乗った。

17 A～Fの6人の中学生が前から背の高い順に並んでいる。この6人の並び方について，以下のア～オのことがわかっているとき，6人の並び順を確定することができる条件として，最も妥当なものはどれか。なお，背の高さが同じ者はいない。

ア AとDの間には2人いて，AよりもDの方が背が高い。

イ EとFの間には2人いる。

ウ EはAよりも背が高い。

エ BはDよりも背が高い。

オ AとFは隣り合っていない。

 1 Aは最も背が低い。

 2 Bは前から2番目である。

 3 Cは後ろから2番目である。

 4 Dは前から3番目である。

 5 Fは前から2番目である。

18 ある飲食店のある日の客の出入りはア〜オのようであった。この日，この店に同時に滞在していた客数として考えられる最大の人数は何人か。

　ア　1人客，2人客，3人客，4人客，5人客の計5組が，それぞれ一度ずつだけ出入りした。

　イ　1人客が入ったときには他に2組がいて，出るときにも他に2組がいた。

　ウ　2人客が入ったときには他に1組だけいて，滞在中に3組が出ていった。

　エ　2人客が出ていったすぐ後に5人客が入ってきた。

　オ　4人客が出ていったすぐ後に3人客が入ってきた。

　　1　6人　　　2　7人　　　3　8人　　　4　9人　　　5　10人

19 ある地域の複数の野球チームの中から優勝チームを選ぶ大会の開催を企画している。全チーム総当たりのリーグ戦方式を採用する場合の試合数は，トーナメント戦（敗者復活戦はない）方式を採用する場合の試合数のちょうど100倍になることがわかっている。このとき，野球チームの数として，妥当なものはどれか。

　　1　100チーム　　　2　150チーム　　　3　200チーム

　　4　250チーム　　　5　300チーム

20 ある日，A〜Dの4つの野球チームがそれぞれ異なる野球場でA〜D以外のチームと行った計4試合の結果について，次のア〜エのことがわかっている。

　ア　引き分けの試合はなかった。

　イ　A，B，C，Dの得点および失点はいずれも0〜3点で，この4チームで同一の得点はなく，同一の失点もなかった。

　ウ　A，B，C，Dのうち，負けたのはDのみだった。

　エ　Aの得点とBの失点は同じだった。

　以上の条件から4試合のうちで得点数（各チームそれぞれの得点と失点の合計）が同じになる可能性のある試合は，次のうちではどれか。

　　1　Aの試合とBの試合

　　2　Aの試合とCの試合

　　3　Aの試合とDの試合

　　4　Bの試合とCの試合

　　5　Cの試合とDの試合

21 A〜Cの3人がスポーツ用品店で買ったボールの色と数について，次のア〜カのことがわかっているとき，確実にいえるものとして最も妥当なものはどれか。

　ア　3人が買ったボールの合計数は，青色が6個，緑色が3個，黒色が5個であった。
　イ　AとBがそれぞれ買ったボールの数は，同数であった。
　ウ　AとCがそれぞれ買った黒色のボールの数は，同数であった。
　エ　Bが買った緑色と黒色のボールの数は，同数であった。
　オ　Cが買ったボールの数は，3人中で最も少なかった。
　カ　3人のうち2人は青色，緑色，黒色の3種類のボールを買い，他の1人は2種類の色のボールだけを買った。

　　1　Aが買った青色のボールの数は，1個であった。
　　2　Aが買った緑色のボールの数は，1個であった。
　　3　Bが買った青色のボールの数は，1個であった。
　　4　Cが買った青色のボールの数は，1個であった。
　　5　Cが買った緑色のボールの数は，1個であった。

22　紫，白，赤，茶，橙の色のゼッケンをつけたP，Q，R，S，Tの5人の選手が1,500m走に参加した。条件1〜5で述べられたことがわかっているとき，確実にいえるものはどれか。

　条件1　白のゼッケンの選手がゴールした後，1人おいてPがゴールした。
　条件2　Qは，紫のゼッケンの選手より先にゴールした。
　条件3　Rは，Tよりも先にゴールした。
　条件4　Sがゴールした後，3人おいてから茶のゼッケンの選手がゴールした。
　条件5　橙のゼッケンの選手は，4番目にゴールした。

　　1　1位の選手は白のゼッケンを着けていた。
　　2　4位はPであった。
　　3　赤のゼッケンの選手の次に紫のゼッケンの選手がゴールした。
　　4　Rは，橙のゼッケンの選手より先にゴールした。
　　5　Tは，茶のゼッケンを着けていた。

23　図1は，正方形の紙の頂点を重ねて三角形をつくり，できた三角形を半分になるように折ることを2回繰り返したものである。また，図2は，図1の三角形に切り込みを入れ，広げたものである。図1に入れた切り込みを表した図として，最も妥当なものはどれか。

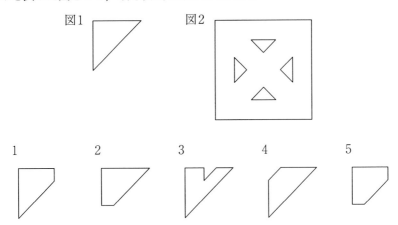

24　半径10cmの円盤を3つ並べ，周囲をたるみがないようにひもで結ぶとき，図1のように並べた場合と図2のように並べた場合のひもの長さについての記述として，最も妥当なものはどれか。ただし，円盤の厚みと結び目に用いるひもの長さについては無視できるものとする。

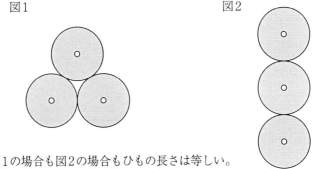

　1　図1の場合も図2の場合もひもの長さは等しい。

　2　図1の場合の方が図2の場合に比べて20cm長い。

　3　図2の場合の方が図1の場合に比べて20cm長い。

　4　図1の場合の方が図2の場合に比べて20πcm長い。

　5　図2の場合の方が図1の場合に比べて20πcm長い。

25 直線 ℓ 上において，ある図形を左から右へ転がしたところ，点Pが図のような軌跡を描いた。転がした図形として，妥当なものはどれか。

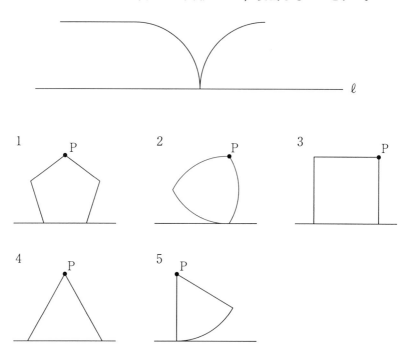

26 図のような円状の池A，Bがある。池の周辺がぬかるんでいることから，池Aと池Bの間を歩きやすいように，2つの池の端に接するように長めの丸太を置くことにした場合，置き方は何通りあるか。ただし，丸太の長さは，2つの池の半径の和よりも長いものとし，池の内側にかかってはいけないものとする。

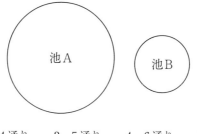

1　3通り　　2　4通り　　3　5通り　　4　6通り　　5　7通り

27 数字で表された暗号がある。「14－16－8」が「かたち」,「1－2」が「いろ」を表すとき,「おもさ」を表す暗号として,妥当なものはどれか。

  1 24－42－34   2 25－43－35   3 26－44－36
  4 27－45－37   5 28－46－38

28 小さな立方体を27個組み合わせることによって図のような立方体をつくった。頂点A,B,Cを結んでできた平面が切り口になるように切断したとすると,切断されない小さな立方体の数として,妥当なものはどれか。

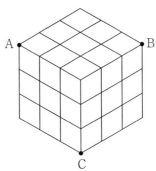

  1 9個
  2 12個
  3 15個
  4 18個
  5 21個

29 図1は,三角形6個からなる6面体であり,図2はその展開図に頂点の一部を書き込んだものである。頂点Dから辺ACの中点に向かって直線を引いたとき,その延長線上にある展開図上の点として,最も妥当なものはどれか。

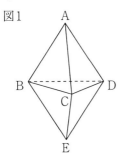
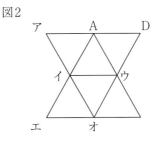

  1 点ア   2 点イ   3 点ウ   4 点エ   5 点オ

30 小さな立方体を重ねた後，それを前後左右の4つの方向から見ると，図のように見えた。このとき，重ねた立方体の最大の数として，最も妥当なものはどれか。

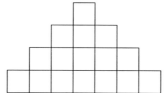

1　63個

2　74個

3　81個

4　84個

5　96個

31 図は，小さな立方体を27個集め，接着剤を使って大きな立方体を作った後，上面の中心にある小さな立方体を崩れないように注意しながらくり抜き，垂直に貫通するまで加工したものである。その後，表面をくり抜いた内側も含めて塗装したとき，塗料が2面に塗られた小さな立方体の個数と，3面に塗られた小さな立方体の個数の差として，最も妥当なものはどれか。

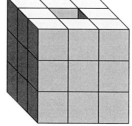

1　8個

2　9個

3　10個

4　11個

5　12個

32 図は，さいころを4つ並べたものである。それぞれのさいころが接している面の数の和が6であるとき，AとBの和としてあり得るものとして，最も妥当なものはどれか。

1　4

2　7

3　9

4　10

5　11

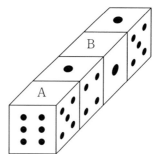

33 諺「急がば回れ」と同じ内容を表すものとして，正しいものはどれか。

1 急いでいないときは回り道をした方が良い。
2 急いでいないときは回り道をしない方が良い。
3 回り道をした方が良いのは急いでいるとき。
4 回り道をした方が良いのは急いでいないとき。
5 回り道をしない方が良いのは急いでいないとき。

34 ①，②，③，④，⑤と書かれたボールが2個ずつ，計10個のボールが箱の中に入っている。A，B，Cの3人が順にボールを2個ずつ取り出した。ただし，取り出したボールは箱に戻していない。以下のことが分かっているとき，確実にいえることとして正しいものはどれか。

・箱の中に残った4個のボールに書かれている数の合計は8であった。
・人がそれぞれ取り出した2個のボールに書かれた数の合計は，小さい順に A，B，Cであり，CはAの1.5倍であった。

1 3人のうち，少なくとも1人は同じ数の書かれたボールを持っている。
2 Aは①と書かれたボールを持っている。
3 Bは③と書かれたボールを持っている。
4 Bは④と書かれたボールを持っている。
5 Cは④と書かれたボールを持っている。

1 5

解説 まず，A～Cの発言がすべて正しいと仮定し，次の対応表を作成する。ただし，「選択している」と発言されたものを○とする。

Bの発言より，「Bの書道が○」となる。

Aの発言より，「Bの書道が○なので，Aの書道も○」となる。

Cの発言より，「AとBの書道が○なので，Cの工芸が○」となる。

ここまでをまとめると，次のようになる。

	書道	工芸
A	○	
B	○	
C		○

次に，それぞれの発言がうそであった場合を考える。

Aの発言がうそのとき，「AはBとは違う科目なので，工芸が○」となるが，これではCと同じ科目を選択することになるので，不適である。

Bの発言がうそのとき，「Bの工芸が○」となる。すると，「AはBと同じ科目なので工芸が○，CはA，Bと違う科目なので書道が○」となり，成り立つ。

Cの発言がうそのとき，「CはAとBと同じ科目なので，書道が○」となり，成り立つ。

よって，可能性があるのは，次の2つの組合せである。

①Aが工芸，Bが工芸，Cが書道

②Aが書道，Bが書道，Cが書道

選択肢より，可能性があるのは①の場合のみである。

以上より，正解は5。

2 5

解説 条件アより，D－E戦の敗者はEだとわかる。同様に，条件イより，B－C戦の勝者はBだとわかる。よって，全6試合の対戦相手と勝敗が次のようにわかる。（勝った場合は○，負けた場合は×と表す）

　　・B－C　〇－×
　　・D－E　〇－×
　　・A－B　〇－×
　　・D－F　×－〇
　　・C－F　〇－×
　　・A－E　〇－×

これらの結果を整理すると，

A：2勝0敗（1位）

B，C，D，F：1勝1敗（2位）

E：0勝2敗（6位）

よって，選択肢の中で確実にいえるのはEが最も勝ち数が少なく6位であることだけである。

以上より，正解は5。

3　5

解説 ウより，北東にはPがおり，アより，その向かい側の南西にはQがおり，オより，その右隣の南にはRがいる。また，イより，南にいるRの反対側の北は空席であり，カより，西も空席である。さらに，キより，SとTについては，Oをはさんで向かい側どうしなので，残りの東，北西，南東のうち，北西と南東のいずれかに座り，東の席は空席となる。まとめると，次の図のようになる。

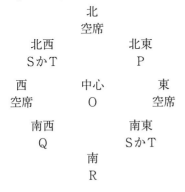

したがって，東の席が空席であることは確実にいえる。

以上より，正解は5。

4 5

解説 条件アより「AとBは隣り合わせに座って」おり，条件イより「Aの前には同性のCが座っている」ので，A，B，Cの位置関係は次のようになる。ただし，AとCの性別を◯とする。

条件ウより「DはEの隣で端の席に座っている」ので，上の図と合わせると次のようになる。

条件エより「Fは男性」であり，条件オより「男性同士は隣り合わせになっていない」ので，上の図の残った席にFが座り，いずれの場合でもBは女性となる。ここで，もし◯のついたAとCが女性の場合，隣り合うDとEが男性となり条件オと矛盾するので，AとCは男性となる。すると，条件エより「男性はFを含めて3人」なので，A，C，Fは男性，残ったB，D，Eは女性となる。

ここまでをまとめると，次のようになる。ただし，男性には◯をつける。

したがって，いずれの場合でも「Eの隣はCで，Dは女性」となる。
以上より，正解は5。

5 2

解説 出発点をPとし，立方体を次のような展開図で表すと，求める最短コースは，展開図上で太線で示した直線となる。

最短コースの長さは，等辺の長さが15cmの直角二等辺三角形の斜辺の長さより，$15\sqrt{2}$ cmとなる。

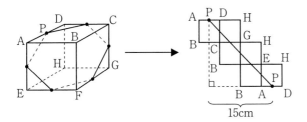

15cm

以上より，正解は2。

5

解説 P〜Sの発言から，次の対応表を作成する。ただし，持っている場合は○，持っている枚数が確定した場合はその数，持っていない場合は×を記入する。

Pの発言より，「Pはエースが2」となる。

Qの発言より，「Qはダイヤが3，スペードが1」となる。

Rの発言より，「Rはダイヤが1，クラブが3」となる。

Sの発言より，「Sはスペード，ハート，ダイヤ，クラブがそれぞれ○，エースが1」となる。

ここまでで，対応表は次のようになる。

	スペード	ハート	ダイヤ	クラブ	計	エース
P					5	
Q	1		3		5	2
R			1	3	5	
S	○	○	○	○	5	1
計	5	5	5	5	20	4

すると，Pは「同じ種類が4枚」であり，「Pが4となるのはハート」しかない。これにより，「Sのハートが1，QとRのハートが×」となる。すると，「Qの残り1はクラブ」しかない。すると，「Sのクラブは1，Pのクラブは×」となる。また，ダイヤのうち4枚は確定したので「Sのダイヤは1，Pのダイヤは×」となる。すると，「Sのスペードは2」となる。さらに，「Pの残り1はスペード」なので，「Rのスペードは1」となる。

ここまでで，対応表は次のようになる。

	スペード	ハート	ダイヤ	クラブ	計	エース
P	1	4	×	×	5	
Q	1	×	3	1	5	2
R	1	×	1	3	5	
S	2	1	1	1	5	1
計	5	5	5	5	20	4

ア～ウについて検討する。

ア．正しい。ハートを持っているPとSは，スペードも持っている。　イ．誤り。スペードを持っているPは，ダイヤを持っていない。　ウ．正しい。クラブを持っているQ，R，Sは，ダイヤも持っている。

したがって，常に正しいといえるのはアとウである。

以上より，正解は5。

7　3

解説　条件ア～ウをもとにベン図を作成すると，右のようになる。

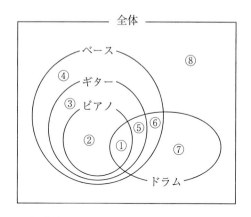

1．誤り。②③④の領域には「ドラムを演奏できないが，ベースを演奏できる人」が含まれるので，確実ではない。　2．誤り。⑧の領域には「いずれの楽器演奏できない人」が含まれるので，確実ではない。　3．正しい。③の領域には「ギター，ベース，ドラムを演奏できる人」が含まれている。　4．誤り。③⑤の領域には「ピアノを演奏できないが，ギターを演奏できる人」が含まれるので，確実ではない。　5．誤り。ギターを演奏できる人は，必ずベースも演奏できるので，「ギターとピアノだけを演奏できる人」はいない。

8 5

解説 条件ア～オをもとに，北を上にとり地図を描く。

条件エより，「Aを中心に，Aの北東にB，真北にCがあり」，

条件アより，「Aの真東にEがある」ことがわかる。それぞれのAからの距離はわからないが，条件イより，「B，C，Eは一直線上にある」ことから，次のように作図することができる。

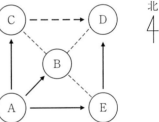

また，条件ウより，「Cの真東，Eの真北にD」をとり，さらに，条件イより，「A，B，Dが一直線上にある」ので，次のようにA，C，D，Eで正方形を作るように並ぶことがわかる。

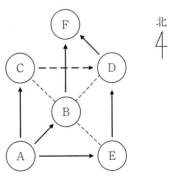

さらに，条件オより，「FはBの真北かつDの北西にある」ので，Fの位置が以下の図のようにわかり，FはCの北東にあることがわかる。

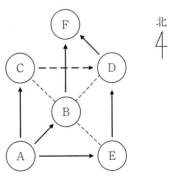

以上より，正解は5。

9 3

解説 まず、②のように設問の図をABが垂直になるように傾ける。次に、ABを軸に対象な図形を求め、③のように元の図と重ね合わせる。すると、①の図を1回転させて真横からみると、③の上下の凹んだ部分は側面に隠されてみえなくなる。

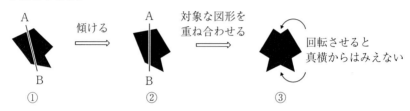

以上より、正解は3。

10 5

解説 A～Eが欠席した場合、それぞれの発言が本当かうそかを一つ一つ検討して次の表にまとめる。本当のことを言った(またはうそをついていない)場合は〇、うそをついていた場合は×とする。

Aが欠席した場合、「A、B、Cの発言はうそ」となり、「D、Eの発言は本当」なので、本当のことを言っているのは2人、うそをついているのは3人となる。

Bが欠席した場合、「B、Dの発言はうそ」となり、「A、C、Eの発言は本当」なので、本当のことを言っているのは3人、うそをついているのは2人となる。

Cが欠席した場合、「全員の発言は本当」なので、本当のことを言っているのは5人、うそをついているのは0人となる。

Dが欠席した場合、「B、C、D、Eの発言はうそ」となり、「Aの発言は本当」なので、本当のことを言っているのは1人、うそをついているのは4人となる。

Eが欠席した場合、「D、Eの発言はうそ」となり、「A、B、Cの発言は本当」なので、本当のことを言っているのは3人、うそをついているのは2人となる。

		本当またはうそ				
		A	B	C	D	E
発言者	A	×	〇	〇	〇	〇
	B	×	×	〇	×	〇
	C	×	〇	〇	×	〇
	D	〇	×	〇	×	×
	E	〇	〇	〇	×	×
本当		2	3	5	1	3
うそ		3	2	0	4	2

　したがって、本当のことを言っているのが2人、うそをついているのが3人

となるのは、Aが欠席した場合であり、このとき本当のことを言っているのはDとEである。

以上より正解は5。

11 4

解説 一般に、ある命題が真であれば、その対偶も真となる。問題文の命題とその対偶を記号化すると次のようになる。

	命題	対偶
ア	ゴルフ→買い物	買い物→ゴルフ
イ	買い物→写真撮影	写真撮影→買い物
ウ	カード→音楽鑑賞	音楽鑑賞→カード
エ	写真撮影→音楽鑑賞	音楽鑑賞→写真撮影

これらを三段論法によりつなげていくことで、選択肢が成り立つか検討する。

1. 誤り。ア、イ、エより、「ゴルフ→買い物→写真撮影→音楽鑑賞」となるが、その続きがないため、確実にいうことができない。　2. 誤り。イ、エより、「買い物→写真撮影→音楽鑑賞」となるため、確実にいうことができない。
3. 誤り。エの対偶、イの対偶より、「音楽鑑賞→写真撮影→買い物」となるため、確実にいうことができない。　4. 正しい。イの対偶、アの対偶より、「写真撮影→買い物→ゴルフ」となるので、確実にいうことができる。　5. 誤り。ウより、「カード→音楽鑑賞」となるが、その続きがないため、確実にいうことができない。

12 1

解説 次のようなキャロル表を作成し、それぞれの領域に記号a～hをつける。

キャロル表とは、「男性か女性か」、「○○を利用したかしていないか」、といった両立し得ない条件を四角で区切って整理した図のことである。全体を大きな長方形で表し、一つ目の条件を縦の線で、二つ目の条件を横の線で仕切り、三つ目の条件は大きな長方形の中に小さな長方形を描いて区切る。

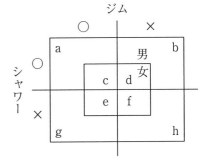

例えばaは「ジムを利用し，シャワーを利用した男性」を表し，fは「ジムを利用せず，シャワーを利用しなかった女性」を表す。

求める人数はcに対応する。

条件Aの前半より，$a + g = 32 \cdots$ ①

条件Aの後半より，$a + b = 17 \cdots$ ②

条件Bより，$d + e = 23 \cdots$ ③

条件Cより，$a = b - 3 \cdots$ ④

条件Dより，$f + h = 30 \cdots$ ⑤

さらに，会員は全部で100人より，

$a + b + c + d + e + f + g + h = 100 \cdots$ ⑥

②に④を代入して，$(b - 3) + b = 17$ より，$b = 10 \cdots$ ⑦

⑥に①③⑤⑦を代入すると，

$c + (32 + 23 + 30 + 10) = 100$

$$c = 5$$

以上より，正解は1。

13 5

解説 以下のような表を作成すると，条件ウ，オより，

	A〜Dグループ	E〜Hグループ
1位		
2位		
3位	C	
4位		H

条件エ「Dは，Gより下位の組であった。」よりDは2位か4位である。Dが2位の場合，Gが1位となり，条件ア「AとEは，同じ組であった。」を満たすことができない。よって，Dは4位である。

	A〜Dグループ	E〜Hグループ
1位		
2位		
3位	C	
4位	D	H

条件イ「BとFは，同じ組ではなく，どちらも優勝していない。」よりBは2位，残ったAが1位となる。

さらに，条件ア「AとEは，同じ組であった。」よりEは1位，

条件イ「BとFは，同じ組ではなく，どちらも優勝していない。」よりFはBと異なる組で3位，残ったGは2位となり，次の表が完成する。

	A〜Dグループ	E〜Hグループ
1位	A	E
2位	B	G
3位	C	F
4位	D	H

したがって，DとHは同じ組となる。

以上より，正解は5。

[14] 1

解説　便宜上，設問の4つの条件をそれぞれア〜エとし，これらをもとに次の表を作成する。ただし，選んだことが確実な場合は○，選ばなかったことが確実な場合は×とする。

条件イより，「キャベツの計は3，トマトの計は1」となる。

条件ウより，「AとBのダイコンは○」となる。

条件エより，BとCは同じ種類の野菜を選ばなかったので「Cのダイコンは×」となる。

ここまでで，次のようになる。

	キャベツ	ニンジン	ダイコン	トマト	計
A			○		2
B			○		2
C			×		2
D					2
計	3			1	8

ここで，条件アより，4人の選んだ野菜の種類の組合せは異なるので，AとBの両方がキャベツを選ぶことはないので，「CとDのキャベツは○」となる。すると，条件エより「Bのキャベツは×」となるので，「Aのキャベツが○，

ニンジンとトマトは×」となる。また，条件アより「Dのダイコンは×」となるので「ダイコンの計は2，ニンジンの計は2」となる。すると，条件アより「CとDのどちらかのトマトが○」となるので，「Bのトマトは×，残ったニンジンは○」となる。すると，条件エより「Cのニンジンは×」となるので，「Dのニンジンは○」となり，「Cのトマトは○，Dのトマトは×」となる。

以上より，表は以下のようになる。

	キャベツ	ニンジン	ダイコン	トマト	計
A	○	×	○	×	2
B	×	○	○	×	2
C	○	×	×	○	2
D	○	○	×	×	2
計	3	2	2	1	8

したがって，Dが選んだのはキャベツとニンジンである。

以上より，正解は1。

15 5

解説 条件ア～カをもとに次の表を作成する。ただし，旅行したことが確実な場合は○，旅行しなかったことが確実な場合は×とする。

条件アより，Aと福岡を旅行した者は別人なので，「Aの福岡は×」となる。

条件ウより，「Aの長野，鹿児島，岐阜は×」となる。

条件エより，「AとBの青森，岩手は×」となる。

条件オより，「Cの岩手，福岡は×」となる。

ここまでで，表は次のようになる。

	青森	岩手	長野	静岡	岐阜	大阪	福岡	鹿児島	計
A	×	×	×		×		×	×	2
B	×	×							2
C		×					×		2
D									2

よって，「Aの静岡と大阪が○，A以外の静岡と大阪が×」，「Dの岩手が○」となる。また，条件カより「Dの長野，福岡は×」となるので，「残ったBの福岡が○」となる。すると，条件イより「Bの岐阜は×」，条件カより「Bの長

218

野は×」となるので，「Bの鹿児島は○，B以外の鹿児島は×」となる。すると，「Cの長野は○」となる。すると，条件ウより「長野も鹿児島も×，Dの岐阜が○」となり，「残ったCの青森が○」となる。

よって，表は次のようになる。

	青森	岩手	長野	静岡	岐阜	大阪	福岡	鹿児島	計
A	×	×	×	○	×	○	×	×	2
B	×	×	×	×	×	×	○	○	2
C	○	×	○	×	×	×	×	×	2
D	×	○	×	×	○	×	×	×	2

したがって，Bの旅行先は福岡と鹿児島である。

以上より，正解は5。

---

16 1

解説 AとBの発言をまとめると，「AとBが乗ったのは2～3階，Bが降りたのは4階，Aが降りたのは5～6階」となる。

よって，Cの発言から「Cが乗ったのは5～6階，降りたのは7～8階」となる。さらに，Eの発言から「Eが乗ったのは3～4階，降りたのは7～8階」となる。

ここまでをまとめると，次のようになる。

階	1	2	3	4	5	6	7	8
A		乗			降			
			乗			降		
B		乗		降				
			乗	降				
C					乗		降	
						乗		降
D								
E			乗			降		
				乗		降		
			乗					降
				乗				降

ここで，Dの発言が成り立つためには，「Dが1階で乗り，3階で降りた場合」であり，このとき誰とも乗り合わせないのは「BとCが3階で乗った場合」である。よって，以下の場合となる。

階	1	2	3	4	5	6	7	8
A			乗			降		
B			乗	降				
C						乗		降
D	乗		降					
E				乗				降
					乗			降

したがって，Eが乗った階は確定しないので，確実にいえるのはAが6階で降りたことである。

以上より，正解は1。

[17] 5

解説 まず，条件ア～オを記号化し，背の高い方を左から並べていく。ただし，○は誰かが間に入ることを意味する。

条件アより，D○○A

条件イより，E○○F　または　F○○E

条件ウより，E＞A

条件エより，B＞D

次に，条件ア，イ，ウを合わせると，次の9通りが考えられる。

①	D	E		A	F	
②	D		E	A		F
③	E	D		F	A	
④		D	E		A	F
⑤	F	D		E	A	
⑥	E		D	F		A
⑦		E	D		F	A
⑧	F		D	E		A
⑨		F	D		E	A

　さらに，条件エを踏まえると，①②③⑤は不適，条件オよりAとFは隣り合わないので，④⑦は不適となるので，次の3通りに絞られる。

⑥	E	B	D	F	C	A
⑧	F	B	D	E	C	A
⑨	B	F	D	C	E	A

　したがって，Fが前から2番目なのは⑧だけなので，この条件があれば6人の並び順が確定する。
以上より，正解は5。

18　2

解説 それぞれの客が滞在していた時間を矢印で示す。ただし，矢印の左端は店に入ったとき，右端は店から出たときを表す。
イ：「1人客が入ったときには他に2組いた」ので，

ウ：「2人客が入ったときには他に1組だけいて，滞在中に3組が出ていった」ので，

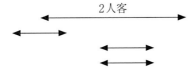

エ：「2人客が出ていったすぐ後に5人客が入ってきた」ので，

オ：「4人客が出ていったすぐ後に3人客が入ってきた」ので，

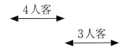

ここで，ウとエより「2人客が入ったときにいた1組，および滞在中に出ていった3組」は5人客ではないので，1，3，4人客のいずれかとなり，3組とも2人客が滞在中に出ていったことになる。また，イより「1人客が入ったときに他にいた2組」のうち1組は2人客，「出るときにいた2組」のうち1組は2人客となる。これとオを合わせると，

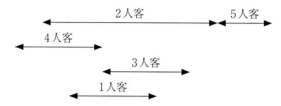

よって，同時に滞在していた客数の最大人数は，2，4，1人客が同時に滞在していたときなので，$2 + 4 + 1 = 7$〔人〕となる。

以上より，正解は2。

19 3

解説 （リーグ戦の試合数）=（トーナメント戦の試合数）× 100

ここである地域の野球チームの数をnチーム（nは2以上の自然数）とおくと

(1)　nチームのリーグ戦の全試合数は$\dfrac{n(n-1)}{2}$

(2)　nチームのトーナメント戦での全試合数は$n-1$

よって，$\dfrac{n(n-1)}{2} = (n-1) \times 100$

$n \neq 1$なので両辺を$(n-1)$で割ることができ，

$\dfrac{n}{2} = 100$

$n = 200$

よって，200チームとなる。

以上より，正解は3。

20 3

解説 条件ア，イ，ウより，勝ったA～Cの3チームは，（得点1，失点0），（得点2，失点1），（得点3，失点2），のいずれかである。また，負けたDの得点は0であり，全試合の得点の合計と失点の合計は等しいので，Dの失点

は1＋2＋3＋0＝4〔点〕である。

このうち，条件エより，Aの得点とBの失点が一致するのは次の2通りである。

①	得点	失点	計
A	1	0	1
B	2	1	3
C	3	2	5
D	0	3	3

②	得点	失点	計
A	2	1	3
B	3	2	5
C	1	0	1
D	0	3	3

よって，得点数が一致する可能性があるのは，①のBとDまたは②のAとDである。

以上より，正解は3。

21 1

解説 条件ア～エを表に整理し，次のようにまとめる。

条件イ「AとBがそれぞれ買ったボールの数は，同数であった。」より，AとBが買ったボールの数をxとおく。

条件ウ「AとCがそれぞれ買った黒色のボールの数は，同数であった。」より，AとCが買った黒色のボールの数をyとおく。

条件エ「Bが買った緑色と黒色のボールの数は，同数であった。」より，Bが買った緑色と黒色のボールの数をzとおく。

	青	緑	黒	計
A			y	x
B		z	z	x
C			y	
計	6	3	5	14

また，条件カより，表の中には1箇所だけ0が入る。

よって，$x \neq 0$，$y \neq 0$，$z \neq 0$

黒色の列について，$2y + z = 5$である。$y \neq 0$，$z \neq 0$より，$(y = 1, z = 3)$または$(y = 2, z = 1)$のいずれかとなる。

$(y = 1, z = 3)$の場合，緑色について，AとCがともに0となってしまい，0が1箇所だけという条件に反する。よって$(y = 2, z = 1)$に決まる。

	青	緑	黒	計
A			2	x
B		1	1	x
C			2	
計	6	3	5	14

A，B，Cの合計の列について，Cが買ったボールの数をcとすると，$2x + c$ = 14とおける。

条件オより，$x > c$なので，$(x = 5,\ c = 4)$ または $(x = 6,\ c = 2)$ のいずれかとなる。

$(x = 6,\ c = 2)$ の場合，Cについて，青色と緑色がともに0となり不適。よって $(x = 5,\ c = 4)$ に決まる。残り4つの欄について，0が1箇所だけになるように埋めると次のようになる。

	青	緑	黒	計
A	1	2	2	5
B	3	1	1	5
C	2	0	2	4
計	6	3	5	14

したがって，Aが買った青色のボールの数は1個となる。

以上より，正解は1。

22 5

解説 全体として，確定する部分を決めてから，残りについて場合分けをし，いずれにも該当する選択肢を捜すことになる。以下，1段目に順位，2段目に選手，3段目にゼッケンの色を示すことにする。

まず，条件5より，橙の順位が4位に確定する。また，条件4において，「3人おいてからゴール」ということは，間に3人入るということであるから，1位（S）と5位（茶）が明らかになる。さらに，以上を踏まえると，条件2より，Qは2位，紫は3位となるから，以下の順位が確定する。

1位	2位	3位	4位	5位
S	Q			
		紫	橙	茶

ここで，条件1に注目して場合分けをする。

白が1位の場合，3位がPであり，条件3，条件4を加味すると，次のようになる。

1位	2位	3位	4位	5位
S	Q	P	R	T
白	赤	紫	橙	茶

白が2位の場合，4位がPであり，条件3，条件4を加味すると，次のようになる。

1位	2位	3位	4位	5位
S	Q	R	P	T
赤	白	紫	橙	茶

以上より，確実にいえることは，これらの表に共通するものである。

1．誤り。1位は白のゼッケンを着けた選手か赤のゼッケンを着けた選手のいずれかである。　2．誤り。4位はPかRのいずれかである。　3．誤り。赤のゼッケンを着けた選手の次は，紫のゼッケンを着けた選手か白のゼッケンを着けた選手のいずれかである。　4．誤り。Rは，橙のゼッケンを着けた選手より先にゴールする場合があり得る一方，Rが橙のゼッケンを着ける場合もあり得る。　5．正しい。いずれの場合においても，5位のTは茶のゼッケンを着けている。

23 3

解説 折りたたんだ紙に切り込みを入れて広げると，切り取られた部分が折り目に対して線対称になることを利用する。次のように順番に考えるとよい。

①切り込みを入れて広げた図について，線対称となるような折り目を見つけ，1回だけ折りたたんだ図を作る。

②①と同様に考えて2回目の折り目を探し，もう1回折りたたんだ図をつくる

③①と同様に考えて3回目の折り目を探し，もう1回折りたたんだ図をつくる

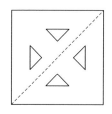

広げた図

1回だけ
折りたたんだ図

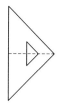

2回
折りたたんだ図

3回
折りたたんだ図

以上より，正解は3。

24 3

解説

図1

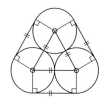

図2

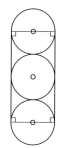

図1，図2において，曲線の部分を合わせると，1つ分の円周に相当する。つまり，2つの図において，曲線の部分の長さは共通である。よって，周囲の直線部分を比較することによって長さに違いが求められる。半径が10cmであることに留意すると次のようになる。

図1の周囲の直線部分 $= 10 \times 2 \times 3 = 60$ 〔cm〕

図2の周囲の直線部分 $= 10 \times 4 \times 2 = 80$ 〔cm〕

よって，図2の方が，20〔cm〕長い。

以上より，正解は3。

25 5

解説 設問の軌跡より，転がりはじめてからしばらくの間は，直線 ℓ と平行な線分を描くので，動点Pと直線の距離が等しくなっている。これは，このような軌跡を描くのは，直線 ℓ 上を転がる部分が円弧になっている図形なので，この時点で選択肢1，3，4は不適である。

次に，動点Pの描く軌跡が円弧を描くとき，図形の直線部分が直線 ℓ 上を転がることになるので，求める図形は円弧と直線をもつことになる。

したがって，求める図形は扇形となる。参考までに，選択肢5の扇形を転がしたときに動点Pが描く軌跡は，次のようになる。

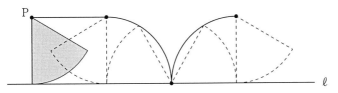

以上より，正解は5。

26 2

解説 2つの円の共通接線の数を求める。

この場合，条件に合うのは，右図のように4通りある。

以上より，正解は2。

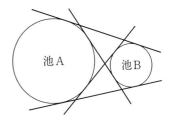

27 4

解説 「1−2」が「いろ」を表すことから，「イロハ…」と数字を対応させることを想定すると，「14−16−8」が「かたち」に対応する。よって「おもさ」は，「27−45−37」に対応する。ちなみに，この場合，数字と対応は次のようになる。

イ（1），ロ（2），ハ（3），ニ（4），ホ（5），ヘ（6），ト（7），チ（8），
リ（9），ヌ（10），ル（11），ヲ（12），ワ（13），カ（14），ヨ（15），タ（16），
レ（17），ソ（18），ツ（19），ネ（20），ナ（21），ラ（22），ム（23），ウ（24），
ヰ（25），ノ（26），オ（27），ク（28），ヤ（29），マ（30），ケ（31），フ（32），
コ（33），エ（34），テ（35），ア（36），サ（37），キ（38），ユ（39），メ（40），
ミ（41），シ（42），ヱ（43），ヒ（44），モ（45），セ（46），ス（47）。

以上より正解は4。

28 4

解説 頂点A，B，Cを結ぶと図1のようになり，三角形ABCは正三角形で，これが切断面であり，図2のようになる。

図1

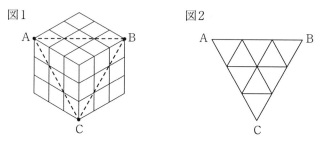

図2

図2の中の小さな三角形は，それぞれ，切断された小さな立方体1つに対応する。よって，切断された立方体は9個になるから，切断されていない立方体の数＝27－9＝18〔個〕

以上より，正解は4。

参考：立方体を1段ずつスライスし，それぞれの段で切断された立方体の数を数える（下図の●をつけたもの）。すると，上から1段目は5個，上から2段目は3個，上から3段目は1個なので，切断された立方体は合計5＋3＋1＝9〔個〕となる。

よって，切断されない立方体の数は，27－9＝18〔個〕

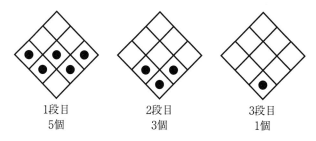

1段目
5個

2段目
3個

3段目
1個

29 2

解説 頂点Dから辺ACの中点に向かって直線を引くと，次のようになる。

図1

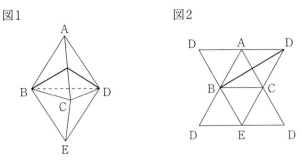

図2

なお，展開図上のDは，4つあり，組み立てると一致することに注意すること。よって，求める点はBであり，これは，設問の図2の点イに対応する。
以上より，正解は2。

30 4

解説 条件を満たす立方体の重ね方は，次のような見取図で表される。

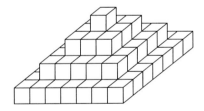

上から，1，9，25，49個となる。（上から1^2，3^2，5^2…というように，奇数の2乗になっており，規則性がある。）
よって，求める立方体の個数は，$1 + 9 + 25 + 49 = 84$〔個〕。
以上より，正解は4。

31 1

解説 27個の小さな立方体のうち，くり抜かれたものは3個であり，残ったものは24個である。そのうち，3面に塗られた個数は，大きな立方体の上段と下段の立方体であり，その個数は$8 \times 2 = 16$〔個〕である。

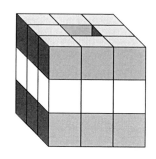

2面に塗られた個数は中段の8個である。

よって，両者の差は，$16 - 8 = 8$〔個〕。

以上より，正解は1。

32 3

解説 設問の図にある4つのサイコロを，手前のものから順に左に並べた五面図を示す。

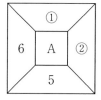 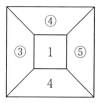 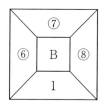 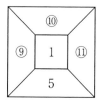

「向かい合う目の数の和が7」…Ⓐより，①は2，②は1，④は3，⑦は6，⑩は2となる。

また，「さいころが接している面の数の和が6」…Ⓑより，③は5となる。

すると，Ⓐより⑤は2となる。

すると，Ⓑより⑥は4となる。

すると，Ⓐより⑧は3となる。

すると，Ⓑより⑨は3となる。

すると，Ⓐより⑪は4となる。

ここで，A面は残った3か4，Bの面は残った2か5となる。よって，AとBの和としてありえるのは，$3 + 2 = 5$，$3 + 5 = 8$，$4 + 2 = 6$，$4 + 5 = 9$のいずれかである。

以上より，成果は3。

33 5

解説 「急がば回れ」は「急いでいる ⇒ 回り道をした方が良い」である。よって，同じ内容を表すものは，対偶の「回り道をした方が良い ⇒ 急いでいる」，つまり「回り道をしない方が良いのは急いでいないとき」となる。

以上より，正解は5。

34 5

解説 10個のボールに書かれている数の合計は $(1 + 2 + 3 + 4 + 5) \times 2 = 30$ であり，箱の中に残った4個のボールに書かれている数の合計は8だから，3人が持っている6個のボールに書かれている数の合計は22である。また，箱の中に残った4個のボールは①①③③，①②②③，①①②④のいずれかである。

すると，3人がそれぞれ取り出した2個のボールに書かれた数の合計について，小さい順にA，B，Cであり，CはAの1.5倍であったから，Aは偶数で4か6か8である。

・Aが4のとき，Cは6であり，Bは12となって条件に反する。

・Aが6のとき，Cは9であり，Bは7となって条件を満たす。

・Aが8のとき，Cは12となって条件に反する。

　よって，A，B，Cが取り出したボールは，以下の3通りとなる。

A	②, ④	①, ⑤	③, ③
B	②, ⑤	③, ④	②, ⑤
C	④, ⑤	④, ⑤	④, ⑤

1. 誤り。3人のうち，少なくとも1人は同じ数の書かれたボールを持っているとは限らない。　2. 誤り。Aは①と書かれたボールを持っているとは限らない。　3. 誤り。Bは③と書かれたボールを持っているとは限らない。

4. 誤り。Bは④と書かれたボールを持っているとは限らない。　5. 正しい。Cは④と書かれたボールを持っている。

以上より，正解は5。

数的処理　　数的推理

　数的推理は，数的処理の中では最も算数・数学の知識や能力が役に立つ分野といえる。出題形式はほとんどが文章題であり，必要な情報を読み取り，自身で方程式を立てて解いていく能力が求められる。本書の数学の内容を参考にしつつ，以下の重要事項を知っておいてほしい。

　まず知っておいてほしいのは，「速さ，距離，時間」の関係である。（速さ）$=\left(\dfrac{距離}{時間}\right)$という基本公式をもとに，式変形をして距離や時間を求める，秒から分（または時間），kmからm（またはcm）などに単位変換する，といった操作を速く正確に行えるようになってほしい。このような力を身に付けることで，「通過算」，「旅人算」，「流水算」などの理解にもつながり，「仕事算」や「ニュートン算」といった計算問題にも応用できる。

　次に，「比と割合」といった指標の活用法を覚えよう。問題によっては具体的な数量ではなく比や割合だけが与えられる場合もある。例えば，「AとBの比が$a:b$」と出てきたら，Aはa個，Bはb個のように比の値をそのまま数量とする，あるいはAはax個，Bはbx個といった表し方をすると考えやすくなる。また，比例配分の考え方「X個をAとBに$a:b$に配分すると，Aには$\dfrac{a}{a+b}\times X$〔個〕，Bには$\dfrac{b}{a+b}\times X$〔個〕配分される」もよく利用される。割合では，「百分率％で表されていたら全体を100とする」と考えやすくなる。「割引き」や「割り増し」といった言葉が出てきた場合の計算にも慣れておこう。

　学習のコツとしては，判断推理と同様に「設問を読んだだけで何をすればよいか見通しが立てられるぐらいまで取り組む」ことである。もし学習時間の確保が困難であれば，「設問から必要な情報を読み取り方程式を立てる」ステップだけでも反復練習しよう。

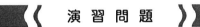 演 習 問 題

1 ある検定試験で受験者の35％が合格した。合格者の平均点は不合格者の平均点より40点高く, 受験者全体の平均点が47点であるとき, 合格者の平均点はいくらか。

1 71点　　2 72点　　3 73点　　4 74点　　5 75点

2 次の記号で示された部分の数字の合計 (a＋b＋c＋d) の値として, 正しいものはどれか。ただし, a～jはそれぞれ0～9の整数で, 同じ数となってもよい。

```
        a   2   b
  ×         c   4
  ─────────────────
      1   7   d   8
  2   e   f   g
  ─────────────────
  h   i   j   9   8
```

1 16　　　2 17　　　3 18　　　4 19　　　5 20

3 次の数列の第8項を求めよ。

　　　7, 21, 63, 189…

1 9321　　2 12150　　3 12522　　4 15309　　5 19863

4 AとBがあるボードゲームを開始し, AがBに勝つ確率は常に60％とする。先に3勝した方を優勝とするとき, Aが優勝する確率にもっとも近いのは次のどれか。

1 $\dfrac{2}{3}$　　　2 $\dfrac{3}{4}$　　　3 $\dfrac{4}{7}$　　　4 $\dfrac{5}{7}$　　　5 $\dfrac{5}{8}$

5 次の図の四角形KLMNは，∠M＝∠N＝90°，KN∥LM，KN＝16cm，LM＝10cm，MN＝12cmの台形である。また，点Oは，Lを出発し，M，Nを通って，Kに至るまで，四角形KLMNの周上を毎秒2cmの速さで進むものとする。△KLOの面積が48cm²になる時間として正しいものはどれか。ただし，時間は，点OがLを出発した時点を基準とする。

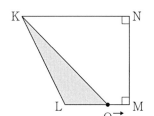

1　2秒後と8秒後
2　2秒後と11秒後
3　4秒後と8秒後
4　4秒後と15秒後
5　6秒後と12秒後

6 次のア～エのAからGは，それぞれ，0，1，2，3，4，5，6，のいずれかであり，同じものはない。このとき，Gにあてはまるものはどれか。
ア　A＋D＝G
イ　A－E＝A
ウ　E×G＝E
エ　C÷F＝B
　　1　1　　　　2　2　　　　3　3　　　　4　4　　　　5　5

7 十の位の数がa，一の位の数がbである2桁の正の整数Nがある。
　$ab-2a-2b=-4$を満たすようなNの個数として，最も妥当なものは次のどれか。
　1　16個　　2　17個　　3　18個　　4　19個　　5　20個

8 1～6の6個の整数から重複のないように無作為に3つの整数を選んだとき，各整数を辺の長さとする三角形ができる確率はいくらか。
　1　$\dfrac{1}{5}$　　2　$\dfrac{1}{4}$　　3　$\dfrac{3}{10}$　　4　$\dfrac{7}{20}$　　5　$\dfrac{2}{5}$

9 AとBの2人が，1周12kmのサイクリングコースを自転車で走る。Aは時速15km，Bは時速9kmで走行する。

このとき，Bが走り始めて20分後に，Aが同じ方向に走り始めた。AがBに追いつくのはAが走り始めてから何分後か。

1 20分後　　2 22分後　　3 26分後　　4 28分後　　5 30分後

10 ある水槽に付いている排水口は，毎分0.5Lの水を排水する。この排水口を閉じ，水道管Aより注水したところ，30分で満水となった。同様に，水道管Aと水道管Bの両方を用いて注水したところ，20分で満水となった。さらに，排水口を開けたまま，水道管Aと水道管Bの両方を用いて注水したところ，24分で満水になった。この水槽の容量として，正しいものはどれか。

1 30L　　2 36L　　3 48L　　4 55L　　5 60L

11 下の図において，BCは円の直径である。mはAにおける接線で，∠ADC＝24°である。このとき，∠ACBの大きさとして正しいものはどれか。

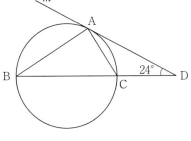

1 55°　　2 56°　　3 57°　　4 58°　　5 59°

12 高さが80cm，底面積が1256cm²の円筒形がある。その側面の面積として正しいものはどれか。ただし円周率は3.14とする。

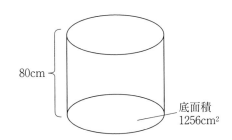

1 5024cm²　　2 524cm²
3 10048cm²　　4 1048cm²
5 16000cm²

13 6で割ると3余り，7で割ると4余り，8で割ると5余る自然数がある。この自然数のうち，最も小さい数の一の位の数として，正しいものはどれか。

 1 2 2 3 3 4 4 5 5 6

14 A〜Dの4人が，100点満点の試験を受けた。この4人の得点について，次のア〜ウのことがわかっているとき，Aの得点とBの得点を足し合わせた得点として，正しいものはどれか。ただし，試験の得点は全て整数とし，0点の者はいないものとする。

 ア Aの得点は，Bの得点の$\frac{5}{7}$倍であった。

 イ Bの得点は，Cの得点の$\frac{5}{3}$倍であった。

 ウ Cの得点は，Dの得点の2倍であった。

 1 36点 2 60点 3 96点 4 120点 5 144点

15 1辺の長さが10の正方形ABCDにおいて，辺ABを直径とする半円と，辺BCを直径とする半円を描くとき，下図の斜線部分の面積として，最も妥当なものはどれか。

 1 10
 2 20
 3 30
 4 40
 5 50

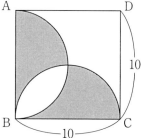

16 3個のサイコロa，b，cを同時に振り，出た目をa，b，cの順に並べて3桁の整数を作る。このとき，整数abcが23の倍数となる確率として，正しいものはどれか。

 1 $\frac{1}{12}$ 2 $\frac{1}{18}$ 3 $\frac{1}{24}$ 4 $\frac{1}{36}$ 5 $\frac{1}{42}$

17 A，B，Cが将棋を指すこととなった。AがBに勝つ確率は$\frac{3}{5}$，BがCに勝つ確率は$\frac{2}{5}$，CがAに勝つ確率は$\frac{7}{10}$である。また，引き分けはないものとする。このとき，AがBにもCにも勝つ確率はいくらか。

1 $\frac{4}{9}$　　2 $\frac{5}{12}$　　3 $\frac{4}{15}$　　4 $\frac{12}{25}$　　5 $\frac{9}{50}$

18 ある大学の工学部で実験装置に関するテストを行い，100点満点で評価した。その結果を表した次の表の空欄に当てはまる数値の組合せとして，正しいものはどれか。

点数（点）	受験者数（人）	相対度数
0〜19	2	0.025
20〜39	8	0.1
40〜59	12	（ a ）
60〜79	40	0.5
80〜99	（ b ）	（ c ）
100	4	0.05
計	（ d ）	1

1　a 0.15　　b 14　　c 0.175　　d 80
2　a 0.15　　b 16　　c 0.18　　d 70
3　a 0.12　　b 14　　c 0.175　　d 60
4　a 0.12　　b 16　　c 0.18　　d 80
5　a 0.12　　b 14　　c 0.175　　d 70

19 あるお店で，ジュース，アイス，ケーキを1個ずつ買ったところ，代金は830円となった。ジュースの値段はアイスの値段よりも80円安く，アイスの値段はケーキの値段よりも250円安いとき，ケーキ1個の値段として，正しいものはどれか。

1　450円　　2　460円　　3　470円　　4　480円　　5　490円

20 長さが75cmの紐がある。この紐を，A，B，Cの3つに切り分ける。AはBの2倍より5cm長く，CはBの3倍より2cm短くなった。このとき，Aの紐の長さとして，正しいものはどれか。

  1 29cm   2 30cm   3 31cm   4 32cm   5 33cm

21 下図のように，同じ長さのマッチ棒で正六角形を作る。1段目には6本，2段目には15本，3段目には27本を使い並べていく。20段まで完成したとき，21段目を完成させるために必要なマッチ棒の本数として，正しいものはどれか。

       1段   2段   3段

  1 50本   2 58本   3 60本   4 66本   5 74本

解 答 ・ 解 説

1 3

解説 受験者数を100人とすると，合格者は35人，不合格者は65人と表せる。また，合格者の平均点をx点，とすると，不合格者の平均点は$x-40$〔点〕と表せる。

ここで，（平均点）$= \left(\dfrac{得点の合計}{人数} \right)$ より，（得点の合計）$=$（平均点）$\times$（人数）となる。さらに，（受験者全員の得点の合計）$=$（合格者の得点の合計）$+$（不合格者の得点の合計）より，

（受験者全員の得点の合計）$= x \times 35 + (x-40) \times 65 = 100x - 2600 \cdots ①$

一方，（受験者全体の平均点）$= 47$ より，

（受験者全員の得点の合計）$= 47 \times 100 = 4700 \cdots ②$

①②より，

$$100x - 2600 = 4700$$
$$x = 73$$

よって，合格者の平均点は73点である。

以上より，正解は3。

②　3

解説 まず，$b \times 4$に注目すると，その積の一の位が8となるのは$2 \times 4 = 8$または$7 \times 4 = 28$なので，bは2または7である。

$b = 2$のとき，$22 \times 4 = 88$より，$d = 8$となるが，$a \times 4 = 17$となる整数aはないので不適。

$b = 7$のとき，$27 \times 4 = 108$より，$d = 0$となり，繰上がりがあるので$a \times 4 + 1 = 17$，これを満たすaは4だけである。よって，$a = 4$，$b = 7$，$d = 0$となる。

次に，$d + g = 9$，$d = 0$より，$g = 9$となる。すると，$7 \times c$の積で一の位が9となるのは$7 \times 7 = 49$だけなので，$c = 7$となる。よって，$427 \times 7 = 2989$となるので，$e = 9$，$f = 8$となる。

さらに，$1708 + 29890 = 31598$より，$h = 3$，$i = 1$，$j = 5$となる。

よって，$a + b + c + d = 4 + 7 + 7 + 0 = 18$となる。

以上より，正解は3。

③　4

解説 隣り合う項の比はすべて3になっていることから，これは初項が7，公比が3の等比数列となる。よって，第8項は次のようになる。

　$7 \times 3^{8-1} = 7 \times 3^7 = 15309$

以上より，正解は4。

④　1

解説 AがBに勝つ確率は$\frac{3}{5}$，負ける確率は$\frac{2}{5}$である。Aが優勝するのは，Aが3勝0敗，3勝1敗，3勝2敗の場合が考えられる。Aが勝った場合を○，負けた場合を×としてそれぞれの場合の確率を求める。

①3勝0敗の場合

○○○のみであり，Aが3連勝するので，$\left(\frac{3}{5}\right)^3 = \frac{27}{125}$

②3勝1敗の場合

○○×○, ○×○○, ×○○○の3つが考えられるので,

$$\left(\frac{3}{5}\right)^3 \times \frac{2}{5} \times {}_3C_1 = \frac{27}{125} \times \frac{2}{5} \times 3 = \frac{162}{625}$$

③3勝2敗の場合

○○××○, ○××○○, ○×○×○, ×○○×○, ×○×○○, ××○○○の6つが考えられるので,

$$\left(\frac{3}{5}\right)^3 \times \left(\frac{2}{5}\right)^2 \times {}_6C_1 = \frac{27}{125} \times \frac{4}{25} \times 6 = \frac{648}{3125}$$

よって, Aが優勝する確率は,

$$\frac{27}{125} + \frac{162}{625} + \frac{648}{3125} = \frac{675 + 810 + 648}{3125} = \frac{2133}{3125} = 0.68256$$

ここで, $\frac{2}{3} \fallingdotseq 0.667$, $\frac{3}{4} = 0.75$, $\frac{4}{7} \fallingdotseq 0.571$, $\frac{5}{7} \fallingdotseq 0.714$, $\frac{5}{8} = 0.625$ より,

最も近いのは $\frac{2}{3}$ となる。

以上より, 正解は1。

---

5 4

解説 △KLOの面積が48cm²となるのは,

点Oが辺LM上を移動するとき, $\triangle KLO = \frac{1}{2} \times LO \times 12 = 48$

∴ LO = 8 〔cm〕

速さが毎秒2cmであるから, 4秒後となる。

点OがMN上を移動するとき, △KLOの面積は, 60cm²以上96cm²以下となるので, 不適である。

また, 点OがNK上を移動するとき,

$\triangle KLO = \frac{1}{2} \times (16 - NO) \times 12 = 48$

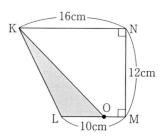

∴ NO = 8 〔cm〕

このとき, 点OがLから移動する距離は10 + 12 + 8 = 30 〔cm〕より, かかる時間は15秒となる。

以上より, 正解は4。

6 5

解説 条件イより，E＝0となる。これは条件ウとも矛盾しない。

条件エより，0〜6の数で同じものはないので，C÷F＝Bを満たすのは，C ＝6であり，BとFは2または3となる。

すると，残った数は1，4，5なので，条件アのA＋D＝Gを満たすのは，1＋ 4＝5であり，AとDは1または4，Gは5となる。

以上より，正解は5。

7 3

解説 $ab - 2a - 2b = -4$ より，

$ab - 2a - 2b + 4 = 0$

$(a - 2)(b - 2) = 0$ より，

$a = 2$ または $b = 2$

a は十の位の数だから，$1 \leqq a \leqq 9$

b は一の位の数だから，$0 \leqq b \leqq 9$ であることに注意すると，

$a = 2$ のとき，$b = 0, 1, 2, \cdots\cdots, 9$ より，10個

$b = 2$ のとき，$a = 1, 2, \cdots\cdots, 9$ より，9個

$a = 2$ かつ，$b = 2$ であるものは1個

したがって，N の個数は，$10 + 9 - 1 = 18$〔個〕

以上より，正解は3。

8 4

解説 「最も長い辺」＜「他の2辺の和」となるときに三角形ができる。

よって，三角形ができるような数の組をまず書き出す。

(6, 5, 4)

(6, 5, 3)

(6, 5, 2)

(6, 4, 3)

(5, 4, 3)

(5, 4, 2)

(4, 3, 2)

よって，7通りとなる。

次に，6個の整数から無作為に3個を選ぶ組み合わせは，

$$_6C_3 = \frac{6 \times 5 \times 4}{3 \times 2 \times 1} = 20 \text{〔通り〕}$$

したがって，求める確率は $\frac{7}{20}$

以上より，正解は4。

---

9 5

解説 Aは時速15kmで進むので，これを分速にすると，

$15000 \div 60 = 250$ 〔m／分〕である。

また，Bは時速9kmで進むので，これを分速にすると，

$9000 \div 60 = 150$ 〔m／分〕である。

Bが20分走った時の距離は，（時間）×（速さ）＝（距離）より，

$20 \times 150 = 3000$ 〔m〕

追い付くまでの時間を x 〔分〕とすると，

Aが走った距離は $250x$

Bが走った距離は $150x + 3000$

追いつくときは，それぞれの走った距離が等しくなるので，

$250x = 150x + 3000$

$x = 30$

よって，AがBに追いつくのはAが走り始めてから30分後である。

以上より，正解は5。

---

10 5

解説 毎分の注水量について，水道管Aが a 〔L／分〕，水道管Bが b 〔L／分〕
とし，また，水槽の容量を x 〔L〕とする。

水道管Aで注水したとき，30分で満水になるから，$30a = x$ …①

水道管A，Bで注水したとき，20分で満水になるから，

$20 \times (a + b) = x$ …②

水道管A，Bで注水しつつ，排水口を開けると，24分で満水になるから，

$24 \times (a + b - 0.5) = x$ …③

②より，$a + b = \dfrac{x}{20}$

これを③に代入すると，

$$24 \times \left(\frac{x}{20} - 0.5\right) = x$$

$$\frac{6}{5}x - 12 = x$$

$$\frac{1}{5}x = 12$$

$$x = 60 \ (L)$$

以上より，正解は5。

11 3

解説 BCは円の直径なので，円周角より∠BAC = 90°

∠ACB = xとすると，

∠ABC = 90° − x

一方，接弦定理より，

∠CAD = ∠ABCである。

よって，

∠CAD = 90° − x

さらに，∠ACBは△ACDの外角より，

∠ACB = ∠CAD + ∠ADC

つまり，$x = (90° − x) + 24°$

$$2x = 114°$$

$$x = 57°$$

以上より，正解は3。

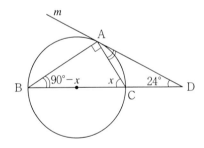

12 3

解説 まず，円筒形の底面積から半径を求めると，（底面積）=（半径）² ×（円周率），円周率は3.14なので，$\sqrt{\dfrac{1256}{3.14}} = 20$〔cm〕

（円周）=（直径）×（円周率）より，$20 \times 2 \times 3.14 = 125.6$〔cm〕

よって，側面の面積は，$125.6 \times 80 = 10048$〔cm²〕

以上より，正解は3。

13 4

解説 求める自然数は（割られる数）である。

「6で割ると3余る」より，不足分は6 − 3 = 3（あと3加えれば割り切れる）

「7で割ると4余る」より，不足分は7 − 4 = 3（あと3加えれば割り切れる）

「8で割ると5余る」より，不足分は8 − 5 = 3（あと3加えれば割り切れる）

よって，（割られる数）と（不足分）がそれぞれ等しいので，

（割られる数）+（不足分）=（割る数の公倍数）より，次の関係が成り立つ。

（割られる数）+ 3 =（6と7と8の公倍数）

ここで，求めるのは「最も小さい自然数」なので，

（割られる数）+ 3 =（6と7と8の最小公倍数）= 168

（割られる数）= 168 − 3 = 165

よって，求める数の一の位の数は5となる。

以上より，正解は4。

14 4

解説 条件アより「Aの得点は，Bの得点の $\frac{5}{7}$ 倍」なので，Bの得点は7の倍数。

条件イより「Bの得点は，Cの得点の $\frac{5}{3}$ 倍」なので，Cの得点は3の倍数。

条件ウより「Cの得点は，Dの得点の2倍」なので，Cの得点は2の倍数。

ここで，Bの得点が7の倍数なので，Cの得点も7の倍数でもあるので，Cの得点は3と2と7の最小公倍数である42の倍数となる。

Cが42点の場合，Bの得点は $42 \times \frac{5}{3} = 70$〔点〕，Aの得点は $70 \times \frac{5}{7} = 50$〔点〕，Dの得点は42 ÷ 2 = 21〔点〕となる。

Cが84点の場合，Bの得点は $84 \times \frac{5}{3} = 140$〔点〕，Aの得点は $140 \times \frac{5}{7} = 100$〔点〕，Dの得点は84 ÷ 2 = 42〔点〕となるので，Bの得点が100点を超えるので不適。

よって，Aの得点は50点，Bの得点は70点より，2人の得点を足し合わせると50 + 70 = 120〔点〕

以上より，正解は4。

15 5

解説 ▏ 次のようにACに補助線を引き，アをア′に，イをイ′に当てはめると，三角形ABCの面積と等しいことがわかる。

よって，斜線部分の面積は，

$$10 \times 10 \times \frac{1}{2} = 50$$

以上より，正解は5。

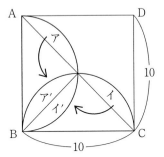

16 3

解説 ▏ サイコロを3個振るので，目の出方は全部で$6^3 = 216$〔通り〕である。1～6だけを用いてできる3桁の自然数で23の倍数を書き出すと，次の9通りとなる。

115，161，253，322，345，414，552，621，644

よって，求める確率は$\frac{9}{216} = \frac{1}{24}$となる。

以上より，正解は3。

17 5

解説 ▏ 「CがAに勝つ確率」は$\frac{7}{10}$であり，引き分けがないので，「AがCに勝つ確率」は，$1 - \frac{7}{10} = \frac{3}{10}$である。

したがって，「AがBに勝ち，かつCにも勝つ確率」は，$\frac{3}{5} \times \frac{3}{10} = \frac{9}{50}$

以上より，正解は5。

18 1

解説 まず，受験者数と相対度数から，受験者の合計人数dを求める。60〜79点の階層より，受験者数が40人で相対度数が0.5なので，$\frac{40}{d} = 0.5$より，d = 80となる。

よって，b = 80 − (2 + 8 + 12 + 40 + 4) = 14

よって，$c = \frac{14}{80} = 0.175$

さらに，$a = \frac{12}{80} = 0.15$

以上より，正解は1。

19 3

解説 ジュースの値段をx円とすると，

アイスの値段は$x + 80$〔円〕，

ケーキの値段は$x + 80 + 250$〔円〕，

これらを1個ずつ買ったところ，代金は830円だったので，

$$x + (x + 80) + (x + 80 + 250) = 830$$
$$3x = 420$$
$$x = 140$$

したがって，ケーキの値段は，140 + 80 + 250 = 470〔円〕

以上より，正解は3。

参考：線分図を使う場合

それぞれの値段を線分図に示すと，次のようになる。

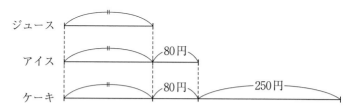

よって，ジュースの値段は，

(830 − 80 × 2 − 250) ÷ 3 = 140〔円〕

したがって，ケーキの値段は

140 + 80 + 250 = 470〔円〕

20 1

解説 Bの紐の長さをx〔cm〕とすると，

Aの長さは$2x + 5$〔cm〕

Cの長さは$3x - 2$〔cm〕

A＋B＋Cはxを用いて

$(2x + 5) + x + (3x - 2) = 75$〔cm〕

と表せるので，これを解いて，$x = 12$

よって，Aの長さは，$12 \times 2 + 5 = 29$〔cm〕

以上より，正解は1。

21 4

解説

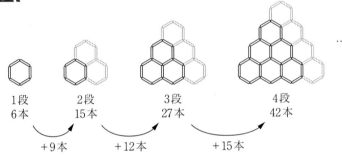

1段
6本　　　　2段
　　　　15本　　　　3段
　　　　　　　27本　　　　4段
　　　　　　　　　　42本

＋9本　　　＋12本　　　＋15本

　　上図より，六角形は，はじめに使っているマッチ棒の数6に9，12，15，18，…を順に加えてつくられていることがわかる。よって，新しい段を作るために必要なマッチ棒の本数は，初項6，公差3の等差数列を用いることで求められる。

21段目を作るのに追加で必要なマッチ棒の数は，初項6，公差3の等差数列の第21項なので，$6 + 3 \times (21 - 1) = 66$〔本〕

以上より，正解は4。

数的処理　資料解釈

　資料解釈では，与えられた図表をもとに，必要なデータを早く正確に読み取る能力が試される。出題形式はほとんど選択肢の記述の正誤を問うものなので，「正誤が判断できる最低限の情報を読み取る」姿勢を身に付けてほしい。高度な計算力は必要ないが，取り扱う数量の桁数が大きかったり，見慣れない単位が使われていて，コツを掴むまでに時間がかかるかもしれないので，できるだけ早く取り組もう。

　まず，問題を解く前に与えられた図表のタイトル（ない場合もある）や単位に注目すること。次に，図表に記されたデータを見る前に選択肢を確認してほしい。その際，選択肢を順番に検討するのではなく，正誤が判断しやすいものから順に検討し，判断が難しい選択肢については消去法で対応するとよい。なお，選択肢の中には「図表からは判断できない」場合があるので，注意しよう。選択肢の検討にあたっては，次の指標を用いる場合がほとんどなので，それぞれの指標の意味や公式を覚えてしまいたい。

・割合：ある数量が，全体に対して占める分量。

　　A に対する B が占める割合〔％〕は，$\dfrac{B}{A} \times 100$

・比率：ある数量を，他の数量と比べたときの割合。

　　A に対する B の比率（比）は，$\dfrac{B}{A}$

・指数：基準となる数量を 100 としたときの，他の数量の割合。

　　A を 100 としたときの B の指数は，$\dfrac{B}{A} \times 100$

・増加量（減少量）：元の数量に対するある数量の増加分（減少分），増加（減少）していればプラス（マイナス）の値になる。

　　「昨年の量」に対する「今年の量」の増加量（減少量）は，「今年の量」−「昨年の量」

・増加率（減少率）：元の数量に対するある数量の増加率（減少率），増加（減少）していればプラス（マイナス）の値になる。

　　「昨年の量」に対する「今年の量」の増加率（減少率）〔％〕は，

　　$\dfrac{\text{「今年の量」}-\text{「昨年の量」}}{\text{「昨年の量」}} \times 100$

・単位量あたりの数量：「単位面積あたり」や「1人あたり」に占める数量。

全体の量のうち，1人あたりに占める量は，$\dfrac{全体の量}{人数}$

学習の初期段階では，本書の解説を参考に自身の手で正しく計算するよう心掛けよう。そのうえで，慣れてきたら「増加している」や「2分の1になっている」といった内容であれば計算せずに判断したり，129,176を130,000と概算して判断したりするなど，できるだけ短い時間で解答できるように練習すること。

《 演 習 問 題 》

1 次のグラフは，1979年から2019年までの各国における自動車の生産台数（単位　万台）を示したものである。このグラフからいえることとして，最も妥当なものはどれか。

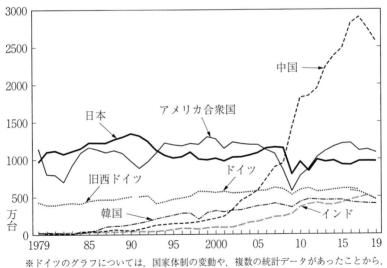

※ドイツのグラフについては，国家体制の変動や，複数の統計データがあったことから，断絶部分や二重になっている部分がある。

（日本自動車工業会『世界自動車統計年報』より作成）

1　中国は，生産台数が21世紀以降一貫して増加しており，いずれの年も他の国々を大きく上回っている。

2　最新のデータについて比較すると，1位の国の生産台数は，2位の国と比べて3倍を上回っている。

3 日本の生産台数については，最新の順位は3位であるが，最も古いデータにおける順位は1位である。

4 世界全体の生産台数は，原油価格の影響を強く受けている。

5 アメリカ合衆国の生産台数については，変動がみられるが，その順位は1位，2位，3位のいずれかである。

2 次の表は，各国におけるすず鉱の生産量（単位　t）を表したものである。この表からいえることとして，最も妥当なものはどれか。

	1990	2000	2010	2015	2016
中国	42000	99400	115000	110156	92000
ミャンマー	596	212	4000	50000	54000
インドネシア	30200	51629	43258	93180	52000
ブラジル	39100	14200	10400	18824	25000
ペルー	5130	70901	33848	19511	18789
ボリビア	17200	12464	20190	20135	17000
オーストラリア	7380	9146	18263	7158	6635
コンゴ民主共和国	2220	50	8000	5300	5500
ベトナム	850	4100	5400	5400	5500
マレーシア	28500	6307	2668	4158	4000
(参考) 旧ソ連	15000	—	—	—	—
世界計	221000	278000	266000	341000	288000

（『世界国勢図会2020/21』より作成）

1 ミャンマーにおける2016年のすず鉱の生産量は，1990年の生産量の100倍を超えている。

2 2016年において，中国のすず鉱の生産量は，世界全体の生産量のうち3割以上を占めている。

3 ペルーにおけるすず鉱の生産量は，2000年から2010年にかけて60％以上減少している。

4 2016年において，インドネシアのすず鉱の生産量は，世界全体の生産量のうち5分の1以上を占めている。

5 マレーシアにおけるすず鉱の生産量は，表中において年々減少しているが，1990年の生産量は，2015年の生産量の7倍を下回っている。

③ 次の表は，各国における塩の生産量（単位　千t）を表したものである。この表からいえることとして，最も妥当なものはどれか。

	2015	2016		2015	2016
中国	66655	67000	フランス	6000	6000
アメリカ合衆国	45100	42000	イギリス	5000	5100
インド	24241	25000	スペイン	4300	4300
カナダ	14343	14000	ポーランド	4120	4170
ドイツ	12500	12900	イラン	4448	4000
オーストラリア	11000	12000	ブルガリア	3500	3500
チリ	11831	11000	パキスタン	3099	3100
トルコ	10995	10000	ウクライナ	2140	2300
メキシコ	9088	9000	エジプト	2200	2200
ブラジル	7550	7550	世界計	277000	274000

（『世界国勢図会2020/21』より作成）

1　2015年において塩の生産量が最も多いのは中国であり，世界全体の生産量のうち4分の1以上を占めている。

2　2015年において，オーストラリアにおける塩の生産量は，ブルガリアの塩の生産量の3倍以下である。

3　2016年において塩の生産量が2番目に多いのはアメリカ合衆国であり，世界全体の生産量のうち20％以上を占めている。

4　2016年において，ドイツにおける塩の生産量は，ポーランドの塩の生産量の3倍以上である。

5　2015年において塩の生産量が最も少ない国は，2016年においても最も少ない値となっている。

4 下の図は，ある年における各国の貯蓄率とアンケートにおいて年金制度が信頼できると回答した割合を示した散布図である。この図から読み取れる内容として，最も妥当なものはどれか。

貯蓄率

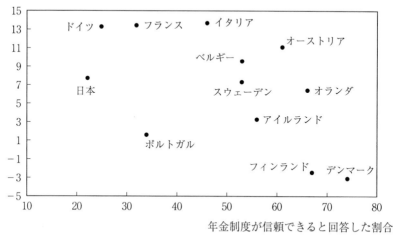

年金制度が信頼できると回答した割合

（内閣府ホームページより作成）

1 年金制度が信頼できると回答した割合が最も低い国の貯蓄率は最大である。

2 貯蓄率と年金制度が信頼できると回答した割合の順位を比較すると，両方が同一の国はない。

3 貯蓄率が4位の国と10位の国を比較すると，貯蓄率が高いほど年金制度が信頼できると回答した割合が低い。

4 年金制度が信頼できると回答した割合が1位の国は貯蓄率が最低であり，同じくその割合が2位の国は貯蓄率が低い方から2番目である。

5 年金制度が信頼できると回答した割合が高い国は，国家財政における年金の原資の積立額が高く，そのことが貯蓄率にも影響している。

5　次の表は，日本における種類別の農家数を示したものである。この表から読み取れる内容として，最も妥当なものはどれか。

(単位　千戸)

	総農家数	専業農家[1]	兼業農家[2]	第1種 (農業が主)	第2種 (農業が従)	専業農家 の割合 (％)
1950年	6176	3086	3090	1753	1337	50.0
1955年	6043	2105	3938	2275	1663	34.8
1960年	6057	2078	3979	2036	1942	34.3
1965年	5665	1219	4446	2081	2365	21.5
1970年	5402	845	4557	1814	2743	15.6
1975年	4953	616	4337	1259	3078	12.4
1980年	4661	623	4038	1002	3036	13.4
1985年	4376	626	3750	775	2975	14.3

1) 兼業する世帯員のいない農家。　2) 年間30日以上他に雇われた世帯員のいる農家。

(「農林水産省サイト統計データ」「農林水産省統計表」「改訂日本農業基礎統計」
『数字でみる日本の100年』より作成)

1　総農家数は，年数が経過するほど，一貫して減少を続けている。

2　総農家数に占める専業農家の割合を比較すると，一番小さい年と一番大きい年では，4倍を超える開きがある。

3　最も古いデータと最も新しいデータを比較すると，総農家数の減少率が専業農家の減少率を上回っている。

4　第2種兼業農家数は，1980年まで増加を続けた後，減少に転じている。

5　表中において，専業農家数のピークと第1種兼業農家数のピークは一致している。

6 次の表は，ヨーロッパ主要国のうち5カ国について，2018年における相手先別貿易額を表したものである。この表からいえることとして，最も妥当なものはどれか。

		輸出 (百万ドル)		輸入 (百万ドル)
イギリス	アメリカ合衆国	65362	ドイツ	91627
	ドイツ	47520	アメリカ合衆国	65404
	オランダ	34586	中国	62771
	フランス	31924	オランダ	55787
	アイルランド	28262	フランス	36752
	中国	27553	ベルギー	34819
	計	486595	計	673660
	EU	227796	EU	353670
イタリア	ドイツ	68779	ドイツ	82933
	フランス	57512	フランス	43293
	アメリカ合衆国	50032	中国	36453
	スペイン	28606	オランダ	26794
	イギリス	28085	スペイン	24517
	スイス	26412	ベルギー	22789
	計	549526	計	503240
	EU	281240	EU	282640
オランダ	ドイツ	173839	中国	100775
	ベルギー	80255	ドイツ	96163
	フランス	61502	ベルギー	52601
	イギリス	59634	アメリカ合衆国	46163
	アメリカ合衆国	31152	イギリス	35187
	計	726698	計	645502
	EU	477853	EU	258727
ベルギー	ドイツ	84075	オランダ	81668
	フランス	67794	ドイツ	59631
	オランダ	57261	フランス	42894
	イギリス	36976	アメリカ合衆国	31027
	アメリカ合衆国	24282	アイルランド	23323
	計	468617	計	454738
	EU	304994	EU	272604
ポーランド	ドイツ	74348	ドイツ	74161
	チェコ	16807	中国	21202
	イギリス	16433	ロシア	18821
	フランス	14664	オランダ	14919
	イタリア	12151	イタリア	13861
	計	263570	計	268959
	EU	195842	EU	181293

（『世界国勢図会2020/21』より作成）

1 イギリスからアメリカ合衆国への輸出額の割合は，イギリスの輸出額合計のうち15%以上を占めている。

2 イタリアからフランスへの輸出額の割合は，イタリアの輸出額合計のうち1割に満たない。

3　オランダのアメリカ合衆国からの輸入額の割合は，オランダの輸入額合計のうち20分の1を超えている。

4　5カ国のうち，輸出，輸入ともにドイツが最大の貿易相手国となっているのは，3カ国である。

5　5カ国ともに，EUへの輸出額の増加分がアメリカ合衆国及び中国への輸出額の増加分を上回っている。

7　次の表は，世界各国における石油製品精製量（単位　万t）の内訳を表したものである。この表からいえることとして，最も妥当なものはどれか。

	軽油	自動車ガソリン	重油	航空燃料	ナフサ	LPG・エタン	灯油
アメリカ合衆国	23760	36024	2374	7877	839	1038	34
中国	18239	13485	1957	4114	4469	2967	135
ロシア	8009	3803	5602	1243	2649	2761	—
インド	10845	3778	902	1459	1879	1017	436
日本	4562	3916	1534	1150	1318	448	1280
韓国	4658	1834	987	2194	3536	277	272
サウジアラビア	5281	2386	2554	432	874	134	727
ドイツ	4343	1981	738	535	764	342	1
ブラジル	3414	2048	1198	492	225	422	1
カナダ	3221	3323	474	566	175	152	76
イラン	2827	1757	2197	155	300	217	282
イタリア	2952	1568	851	222	639	135	49
スペイン	2714	910	553	19	137	140	930
イギリス	2030	1742	403	503	228	218	205
オランダ	1915	295	1168	765	1099	156	40
タイ	2315	810	553	557	1043	222	156
フランス	2479	1130	640	426	530	164	—
シンガポール	1097	911	538	1186	449	22	21
アラブ首長国連邦	1043	689	961	1240	1141	104	—
世界計	134978	100563	43420	31504	28140	13133	5678

（『世界国勢図会2020/21』より作成）

1　サウジアラビアにおける自動車ガソリンの精製量は，世界の自動車ガソリンの精製量合計のうち3％以上を占めている。

2　シンガポールにおける航空燃料の精製量は，世界の航空燃料の精製量合計のうち20分の1を超えている。

3　アメリカ合衆国における軽油の精製量は，世界の軽油の精製量合計のうち2割に満たない。

4　LGP・エタンの精製量が最少の国は，ナフサの精製量についても最少である。

5　表中における日本の精製量の順位は，いずれの製品についても上位3位以内に入っていない。

8　下のグラフは，A年におけるコンビニエンスストアの年間売上額の合計と商品販売額上位品目の割合について，数年後のB年のデータと比較したものである。これらから読み取れる内容として，正しいものはどれか。

コンビニエンスストア年間商品販売額上位品目の割合（%）

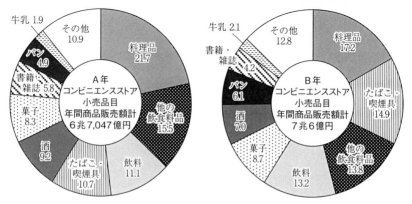

（経済産業省経済産業政策局調査統計部』より作成）

1　両年にわたって販売割合が1位の品目の販売額は減少しており，その減少幅は2,500億円を超えている。

2　両年の順位を比較すると，その変動がもっとも大きかった品目は，順位が3つ変動した。

3　コンビニエンスストアの販売額が増加していることについては，出店数の増加が関連している。

4　「その他」を除き，順位が変動している品目は6つ，変動していない品目は3つである。

5　両年にわたって販売割合が9位の品目の販売額は増加しており，その増加幅は200億円を上回っている。

9 次のグラフは，各種金属鉱の主要生産国を表したものである。ここからいえることとして，最も妥当なものはどれか。

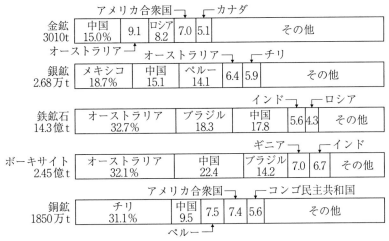

金鉱
3010t

アメリカ合衆国 ┐		┌カナダ		
中国 15.0%	9.1	ロシア 8.2	7.0 5.1	その他

オーストラリア ┘　　　　オーストラリア ┐　　┌チリ

銀鉱
2.68万t

メキシコ 18.7%	中国 15.1	ペルー 14.1	6.4 5.9	その他

　　　　　　　　　　　　　　インド ┐　　┌ロシア

鉄鉱石
14.3億t

オーストラリア 32.7%	ブラジル 18.3	中国 17.8	5.6 4.3	その他

　　　　　　　　　　　　ギニア ┐　　　┌インド

ボーキサイト
2.45億t

オーストラリア 32.1%	中国 22.4	ブラジル 14.2	7.0 6.7	その他

　　　　アメリカ合衆国 ┐　　┌コンゴ民主共和国

銅鉱
1850万t

チリ 31.1%	中国 9.5	7.5	7.4 5.6	その他

ペルー ┘

(『世界国勢図会2017/18』より作成)

1　オーストラリアにおけるボーキサイトの生産量は，8千万トンを上回っている。

2　いずれの金属鉱の生産においても，中国の生産量の割合は，2番目に多い値となっている。

3　チリにおける銅鉱の生産量は，6百万トンを上回っている。

4　ブラジルにおける鉄鉱石の生産量の割合は，インドにおける鉄鉱石の生産量の割合の4倍を超えている。

5　ペルーにおける銀鉱の生産量の割合は，オーストラリアにおける銀鉱の生産量の割合の2倍を超えている。

10 次の表は，各国および通貨同盟の実質GDP成長率と失業率を表している。この表から読み取れる内容として，妥当なものはどれか。

		2019年	2020年
中国	実質GDP成長率	6.0	2.2
	失業率	5.2	5.6
ユーロ圏	実質GDP成長率	1.6	− 6.4
	失業率	7.6	7.9
アメリカ	実質GDP成長率	2.3	− 3.4
	失業率	3.7	8.1
日本	実質GDP成長率	− 0.2	− 4.5
	失業率	2.3	2.8

（経済協力開発機構，国際復興開発基金のホームページより作成）

1　実質GDP成長率は全ての国・通貨同盟において落ち込んでいるが，失業率については上昇した国・通貨同盟と，減少した国・通貨同盟が混在している。

2　2019年において失業率が最も小さかった国・通貨同盟は，実質GDP成長率は最も大きかった。

3　2019年から2020年にかけて実質GDP成長率の落ち込みが最も大きかった国・通貨同盟は，2019年における失業率が最大であった。

4　2020年において失業率が最も大きかった国・通貨同盟は，実質GDP成長率が最低であった。

5　両年とも，実質GDPの総額が大きい国・通貨同盟ほど失業率が小さい傾向にある。

《 解 答 ・ 解 説 》

[1] 5

解説 1．誤り。2015年以降の中国の生産台数は減少傾向にある。また，2000～2010年では，中国よりも生産台数が多い国がある。 2．誤り。2019年のデータでは，1位は中国の約2500万台，2位はアメリカ合衆国の約1000万台なので，その差は3倍に満たない。 3．誤り。1979年の日本の順位は2位である。 4．誤り。原油価格の動向や世界全体の生産台数は，グラフから読み取れないので判断できない。 5．正しい。アメリカ合衆国の順位は，4位以下にはなっていない。

[2] 2

解説 1．誤り。ミャンマーにおける2016年のすず鉱の生産量は，$\dfrac{2016年の生産量}{1990年の生産量} = \dfrac{54000}{596} \fallingdotseq 90.6$より，1990年の生産量の100倍を下回っている。
2．正しい。2016年において，中国のすず鉱の生産量は，$\dfrac{中国の生産量}{世界全体の生産量} = \dfrac{92000}{288000} \fallingdotseq 0.319$より，世界全体の生産量の3割を超えている。 3．誤り。ペルーにおけるすず鉱の生産量について，$\dfrac{(2010年の生産量) - (2016年の生産量)}{2010年の生産量} \times 100 = \dfrac{70901 - 33848}{70901} \times 100 \fallingdotseq 52.3$〔％〕より，2000年から2010年にかけて減少率は60％未満である。 4．誤り。2016年のインドネシアのすず鉱の生産量は，$\dfrac{インドネシアの生産量}{世界全体の生産量} = \dfrac{52000}{288000} \fallingdotseq \dfrac{1}{5.5}$より，世界全体の生産量の5分の1未満である。 5．誤り。マレーシアにおけるすず鉱の生産量は，2010年から2015年にかけて増加している。

[3] 4

解説 1．誤り。2015年において塩の生産量が最も多いのは中国であるが，世界全体に占める割合については，$\dfrac{中国における塩の生産量}{世界全体における塩の生産量} \times 100 = \dfrac{66655}{277000} \times 100 \fallingdotseq 24.1$〔％〕であり，25％を下回っている。 2．誤り。2015年において，オーストラリアにおける塩の生産量は，$\dfrac{オーストラリアにおける塩の生産量}{ブルガリアにおける塩の生産量}$

$= \dfrac{11000}{3500} \fallingdotseq 3.1$〔倍〕より，ブルガリアの塩の生産量の3倍を上回っている。

3.　誤り。2016年において塩の生産量が2番目に多いのはアメリカ合衆国であるが，$\dfrac{\text{アメリカ合衆国における塩の生産量}}{\text{世界全体における塩の生産量}} \times 100 = \dfrac{42000}{274000} \times 100 \fallingdotseq 15.3$〔％〕より，世界全体の生産量の20％を下回っている。　4.　正しい。2016年において，ドイツにおける塩の生産量は，$\dfrac{\text{ドイツにおける塩の生産量}}{\text{ポーランドにおける塩の生産量}} = \dfrac{12900}{4170} \fallingdotseq 3.1$〔倍〕より，ポーランドの塩の生産量の3倍以上である。　5.　誤り。2015年において塩の生産量が最も少ない国はウクライナであるが，2016年において最も少ない国はエジプトである。

4　4

解説　1.　誤り。年金制度が信頼できると回答した割合が最も低い国は日本であり，貯蓄率が最大の国とは異なる。なお，貯蓄率が1位の国はイタリアある。　2.　誤り。オーストリアは両者ともに，4位である。　3.　誤り。貯蓄率が4位の国はオーストラリアであり，10位の国はポルトガルである。両国においては，貯蓄率が高いほど年金制度が信頼できると回答した割合が高い。4.　正しい。年金制度が信頼できる割合が高い国は上位からデンマーク，フィンランドの順であり，貯蓄率が低い方からみた順と同一である。　5.　誤り。国家財政における年金の原資の積立額はこの表からは読み取れない。

5　2

解説　1.　誤り。1955年と1960年の総農家数を比較すると，14千戸増加している。　2.　正しい。専業農家の割合は，最も大きいのが1950年$\dfrac{3086}{6176} \times 100 \fallingdotseq 50.0$〔％〕であるのに対して，最も小さいのが1975年$\dfrac{616}{4953} \times 100 \fallingdotseq 12.4$〔％〕であり，4倍を超える開きがある。　3.　誤り。総農家数と専業農家数の減少率について，1950年と1985年を比較すると，前者が$\dfrac{6176 - 4376}{6176} \times 100 \fallingdotseq 29.1$〔％〕であるが，後者は$\dfrac{3086 - 626}{3086} \times 100 \fallingdotseq 79.7$〔％〕なので，総農家数の方が低い。　4.　誤り。第2種兼業農家は1975年まで増加し続けている。　5.　誤り。専業農家数が最多だったのは1950年であるが，第1種

兼業農家については1955年である。

6 3

解説 1. 誤り。イギリスからアメリカ合衆国への輸出額の割合は，

$$\frac{\text{イギリスからアメリカ合衆国への輸出額}}{\text{イギリスの輸出額合計}} \times 100 = \frac{65362}{486595} \times 100 ≒ 13.4 〔\%〕$$

であり，15％には満たない。 2. 誤り。イタリアからフランスへの輸出額の割合は，$\frac{\text{イタリアからフランスへの輸出額}}{\text{イタリアの輸出額合計}} = \frac{57512}{549526} ≒ 0.105$ より，輸出額合計の1割以上を占めている。 3. 正しい。オランダのアメリカ合衆国からの輸入額の割合は，$\frac{\text{アメリカ合衆国からの輸入額}}{\text{オランダの輸入額合計}} = \frac{46163}{645502} ≒ \frac{1}{14}$ より，オランダの輸入額合計の20分の1を超えている。 4. 誤り。ドイツが輸出先，輸入先ともに1位となっているのは，イタリアとポーランドの2カ国である。 5. 誤り。「増加分」を比較するためには，複数の年のデータが必要であるが，ここではそれが示されていないので判断できない。

7 3

解説 1. 誤り。サウジアラビアにおける自動車ガソリンの精製量は，

$$\frac{\text{サウジアラビアの自動車ガソリン精製量}}{\text{世界の自動車ガソリン精製量合計}} \times 100 = \frac{2386}{100563} \times 100 ≒ 2.4 〔\%〕$$

より，世界全体のうち3％には満たない。 2. 誤り。シンガポールにおける航空燃料の精製量は，$\frac{\text{シンガポールの航空燃料精製量}}{\text{世界の航空燃料精製量合計}} = \frac{1186}{31504} ≒ \frac{1}{26.6}$ より，世界全体のうち20分の1には満たない。 3. 正しい。アメリカ合衆国における軽油の精製量は，$\frac{\text{アメリカ合衆国の軽油精製量}}{\text{世界の軽油精製量合計}} = \frac{23760}{134978} ≒ 0.176$ より，世界全体のうち2割には満たない。 4. 誤り。LPG・エタンの精製量が最少の国はシンガポールであり，ナフサの精製量が最少の国はスペインである。 5. 誤り。日本は，灯油の精製量については1位である。

8 1

解説 1. 正しい。両年において，1位の品目は料理品であり，A年においては，6兆7,047億×0.217 ≒ 1兆4,549億〔円〕であり，B年においては7兆6億×0.172 ≒ 1兆2,041億〔円〕であるから，減少しており，その減少分は，

1兆4,549億−1兆2,041億＝2,508億〔円〕である。　2．誤り。A年における販売額は，大きい品目から，料理品（1位），他の飲食料品（2位），飲料（3位），たばこ・喫煙具（4位），酒（5位），菓子（6位），書籍・雑誌（7位），パン（8位），牛乳（9位）の順であるが，B年における販売額は，料理品（1位），たばこ・喫煙具（2位），他の飲食料品（3位），飲料（4位），菓子（5位），酒（6位），パン（7位），書籍・雑誌（8位），牛乳（9位）である。順位の変動が最も大きかったのは，「たばこ・喫煙具」であり，4位から2位に2つ変動した。　3．誤り。本問は，コンビニエンスストアの出店数についてのデータは示されていない。　4．誤り。選択肢2の解説より，順位の変動がなかったのは料理品と牛乳の2品目であり，変動があったのは7品目である。　5．誤り。9位の品目はともに牛乳であり，A年の販売額は6兆7,047億×0.019≒1,274億〔円〕，7兆6億×0.021≒1,470億〔円〕であり，その差は，1,470億−1,274億＝196億〔円〕である。

9　5

解説　1．誤り。オーストラリアにおけるボーキサイトの生産量は，（2.45億）×0.321≒0.78645〔億t〕＝7864.5〔トン〕であり，8千万トン未満である。2．誤り。中国の生産量の割合は，金鉱では1番多く，鉄鉱石で3番目に多い値である。　3．誤り。チリにおける銅鉱の生産量は，（1850万）×0.311＝575.35〔万t〕であり，6百万トン未満である。　4．誤り。ブラジルにおける鉄鉱石の生産量の割合は，$\frac{ブラジルの鉄鉱石の生産量の割合}{インドの鉄鉱石の生産量の割合}=\frac{0.183}{0.056}≒3.3$〔倍〕より，インドにおける鉄鉱石の生産量の割合4倍未満である。　5．正しい。ペルーにおける銀鉱の生産量の割合は，$\frac{ペルーの銀鉱の生産量の割合}{オーストラリアの銀鉱の生産量の割合}=\frac{0.141}{0.064}≒2.2$〔倍〕より，オーストラリアにおける銀鉱の生産量の割合の2倍を超えている。

10　3

解説　1．誤り。表中において，全ての国・通貨同盟の実質GDP成長率が落ち込んでいる一方，失業率については，全ての国・通貨同盟において増加している。　2．誤り。2019年において，失業率が最も小さかった国・通貨同盟は日本であり（2.3％），同年において実質GDP成長率が最も大きかった

のは，中国である（6.0％）。　3.　正しい。実質GDP成長率について，最も落ち込みが激しかったのはユーロ圏であり，その減少幅は 1.6 − (− 6) = 8.0〔％〕である。2019年における失業率が最大の国・通貨同盟はユーロ圏であり，その値は7.6％である。なお，中国の実質GDP成長率の落ち込みは，6.0 − 2.2 = 3.8〔％〕であり，アメリカの実質GDP成長率の落ち込みは，2.3 − (− 3.4) = 5.7〔％〕である。また，日本の実質GDP成長率の落ち込みは，4.5 − 0.2 = 4.3〔％〕である。　4.　誤り。2020年において，失業率が最も大きかった国・通貨同盟はアメリカであり（8.1％），実質GDP成長率が最低であった国・通貨同盟はユーロ圏（− 6.4％）であった。　5.　誤り。実質GDPの総額は表中に示されていない。

第6部

論作文試験対策

- 論作文対策
- 実施課題例の分析

人物試験　論作文対策

############################ P O I N T ############################

● I.「論作文試験」とはなにか ●

(1)「論作文試験」を実施する目的

かつて18世紀フランスの博物学者，ビュフォンは「文は人なり」と言った。その人の知識・教養・思考力・思考方法・人間性などを知るには，その人が書いた文章を見るのが最良の方法であるという意味だ。

知識の質・量を調べる筆記試験の教養試験だけでは，判定しがたい受験生の資質をより正確にとらえるため，あるいは受験生の公務員としての適性を判断するため，多角的な観点から考査・評価を行う必要がある。

そのため論作文試験は，公務員試験のみならず，一般企業でも重視されているわけだが，とりわけ公務員の場合は，行政の中核にあって多様な諸事務を処理して国民に奉仕するという職務柄，人物試験とともに近年は一層重視されているのが現状だ。しかも，この傾向は，今後もさらに強くなると予想される。

同じ国語を使って，同じように制限された字数，時間の中で同じテーマの論作文を書いても，その論作文はまったく違ったものになる。おそらく学校で，同じ先生に同じように文章指導を受けたとしても，そうなるだろう。その違いのなかにおのずと受験生の姿が浮かび上がってくることになる。

採用側からみた論作文試験の意義をまとめると，次のようになる。

---

① 公務員としての資質を探る

公務員というのは，文字どおり公に従事するもの。地域住民に直接に接する機会も多い。民間企業の場合は，新入社員研修が何ヶ月もかけて行われることもあるが，公務員の場合は，ほとんどが短期間のうちに現場の真っ只中に入ることになる。したがって自立性や創造力などの資質を備えた人物が求められるわけで，論作文試験を通じて，そのような資質を判定することができる。

---

② 総合的な知識・理解力を知る

　論作文試験によって，公務員として必要な言語能力・文章表現能力を判定することや，公務員として職務を遂行するのにふさわしい基礎的な知識の理解度や実践への応用力を試すことができる。

　換言すれば，日本語を文章として正しく表現するための常識や，これまでの学校教育などで得た政治や経済などの一般常識を今後の実践の中でどれほど生かすことができるか，などの総合的な知識・理解力の判定をもしようということである。

③ 思考過程・論理の構成力を知る

　教養試験は，一般知識分野であれ一般知能分野であれ，その出題の質が総括的・分散的になりがちである。いわば「広く浅く」が出題の基本となりやすいわけだ。これでは受験生の思考過程や論理の構成力を判定することは不可能だ。その点，論作文試験ではひとつの重要な課題に対する奥深さを判定しやすい。

④ 受験生の人柄・人間性の判定

　人物試験（面接）と同様に，受験生の人格・人柄を判定しやすい。これは，文章の内容からばかりではなく，文章の書き方，誤字・脱字の有無，制限字数への配慮，文字の丁寧さなどからも判断される。

(2)「論作文試験」の実施状況

　公務員試験全体における人物重視の傾向とあいまって，論作文試験も重視される傾向にある。地方公務員の場合，試験を実施する都道府県・市町村などによって異なるが，行政事務関係はほぼ実施している。

(3) 字数制限と時間制限

　最も一般的な字数は1,000〜1,200字程度である。最も少ないところが600字，最大が2,000字と大きく開きがある。

　時間制限は，60〜90分，あるいは120分というのが一般的だ。この時間は，けっして充分なものではない。試しにストップウォッチで計ってみるといいが，他人の論作文を清書するだけでも，600字の場合なら約15分程度かかる。

テーマに即して，しかも用字・用語に気を配ってということになると，かなりのスピードが要求されるわけである。情報を整理し，簡潔に説明できる力を養う必要があるだろう。

（4）「論作文試験」の評価の基準

　採用試験の答案として書く論作文なので，その評価基準を意識して書くことも大切といえる。しかし，公務員試験における論作文の評価の基準は，いずれの都道府県などでも公表していないし，今後もそれを期待することはなかなか難しいだろう。

　ただ，過去のデータなどから手掛りとなるものはあるので，ここではそれらを参考に，一般的な評価基準を考えてみよう。

形式的な面からの評価	①	表記法に問題はないか。
	②	文脈に応じて適切な語句が使われているか。
	③	文（センテンス）の構造，語句の照応などに問題はないか。
内容的な面からの評価	①	テーマを的確に把握しているか。
	②	自分の考え方やものの見方をまとめ，テーマや論旨が明確に表現されているか。
	③	内容がよく整理され，段落の設定や論作文の構成に問題はないか。
総合的な面からの評価	①	公務員に必要な洞察力や創造力，あるいは常識や基礎学力は十分であるか。
	②	ものの見方や考え方が，公務員として望ましい方向にあるか。

　おおよそ以上のような評価の視点が考えられるが，これらはあらゆるテーマに対して共通しているということではない。それぞれのテーマによってそのポイントの移動があり，また，実施する自治体などによっても，このうちのどれに重点を置くかが異なってくる。

　ただ，一般的に言えることは，企業の採用試験などの場合，その多くは総合的な評価が重視され形式的な面はあまり重視されないが，公務員採用試験における論作文は，形式的な面も軽んじてはならないということである。なぜなら，公務員は採用後に公の文書を取り扱うわけで，それらには一定の

フォーマットがあるものが多いからだ。これへの適応能力が試されるのは当然である。

(5)「論作文試験」の出題傾向

　公務員試験の場合，出題の傾向をこれまでのテーマから見るのは難しい。一定の傾向がないからだ。

　ここ数年の例を見ると，「公務員となるにあたって」「公務員に求められる倫理観について」など，将来への抱負や心構え，公務員観に関するものから，「私が目指す●●県のまちづくり」「▲▲の魅力を挙げ，他地域の人々に▲▲を発信・セールスせよ」など，具体的なプランとアクションを挙げさせるところもあり，その種類まさに千差万別といえる。

　いずれにせよ，今までの自己体験，あるいは身近な事件を通して得た信条や生活観，自然観などを語らせ，その観点や感性から，公務員としての適性を知ろうとするものであることに変わりはないようだ。

● Ⅱ.「論作文試験」の事前準備 ●

(1) 試験の目的を理解する

　論作文試験の意義や評価の目的については前に述べたが，試験の準備を進めるためには，まずそれについてよく考え，理解を深めておく必要がある。その理解が，自分なりの準備方法を導きだしてくれるはずだ。

　例えば，あなたに好きなひとがいたとする。ラブレター（あるいはメール）を書きたいのだが，あいにく文章は苦手だ。文章の上手い友人に代筆を頼む手もあるが，これでは真心は通じないだろう。そこで，便せんいっぱいに「好きだ，好きだ，好きだ，好きだ，好きだ，好きだ」とだけ書いたとする。それで十分に情熱を伝えることができるし，場合によっては，どんな名文を書き連ねるよりも最高のラブレターになることだってある。あるいはサインペンで用紙いっぱいに一言「好き」と大書して送ってもいい。個人対個人間のラブレターなら，それでもいいのである。つまり，その目的が，「好き」という恋心を相手にだけわかってもらうことにあるからだ。

　文章の長さにしてもそうで，例えばこんな文がある。

> 「一筆啓上　火の用心　おせん泣かすな　馬肥やせ」

　これは徳川家康の家臣である本多作左衛門重次が，妻に宛てた短い手紙である。「一筆啓上」は「拝啓」に当たる意味で，「おせん泣かすな」は重次の唯一の子どもであるお仙（仙千代）を「泣かしたりせず，しっかりと育てなさい」と我が子をとても大事にしていたことが伺える。さらに，「馬肥やせ」は武将の家には欠くことのできない馬について「いざという時のために餌をしっかり与えて大事にしてくれ」と妻へアドバイスしている。短いながらもこの文面全体には，家族への愛情や心配，家の主としての責任感などがにじみ出ているかのようだ。

　世の中にはもっと短い手紙もある。フランスの文豪ヴィクトル・ユーゴーは『レ・ミゼラブル』を出版した際にその売れ行きが心配になり，出版社に対して「？」と書いただけの手紙を送った。すると出版社からは「！」という返事が届いたという。意味がおわかりだろうか。これは，「売れ行きはどうか？」「すごく売れていますよ！」というやりとりである。前提になる状況と目的によっては，「？」や「！」ひとつが，千万の言葉よりも，意思と感情を的確に相手に伝達することもあるのだ。

　しかし，論作文試験の場合はどうだろうか。「公務員を志望した動機」というテーマを出されて，「私は公務員になりたい，私は公務員になりたい，私は公務員になりたい，……」と600字分書いても，評価されることはないだろう。

　つまり論作文というのは，何度もいうように，人物試験を兼ねあわせて実施されるものである。この意義や目的を忘れてはいけない。しかも公務員採用試験の場合と民間企業の場合では，求められているものに違いもある。

　民間企業の場合でも業種によって違いがある。ということは，それぞれの意義や目的によって，対策や準備方法も違ってくるということである。これを理解した上で，自分なりの準備方法を見つけることが大切なのだ。

(2) 文章を書く習慣を身につける

　多くの人は「かしこまった文章を書くのが苦手」だという。携帯電話やパソコンで気楽なメールを頻繁にしている現在では，特にそうだという。論作文試験の準備としては，まずこの苦手意識を取り除くことが必要だろう。

　文章を書くということは，習慣がついてしまえばそれほど辛いものではな

い。習慣をつけるという意味では，第一に日記を書くこと，第二に手紙を書くのがよい。

① 「日記」を書いて筆力をつける

　実際にやってみればわかることだが，日記を半年間書き続けると，自分でも驚くほど筆力が身に付く。筆力というのは「文章を書く力」で，豊かな表現力・構成力，あるいはスピードを意味している。日記は他人に見せるものではないので，自由に書ける。材料は身辺雑事・雑感が主なので，いくらでもあるはず。この「自由に書ける」「材料がある」ということが，文章に慣れるためには大切なことなのだ。パソコンを使ってブログで長い文章を書くのも悪くはないが，本番試験はキーボードが使えるわけではないので，リズムが変わると書けない可能性もある。やはり紙にペンで書くべきだろう。

② 「手紙」を書いてみる

　手紙は，他人に用件や意思や感情を伝えるものである。最初から他人に読んでもらうことを目的にしている。ここが日記とは根本的に違う。つまり，読み手を意識して書かなければならないわけだ。そのために，一定の形式を踏まなければならないこともあるし，逆に，相手や時と場合によって形式をはずすこともある。感情を全面的に表わすこともあるし，抑えることもある。文章を書く場合，この読み手を想定して形式や感情を制御していくということは大切な要件である。手紙を書くことによって，このコツに慣れてくるわけだ。

「おっはよー，元気い（^_^）？　今日もめっちゃ寒いけど……」

「拝啓，朝夕はめっきり肌寒さを覚える今日このごろですが，皆々様におかれましては，いかがお過ごしかと……」

　手紙は，具体的に相手（読み手）を想定できるので，書く習慣がつけば，このような「書き分ける」能力も自然と身についてくる。つまり，文章のTPOといったものがわかってくるのである。

③ 新聞や雑誌のコラムを写してみる

　新聞や雑誌のコラムなどを写したりするのも，文章に慣れる王道の手段。最初は，とにかく書き写すだけでいい。ひたすら，書き写すのだ。

ペン習字などもお手本を書き写すが，それと同じだと思えばいい。ペン
習字と違うのは，文字面をなぞるのではなく，別の原稿用紙などに書き
写す点だ。

　とにかく，こうして書き写すことをしていると，まず文章のリズムが
わかってくる。ことばづかいや送り仮名の要領も身につく。文の構成法
も，なんとなく理解できてくる。実際，かつての作家の文章修業は，こ
うして模写をすることから始めたという。

　私たちが日本語を話す場合，文法をいちいち考えているわけではない
だろう。接続詞や助詞も自然に口をついて出ている。文章も本来，こう
ならなければならないのである。そのためには書き写す作業が一番いい
わけで，これも実際にやってみると，効果がよくわかる。

　なぜ，新聞や雑誌のコラムがよいかといえば，これらはマスメディア
用の文章だからである。不特定多数の読み手を想定して書かれているた
めに，一般的なルールに即して書かれていて，無難な表現であり，クセ
がない。公務員試験の論作文では，この点も大切なことなのだ。

　たとえば雨の音は，一般的に「ポツリ，ポツリ」「パラ，パラ」「ザァ，
ザァ」などと書く。ありふれた表現だが，裏を返せばありふれているだけ
に，だれにでも雨の音だとわかるはず。「朝から，あぶないな，と思って
いたら，峠への途中でパラ，パラとやってきた……」という文章があれ
ば，この「パラ，パラ」は雨だと想像しやすいだろう。

　一方，「シイ，シイ」「ピチ，ピチ」「トン，トン」「バタ，バタ」，雨
の音をこう表現しても決して悪いということはない。実際，聞き方によっ
ては，こう聞こえるときもある。しかし「朝から，あぶないな，と思っ
ていたら，峠への途中でシイ，シイとやってきた……」では，一般的に
は「シイ，シイ」が雨だとはわからない。

　論作文は，作家になるための素質を見るためのものではないから，や
はり後者ではマズイのである。受験論作文の練習に書き写す場合は，マ
スコミのコラムなどがよいというのは，そういうわけだ。

④　考えを正確に文章化する

　頭の中では論理的に構成されていても，それを文章に表現するのは意
外に難しい。主語が落ちているために内容がつかめなかったり，語彙が
貧弱で，述べたいことがうまく表現できなかったり，思いあまって言葉

足らずという文章を書く人は非常に多い。文章は，記録であると同時に伝達手段である。メモをとるのとは違うのだ。

　論理的にわかりやすい文章を書くには，言葉を選び，文法を考え，文脈を整え，結論と課題を比較してみる……，という訓練を続けることが大切だ。しかし，この場合，一人でやっていたのでは評価が甘く，また自分では気づかないこともあるので，友人や先輩，国語に詳しいかつての恩師など，第三者の客観的な意見を聞くと，正確な文章になっているかどうかの判断がつけやすい。

⑤　文章の構成力を高める

　正確な文章を書こうとすれば，必ず文章の構成をどうしたらよいかという問題につきあたる。文章の構成法については後述するが，そこに示した基本的な構成パターンをしっかり身につけておくこと。一つのテーマについて，何通りかの構成法で書き，これをいくつものテーマについて繰り返してみる。そうしているうちに，特に意識しなくてもしっかりした構成の文章が書けるようになるはずだ。

⑥　制限内に書く感覚を養う

　だれでも時間をかけてじっくり考えれば，それなりの文章が書けるだろう。しかし，実際の試験では字数制限や時間制限がある。練習の際には，ただ漫然と文章を書くのではなくて，字数や時間も実際の試験のように設定したうえで書いてみること。

　例えば800字以内という制限なら，その全体量はどれくらいなのかを実際に書いてみる。また，全体の構想に従って字数（行数）を配分すること。時間制限についても同様で，60分ならその時間内にどれだけのことが書けるのかを確認し，構想，執筆，推敲などの時間配分を考えてみる。この具体的な方法は後に述べる。

　こうして何度も文章を書いているうちに，さまざまな制限を無駄なく十分に使う感覚が身についてくる。この感覚は，練習を重ね，文章に親しまない限り，身に付かない。逆に言えば実際の試験ではそれが極めて有効な力を発揮するのが明らかなのだ。

● ● Ⅲ.「合格答案」作成上の留意点 ● ●

(1) テーマ把握上の注意

　さて，いよいよ試験が始まったとしよう。論作文試験でまず最初の関門になるのが，テーマを的確に把握できるか否かということ。どんなに立派な文章を書いても，それが課題テーマに合致していない限り，試験結果は絶望的である。不幸なことにそのような例は枚挙にいとまがないと言われる。ここでは犯しやすいミスを2，3例挙げてみよう。

---

　① 似たテーマと間違える

　例えば「私の生きかた」や「私の生きがい」などは，その典型的なもの。前者が生活スタイルや生活信条などが問われているのに対して，後者はどのようなことをし，どのように生きていくことが，自分の最も喜びとするところかが問われている。このようなニュアンスの違いも正確に把握することだ。

　② テーマ全体を正確に読まない

　特に，課題そのものが長い文章になっている場合，どのような条件を踏まえて何を述べなければならないかを，正確にとらえないまま書き始めてしまうことがある。例えば，下記のようなテーマがあったとする。

> 「あなたが公務員になったとき，職場の上司や先輩，地域の人々との人間関係において，何を大切にしたいと思いますか。自分の生活体験をもとに書きなさい」

　①公務員になったとき，②生活体験をもとに，というのがこのテーマの条件であり，「上司・先輩，地域の人々との人間関係において大切にしたいこと」というのが必答すべきことになる。このような点を一つひとつ把握しておかないと，内容に抜け落ちがあったり，構成上のバランスが崩れたりする原因になる。テーマを示されたらまず2回はゆっくりと読み，与えられているテーマの意味・内容を確認してから何をどう書くかという考察に移ることが必要だ。

　③ テーマの真意を正確につかまない

　「今，公務員に求められるもの」というテーマと「公務員に求められるもの」というテーマを比べた場合，"今"というたった1字があるか否か

で，出題者の求める答えは違ってくることに注意したい。言うまでもなく，後者がいわゆる「公務員の資質」を問うているのに対して，前者は「現況をふまえたうえで，できるだけ具体的に公務員の資質について述べること」が求められているのだ。

以上3点について述べた。こうやって示せば誰でも分かる当たり前のことのようだが，試験本番には受け取る側の状況もまた違ってくるはず。くれぐれも慎重に取り組みたいところだ。

(2) 内容・構成上の注意点

①　素材選びに時間をかけろ
テーマを正確に把握したら，次は結論を導きだすための素材が重要なポイントになる。公務員試験での論作文では，できるだけ実践的・経験的なものが望ましい。現実性のある具体的な素材を見つけだそう，書き始める前に十分考慮したい。

②　全体の構想を練る
さて，次に考えなくてはならないのが文章の構成である。相手を納得させるためにも，また字数や時間配分の目安をつけるためにも，全体のアウトラインを構想しておくことが必要だ。ただやみくもに書き始めると，文章があらぬ方向に行ってしまったり，広げた風呂敷をたたむのに苦労しかねない。

③文体を決める
文体は終始一貫させなければならない。文体によって論作文の印象もかなり違ってくる。〈です・ます〉体は丁寧な印象を与えるが，使い慣れないと文章がくどくなり，文末のリズムも単調になりやすい。〈である〉体は文章が重々しいが，断定するつもりのない場合でも断定しているかのような印象を与えやすい。

それぞれ一長一短がある。書きなれている人なら，テーマによって文体を使いわけるのが望ましいだろう。しかし，大概は文章のプロではないのだから，自分の最も書きやすい文体を一つ決めておくことが最良の策だ。

(3) 文章作成上の注意点

① ワン・センテンスを簡潔に

　一つの文（センテンス）にさまざまな要素を盛り込もうとする人がいるが，内容がわかりにくくなるだけでなく，時には主語・述語の関係が絡まり合い，文章としてすら成立しなくなることもある。このような文章は論旨が不明確になるだけでなく，読み手の心証もそこねてしまう。文章はできるだけ無駄を省き，わかりやすい文章を心掛けること。「一文はできるだけ簡潔に」が鉄則だ。

② 論点を整理する

　論作文試験の字数制限は多くても2,000字，少ない場合は600字程度ということもあり，決して多くはない。このように文字数が限られているのだから，文章を簡潔にすると同時に，論点をできるだけ整理し，特に必要のない要素は削ぎ落とすことだ。これはテーマが抽象的な場合や，逆に具体的に多くの条件を設定してる場合は，特に注意したい。

③ 段落を適切に設定する

　段落とは，文章全体の中で一つのまとまりをもった部分で，段落の終わりで改行し，書き始めは1字下げるのが決まりである。いくつかの小主題をもつ文章の場合，小主題に従って段落を設けないと，筆者の意図がわかりにくい文章になってしまう。逆に，段落が多すぎる文章もまた意図が伝わりにくく，まとまりのない印象の文章となる場合が多い。段落を設ける基準として，次のような場合があげられる。

① 場所や場面が変わるとき。	④ 思考が次の段階へ発展するとき。
② 対象が変わるとき。	⑤ 一つの部分を特に強調したいとき。
③ 立場や観点が変わるとき。	⑥ 同一段落が長くなりすぎて読みにくくなるとき。

これらを念頭に入れて適宜段落を設定する。

(4) 文章構成後のチェック点

① 主題がはっきりしているか。論作文全体を通して一貫しているか。課題にあったものになっているか。
② まとまった区切りを設けて書いているか。段落は，意味の上でも視覚的にもはっきりと設けてあるか。
③ 意味がはっきりしない言いまわしはないか。人によって違った意味にとられるようなことはないか。
④ 一つの文が長すぎないか。一つの文に多くの内容を詰め込みすぎているところはないか。
⑤ あまりにも簡単にまとめすぎていないか。そのために論作文全体が軽くなっていないか。
⑥ 抽象的ではないか。もっと具体的に表現する方法はないものか。
⑦ 意見や感想を述べる場合，裏づけとなる経験やデータとの関連性は妥当なものか。
⑧ 個人の意見や感想を，「われわれは」「私たちは」などと強引に一般化しているところはないか。
⑨ 表現や文体は統一されているか。
⑩ 文字や送り仮名は統一されているか。

　実際の試験では，こんなに細かくチェックしている時間はないだろうが，練習の際には，一つの論作文を書いたら，以上のようなことを必ずチェックしてみるとよいだろう。

● Ⅳ．「論作文試験」の実戦感覚 ●

　準備と対策の最後の仕上げは，"実戦での感覚"を養うことである。これは"実戦での要領"といってもよい。「要領がいい」という言葉には，「上手に」「巧みに」「手際よく」といった意味と同時に，「うまく表面をとりつくろう」「その場をごまかす」というニュアンスもある。「あいつは要領のいい男だ」という表現などを思い出してみれば分かるだろう。
　採用試験における論作文が，論作文試験という競争試験の一つとしてある以上，その意味での"要領"も欠かせないだろう。極端にいってしまえば，こうだ。

> 「約600字分だけ，たまたまでもすばらしいものが書ければよい」

　もちろん，本来はそれでは困るのだが，とにかく合格して採用されること
が先決だ。そのために，短時間でその要領をどう身につけるか，実戦ではど
う要領を発揮するべきなのか。

（1）時間と字数の実戦感覚

①　制限時間の感覚

　公務員試験の論作文試験の平均制限時間は，90分間である。この90
分間に文字はどれくらい書けるか。大学ノートなどに，やや丁寧に漢字
まじりの普通の文を書き写すとして，速い人で1分間約60字，つまり90
分間なら約5,400字。遅い人で約40字/1分間，つまり90分間なら約3,600
字。平均4,500字前後と見ておけばよいだろう。400字詰め原稿用紙にし
て11枚程度。これだけを考えれば，時間はたっぷりある。しかし，これ
はあくまでも「書き写す」場合であって，論作文している時間ではない。

　構想などが決まったうえで，言葉を選びながら論作文する場合は，速
い人で約20字前後/1分間，60分間なら約1,800字前後である。ちなみに，
文章のプロたち，例えば作家とか週刊誌の記者とかライターという職業
の人たちでも，ほぼこんなものなのだ。構想は別として，1時間に1,800
字，400字詰め原稿用紙で4〜5枚程度書ければ，だいたい職業人として
1人前である。言い換えれば，読者が読むに耐えうる原稿を書くためには，
これが限度だということである。

　さて，論作文試験に即していえば，もし制限字数1,200字なら，1,200
字÷20字で，文章をつづる時間は約60分間ということになる。そうだと
すれば，テーマの理解，着想，構想，それに書き終わった後の読み返し
などにあてられる時間は，残り30分間。これは実にシビアな時間である。
まず，この時間の感覚を，しっかりと頭に入れておこう。

②　制限字数の感覚

　これも一般には，なかなか感覚がつかめないもの。ちなみに，いま，
あなたが読んでいるこの本のこのページには，いったい何文字入っている
のか，すぐにわかるだろうか。答えは，1行が33字詰めで行数が32行，

空白部分もあるから約1,000字である。公務員試験の論作文試験の平均的な制限字数は1,200字となっているから，ほぼ，この本の約1頁強である。

　この制限字数を，「長い！」と思うか「短い！」と思うかは，人によって違いはあるはず。俳句は17文字に万感の想いを込めるから，これと比べれば1,000字は実に長い。一方，ニュース番組のアナウンサーが原稿を読む平均速度は，約400字程度／1分間とされているから，1,200字なら3分。アッという間である。つまり，1,200字というのは，そういう感覚の字数なのである。ここでは，論作文試験の1,200字という制限字数の妥当性については置いておく。1,200字というのが，どんな感覚の文字数かということを知っておけばよい。

　この感覚は，きわめて重要なことなのである。後でくわしく述べるが，実際にはこの制限字数によって，内容はもとより書き出しや構成なども，かなりの規制を受ける。しかし，それも試験なのだから，長いなら長いなりに，短いなら短いなりに対処する方法を考えなければならない。それが実戦に臨む構えであり，「要領」なのだ。

(2) 時間配分の実戦感覚

　90分間かけて，結果として1,200字程度の論作文を仕上げればよいわけだから，次は時間の配分をどうするか。開始のベルが鳴る（ブザーかも知れない）。テーマが示される。いわゆる「課題」である。さて，なにを，どう書くか。この「なにを」が着想であり，「どう書くか」が構想だ。

①　まず「着想」に10分間

　課題が明示されているのだから，「なにを」は決まっているように思われるかもしれないが，そんなことはない。たとえば「夢」という課題であったとして，昨日みた夢，こわかった夢，なぜか印象に残っている夢，将来の夢，仕事の夢，夢のある人生とは，夢のある社会とは，夢のない現代の若者について……などなど，書くことは多種多様にある。あるいは「夢想流剣法の真髄」といったものだってよいのだ。まず，この「なにを」を10分以内に決める。文章を書く，または論作文するときは，本来はこの「なにを」が重要なのであって，自分の知識や経験，感性を凝縮して，長い時間をかけて決めるのが理想なのだが，なにしろ制限時間があるので，やむをえず5分以内に決める。

② 次は「構想」に10分間

「構想」というのは，話の組み立て方である。着想したものを，どうやって1,200字程度の字数のなかに，うまく展開するかを考える。このときに重要なのは，材料の点検だ。

たとえば着想の段階で，「現代の若者は夢がないといわれるが，実際には夢はもっているのであって，その夢が実現不可能な空想的な夢ではなく，より現実的になっているだけだ。大きな夢に向かって猛進するのも人生だが，小さな夢を一つ一つ育んでいくのも意義ある人生だと思う」というようなことを書こうと決めたとして，ただダラダラと書いていったのでは，印象深い説得力のある論作文にはならない。したがってエピソードだとか，著名人の言葉とか，読んだ本の感想……といった材料が必要なわけだが，これの有無，その配置を点検するわけである。しかも，その材料の質・量によって，話のもっていきかた（論作文の構成法）も違ってくる。これを10分以内に決める。

実際には，着想に10分，構想に10分と明瞭に区別されるわけではなく，「なにを」は瞬間的に決まることがあるし，「なにを」と「どう書くか」を同時に考えることもある。ともあれ，着想と構想をあわせて，なにがなんでも20分以内に決めなければならないのである。

③ 「執筆」時間は60分間

これは前述したとおり。ただ書くだけの物理的時間が約15〜20分間かかるのだから，言葉を選び表現を考えながらでは60分間は実際に短かすぎるが，試験なのでやむをえない。

まずテーマを書く。氏名を書く。そして，いよいよ第1行の書き出しにかかる。「夢，私はこの言葉が好きだ。夢をみることは，神さまが人間だけに与えた特権だと思う……」「よく，最近の若者には夢がない，という声を聞く。たしかに，その一面はある。つい先日も，こんなことがあった……」「私の家の近所に，夢想流を継承する剣道の小さな道場がある。白髪で小柄な80歳に近い老人が道場主だ……」などと，着想したことを具体的に文章にしていくわけである。

人によっては，着想が決まると，このようにまず第1行を書き，ここで一息ついて後の構想を立てることもある。つまり，書き出しの文句を書きこむと，後の構想が立てやすくなるというわけである。これも一つ

の方法である。しかし，これは，よっぽど書きなれていないと危険をともなう。後の構想がまとまらないと何度も書き出しを書き直さなければならないからだ。したがって，論作文試験の場合は，やはり着想→構想→執筆と進んだほうが無難だろう。

④ 「点検」時間は10分間で

　論作文を書き終わる。当然，点検をしなければならない。誤字・脱字はもとより，送り仮名や語句の使い方，表現の妥当性も見直さなければならない。この作業を一般には「推敲」と呼ぶ。推敲は，文章を仕上げる上で欠かせない作業である。本来なら，この推敲には十分な時間をかけなければならない。文章は推敲すればするほど練りあがるし，また，文章の上達に欠かせないものである。

　しかし，論作文試験においては，この時間が10分間しかない。前述したように，1,200字の文章は，ニュースのアナウンサーが読みあげるスピードで読んでも，読むだけで約3分はかかる。だとすれば，手直しする時間は7分。ほとんどないに等しいわけだ。せいぜい誤字・脱字の点検しかできないだろう。論作文試験の時間配分では，このことをしっかり頭に入れておかなければならない。要するに論作文試験では，きわめて実戦的な「要領の良さ」が必要であり，準備・対策として，これを身につけておかなければならないということなのだ。

実施課題例の分析

岡山市

平成29年度

▼作文・短大，高校卒業程度，学校事務

　責任感の必要性について，自分自身の経験を踏まえ，あなたの考えを述べなさい。

《執筆の方針》

　作文の作成にあたっては，公務員のあり方についての考え方を根底に置きつつ，責任感を持つことの重要性について，自身の経験を基にして述べる。そのうえで，公務員としての責任の必要性について整理して述べていく。

《課題の分析》

　学生と異なり，職業人は社会人としての責任を果たすことが求められる。特に公務員は，全体への奉仕者として市民の健康で安全な生活を守り，安心して暮らせるようにすることが役割であり，使命である。そうした使命を果たすために，組織としての動きが求められる。したがって，公務員の使命を果たすためには個人の自由よりも組織が優先され，責任をもって与えられた組織としての役割を果たすことが求められる。それが，地方自治体の職員である公務員の責任である。

《作文のポイント》

　まず，学生と異なり，職業人は社会人としての責任を果たすことが求められることを述べ，責任をもって物事に取り組むことの重要性を述べる。その際，自分自身の経験を基に，具体的に論述していく。そのうえで，公務員の役割は，市民の健康で安全な生活を守り，安心して暮らせるようにすることであり，全体の奉仕者でなければならないことを強調する。そうした使命を果たすために，組織的な動きや規律などが必要であり，与えられた仕事に責任をもつことが必要であることを述べる。最後は，責任をもって公務員の仕事に取り組むことを述べて作文をまとめる。

平成28年度

▼作文・短大，高卒程度，学校事務

　公共の場でのマナーについて，自分自身の経験を踏まえ，あなたの考え

を述べなさい。

《執筆の方針》

　健全な社会を成り立たせるためには，社会人として公共の場でのマナーを守ることが不可欠であることを論じたうえで，どのように人々のマナーを高めていったらよいのか，経験を踏まえて論じる。

《課題の分析》

　社会は，人と人との関係のうえに成り立っており，そこには守らなければならないマナーやルールが存在する。それを明文化したものが法律である。また，法にまで至らなくても，円滑な社会生活を成り立たせるために，社会的なマナーが存在している。しかし，今日，個人の権利を優先するあまり，法やルール，モラルやマナーを守らない人が増えるなど，社会全体の規範意識が低下している。出題は，そうした状況を踏まえた設問であり，公共の場でのマナーについての考えを述べることを求めている。

《作文のポイント》

　まず，円滑な社会生活を成り立たせるためには，法やルールが必要であることを指摘する。人々が公共の場でのモラルやマナーを守ることによって社会が成り立っており，人々が円滑な生活を送ることができることを強調する。そのうえで，自分自身の経験を踏まえ，社会全体で互いに声をかけあったり，注意し合ったりする習慣をつくるといった取組みについて，整理して述べる。また，行政としても，そうした人と人との円滑な関係を構築するための地域コミュニティの構築が必要であることを述べる。単なる抽象論ではなく，具体的な取組みについて述べていきたい。最後は，そうした公共の場でのマナーを守る社会の創出に向け，公務員として努力していく決意を述べて作文をまとめる。

平成27年度

　▼作文・短大，高卒程度，学校事務

　人との信頼関係を築いていくために大切だと思うことについて，自分自身の経験を踏まえ，あなたの考えを述べなさい。

《執筆の方針・課題の分析》

　人との関わりの中で「信頼関係」に関して学んだ経験について述べ，その学びから得たものを公務員として今後の仕事にどう活かすかについて論述する。

　約束を守る，法令・規範・ルールを守る，時間・締切を守るといったこ

とは，出来ることが当然のようでありながら，ともすると守られないケースがある。これらを守る姿勢，仕事ぶりの蓄積が「信頼」となる。このような経験は学生時代の部活動やアルバイトの中でも体験したはずである。また，「信頼の失墜は，短時間のうちに簡単に起こりうるが，信頼を築くためには長い時間と努力を要する」ということもよく言われる。地道で着実な仕事の蓄積が信頼を生むとも言える。また，良い仕事もチームワークの良さによって実現する場合が多いが，そのような成功を生むためにも，互いの信頼感は不可欠と言える。

《作成のポイント》

　全体を序論，本論，結論の三部で構成する。第一段落は，自分の経験から「信頼」の大切さを身に染みて感じたエピソードを述べる。信頼から生まれた絆により組織力が向上し，大きな成果をあげた経験から「信頼」は財産と感じた，というような話でもよい。第二段落は，その経験から何を学んだかについて具体的に説明する。後々，仕事に活きる内容，特に役所において活かせる内容が望ましい。第三段落は，経験を活かして，岡山市の職員としてどのような考え方のもとに仕事をしていくかについて述べる。窓口業務などは勿論，その他の部署での対応を含め，1人の対応の失敗が全体への信頼を損なうという場面もある。公務員として市民からも同僚・上司からも「信頼される」存在になりたいという決意を述べる。こうした論文では「…と考えられる」のような論調よりは「私は…する」という論調の方が評価は高い。

平成26年度

　▼作文・短大，高卒程度，学校事務

　「チームワーク」について，自分自身の経験を踏まえ，あなたの考えを述べなさい。

《執筆の方針・課題の分析》

　チームワークの大切さや人間関係で大切にしていることを手がかりにして，受験者の人柄や職場への適応力を見極めようとしている。チームの一員としての自身の経験を踏まえて，これらの点をアピールする。

　学生時代，社会人経験を通じた部活動，サークル活動，アルバイト，ボランティアなどにおいて，円滑な人間関係やチーム力向上に向けて努力したこと，その過程で学んだことがあるはずである。団体競技としてのチームの場合は，チームワークなくして勝利はないが，勝敗を伴わない集団の場合でもチームワークは大切である。「どんな人からも学ぶところがあると

思った経験」「困ったときに助け合う仲間のありがたさ」「話し合い，コミュニケーションの大切さ」「根回しの大切さ」を感じた経験もあろう。期待されるキーワードとしては，「協調性」「コミュニケーション」「思いやり」などがある。

《作成のポイント》

　全体を四段落として構成してみよう。第一段落では，チームワークを学んだ集団，組織について説明する。第二段落では，チームワークの大切さ，チームとしての成果に結びついたエピソード等について具体的に述べる。「協調性」「相互理解」といったキーワードを中心に論述するとよい。第三段落では，その経験からの学びを今後，仕事をする上で，どのように活かしていきたいかについて述べる。特に市の職員チームで業務を進めていくことを想定し，何が大切かを意識して述べるとよい。キーワードとしては，チームを意識した行動，コミュニケーション能力，思いやりと良好な職場の人間関係といったところになろう。第四段落では，岡山市の職員として採用された後は，どのような決意で仕事をするつもりでいるか，心意気を述べる。その際にも人間関係の要素を含めて述べるようにしたい。

平成25年度

▼作文・短大，高卒程度，学校事務

　「携帯電話の普及とコミュニケーション力」について，あなたの考えを述べなさい。

《執筆の方針・課題の分析》

　携帯電話は今や，我々の生活にとってなくてはならない存在となり，これなしに生活することは困難とも言える。こうした状況の中で，コミュニケーションがどのように変化し，どのような配慮，努力が今後必要になっていくか，について論述する。

　携帯電話のメリットは今更言うまでもなく，それまでの通信方法を根本的に変化させた。しかし反面，人と人との交流を避ける個人主義や孤立化の傾向も生み，会話を減少させるマイナス効果も少なくない。面と向かっての会話と比較して，電話では誤解を生じるリスクがあるが，携帯電話によるメールでは，さらにそのリスクは増大する。直接対面してのコミュニケーションにおける礼儀なども疎かになり，本来のコミュニケーション能力が低下することも危惧される。便利さに伴う危険性を承知した上で使用することが大切である。

《作成のポイント》

　全体を三段落でまとめてみる。第一段落では，携帯電話の効用と現代社会における位置付けについて自身の認識を示す。第二段落では，携帯電話の普及に伴うコミュニケーション能力の低下の危険性について，指摘する。アイコンタクトという言葉もあるが，補助的手段としての携帯電話の利便性は活用しつつも，人と人との対面接触の大切さを忘れることは，本来のコミュニケーションの意義を考える上で危険であるという趣旨になる。第三段落では，自身が，人と人との交流や会話において何を重視しているかについて述べる。便利な道具は諸刃の剣であるので，仕事上のコミュニケーションにおいては，特に直接対話の大切さを忘れずに，相手の目を見て話をすることを基本として，対応していくべきことなどについて触れてもよい。

平成24年度

▼作文・事務（短大卒・高卒），学校事務

　「物質的な豊かさ」及び「精神的な豊かさ」について，あなたが考えたり，感じたりしていることを述べなさい。

《執筆の方針・課題の分析》

　「物質的な豊かさ」及び「精神的な豊かさ」について認識を示しつつ，受験者自身の「豊かさ」を感じる規準について考え方を述べる。

　100年前の人々と比較して，現代生活の物質的豊かさは比較にならないほど，豊かなものであるが，精神的充実感や幸福をそれだけ多く感じているとは限らない。幸福感は，他人との比較や社会的充足感に左右される部分が大きいためと言える。自殺者が多い社会状況からも，そのことは言える。人間の感じる精神的な豊かさは，必ずしも物質的な充足感とは比例しない。一般的に見て貧しい生活をしていても，本人は物質的に多くを望まず，幸福を感じ，満足して生活している場合もある。精神的な豊かさは，他者に対する思いやりや，人とのやりとり，感じている愛情などによって，より大きく左右されると言える。

《作成のポイント》

　全体を序論，本論，結論の三部構成としてみる。序論では，「物質的な豊かさ」及び「精神的な豊かさ」について述べる。ともすると，経済的な豊かさ，物欲重視の傾向があると言える。本論では，視点を変えて本当の豊かさ，人が幸福を感じるのはどのような場合かについて考えてみる。巨額な財産があり，高価なものを沢山もっていても，心が満たされていないケー

スもある。豊かさの規準は，自分の境遇をどのように感じるかというスケールの問題とも言える。結論では，精神的豊かさを追究して，仕事に対する満足感が得られるように日々努力し，職場や日常生活においても，人との関わりを大切にしていきたいという趣旨のことを述べるとよい。問われているのはあくまで「あなたが感じていること」ではあるが，公務員として期待される感性からはずれないように述べたい。

玉野市

令和4年度
▼作文

　現在，玉野市は市政運営の根幹となる新たな総合計画を策定しており，令和5年4月1日から当該計画に基づき様々な事業を展開していくこととなります。この出発点に際し，あなたは令和5年度重点施策のプロジェクトリーダーに選任されました。予算規模は1億円程度で，玉野市の現状と課題を踏まえた施策を推進するよう指示を受けました。あなたが推進すべきと考えるプロジェクト内容について，原稿用紙（20字×20行）3枚以内で具体的に述べてください。

　なお，内容に応じたタイトルを付けてください。

　玉野市職員採用情報ホームページに掲載している原稿用紙にパソコンで作成し，第2次試験に持参してください。

　また，作成した際に参考にした書籍等の紹介やウェブサイト等の資料があれば，そのコピーを添付してください。（ただし，返却はいたしません。ご了承ください。）

《執筆の方針》

　玉野市の現状と課題を踏まえ，推進すべきであると考えるプロジェクト内容について論じる。玉野市の新たな総合計画を踏まえて述べる必要がある。

《課題の分析》

　プロジェクトの柱として考えられるものに，①ローカルブランディング，②ヘルスケアサービス，③地方創生人材育成支援，④交流推進，⑤医療介護支援，⑥移住支援などが挙げられる。例えば，⑥の「移住支援」に関するプロジェクトリーダーに選任されたとして，予算規模1億円程度の施策を考えてみよう。人口減少対策，シティセールスとして有意義な事業とな

るように，SNSを活用した情報発信，移住に向けた総合的な支援，都市交流などの取組が考えられる。また，移住者に対する手厚い補助金，空き家利用に関する設備投資なども考えられる。

　令和4年に出された玉野市の市民意識調査結果によれば，公共施設や病院への移動手段がなく不便を感じている人の割合が高い。また，若者や子育て世帯の定住を促進するために注力すべき施策に関する記述の中で最も多い回答は，「若者や女性の雇用創出」となっている。こうした視点から具体的な提案をすることも効果的である。

《作成のポイント》

　全体を三部構成としてみよう。序論では，「推進すべきプロジェクト内容」のテーマを述べる。ここでは，例として「玉野市への移住支援」を挙げる。

　本論では，移住促進に係る具体的な事業内容について説明する。玉野市の魅力を知ってもらうための「情報発信」「体験活動」「移住コンシェルジュとの連携」「空き家の利活用」「地域コミュニティとの連携」などが考えられる。優先順位をつけて，適切な予算運用をするという視点も重要となる。具体的方策について，2本程度の方策の柱を立てて取組を提案するとよい。各柱にタイトルをつけると効果的である。自身のアイデアを積極的にアピールしよう。

　結論部分では，玉野市の持続的発展のため，市の魅力発信を始め職員として誠心誠意努力して創意工夫を活かしてさらに新しい魅力づくりにチャレンジする旨の決意を表したい。書き始める前に，全体の構成やキーワードについて構想の時間を確保する必要がある。

第7部

面接試験対策

- 面接対策
- 集団討論対策
- 実施課題例の分析

人物試験　面接対策

|||||||||||||||||||||||||||||| P O I N T ||||||||||||||||||||||||||||||

●●● Ⅰ．面接の意義 ●●●

　筆記試験や論作文（論文）試験が，受験者の一般的な教養の知識や理解の程度および表現力やものの考え方・感じ方などを評価するものであるのに対し，面接試験は人物を総合的に評価しようというものだ。

　すなわち，面接担当者が直接本人に接触し，さまざまな質問とそれに対する応答の繰り返しのなかから，公務員としての適応能力，あるいは職務遂行能力に関する情報を，できるだけ正確に得ようとするのが面接試験である。豊かな人間性がより求められている現在，特に面接が重視されており，一般企業においても，面接試験は非常に重視されているが，公務員という職業も給与は税金から支払われており，その職務を完全にまっとうできる人間が望まれる。その意味で，より面接試験に重きがおかれるのは当然と言えよう。

●●● Ⅱ．面接試験の目的 ●●●

　では，各都道府県市がこぞって面接試験を行う目的は，いったいどこにあるのだろうか。ごく一般的に言えば，面接試験の目的とは，おおよそ次のようなことである。

---

① 　人物の総合的な評価

　試験官が実際に受験者と対面することによって，その人物の容姿や表情，態度をまとめて観察し，総合的な評価をくだすことができる。ただし，ある程度，直観的・第一印象ではある。

② 　性格や性向の判別

　受験者の表情や動作を観察することにより性格や性向を判断するが，実際には短時間の面接であるので，面接官が社会的・人生的に豊かな経験の持ち主であることが必要とされよう。

---

③　動機・意欲等の確認

　公務員を志望した動機や公務員としての意欲を知ることは，論作文試験等によっても可能だが，さらに面接試験により，採用側の事情や期待内容を逆に説明し，それへの反応の観察，また質疑応答によって，試験官はより明確に動機や熱意を知ろうとする。

以上3点が，面接試験の最も基本的な目的であり，試験官はこれにそってさまざまな問題を用意することになる。さらに次の諸点にも，試験官の観察の目が光っていることを忘れてはならない。

④　質疑応答によって知識・教養の程度を知る

　筆記試験によって，すでに一応の知識・教養は確認しているが，面接試験においてはさらに付加質問を次々と行うことができ，その応答過程と内容から，受験者の知識教養の程度をより正確に判断しようとする。

⑤　言語能力や頭脳の回転の速さの観察

　言語による応答のなかで，相手方の意志の理解，自分の意志の伝達のスピードと要領の良さなど，受験者の頭脳の回転の速さや言語表現の諸能力を観察する。

⑥　思想・人生観などを知る

　これも論作文試験等によって知ることは可能だが，面接試験によりさらに詳しく聞いていくことができる。

⑦　協調性・指導性などの社会的性格を知る

　前述した面接試験の種類のうち，グループ・ディスカッションなどはこれを知るために考え出された。公務員という職業の場合，これらの資質を知ることは面接試験の大きな目的の一つとなる。

⬤ Ⅲ. 面接試験の問題点 ⬤

　これまで述べてきたように，公務員試験における面接試験の役割は大きいが，問題点もないわけではない。

　というのも，面接試験の場合，学校の試験のように"正答"というものがないからである。例えば，ある試験官は受験者の「自己PR＝売り込み」を意欲があると高く評価したとしても，別の試験官はこれを自信過剰と受け取り，公務員に適さないと判断するかもしれない。あるいは模範的な回答をしても，「マニュアル的だ」と受け取られることもある。

　もっとも，このような主観の相違によって評価が左右されないように，試験官を複数にしたり評価の基準が定められたりしているわけだが，それでもやはり，面接試験自体には次に述べるような一般的な問題点もあるのである。

---

① 短時間の面接で受験者の全体像を評価するのは容易でない

　面接試験は受験者にとってみれば，その人の生涯を決定するほど重要な場であるのだが，その緊張した短時間の間に日頃の人格と実力のすべてが発揮できるとは限らない。そのため第一印象だけで，その全体像も評価されてしまう危険性がある。

② 評価判断が試験官の主観で左右されやすい

　面接試験に現れるものは，そのほとんどが性格・性向などの人格的なもので，これは数値で示されるようなものではない。したがってその評価に客観性を明確に付与することは困難で，試験官の主観によって評価に大変な差が生じることがある。

③ 試験官の質問の巧拙などの技術が判定に影響する

　試験官の質問が拙劣なため，受験者の正しく明確な反応を得ることができず，そのため評価を誤ることがある。

④ 試験官の好悪の感情が判定を左右する場合がある

　これも面接が「人間 対 人間」によって行われる以上，多かれ少なかれ避けられないことである。この弊害を避けるため，前述したように試験官を複数にしたり複数回の面接を行ったりなどの工夫がされている。

⑤ 試験官の先入観や信念などで判定がゆがむことがある

　人は他人に接するとき無意識的な人物評価を行っており，この経験の積

み重ねで，人物評価に対してある程度の紋切り型の判断基準を持つようになっている。例えば，「額の広い人は頭がよい」とか「耳たぶが大きい人は人格円満」などというようなことで，試験官が高年齢者であるほどこの種の信念が強固であり，それが無意識的に評価をゆがめる場合も時としてある。

　面接試験には，このように多くの問題点と危険性が存在する。それらのほとんどが「対人間」の面接である以上，必然的に起こる本質的なものであれば，万全に解決されることを期待するのは難しい。しかし，だからといって面接試験の役割や重要性が，それで減少することは少しもないのであり，各市の面接担当者はこうした面接試験の役割と問題点の間で，どうしたらより客観的で公平な判定を下すことができるかを考え，さまざまな工夫をしているのである。最近の面接試験の形態が多様化しているのも，こうした採用側の努力の表れといえよう。

◖◗ Ⅳ．面接の質問内容 ◖◗

　ひとくちに面接試験といっても，果たしてどんなことを聞かれるのか，不安な人もいるはずだ。ここでは志望動機から日常生活にかかわることまで，それぞれ気に留めておきたい重要ポイントを交えて，予想される質問内容を一挙に列記しておく。当日になって慌てないように，「こんなことを聞かれたら（大体）こう答えよう」という自分なりの回答を頭の中で整理しておこう。

■志望動機編■

（1）　受験先の概要を把握して自分との接点を明確に

　公務員を受験した動機，理由については，就職試験の成否をも決めかねない重要な応答になる。また，どんな面接試験でも，避けて通ることのできない質問事項である。なぜなら志望動機は，就職先にとって最大の関心事のひとつであるからだ。受験者が，どれだけ公務員についての知識や情報をもったうえで受験をしているのかを調べようとする。

(2) 質問に対しては臨機応変の対応を

　受験者の立場でいえば，複数の受験をすることは常識である。もちろん「当職員以外に受験した県や一般企業がありますか」と聞く面接官も，それは承知している。したがって，同じ職種，同じ業種で何箇所かかけもちしている場合，正直に答えてもかまわない。しかし，「第一志望は何ですか」というような質問に対して，正直に答えるべきかどうかというと，やはりこれは疑問がある。一般的にはどんな企業や役所でも，ほかを第一志望にあげられれば，やはり愉快には思わない。

(3) 志望の理由は情熱をもって述べる

　志望動機を述べるときは，自分がどうして公務員を選んだのか，どこに大きな魅力を感じたのかを，できるだけ具体的に，しかも情熱をもって語ることが重要である。

　たとえば，「人の役に立つ仕事がしたい」と言っても，特に公務員でなければならない理由が浮かんでこない。

①例題Q & A

Q. あなたが公務員を志望した理由，または動機を述べてください。
A. 私は子どもの頃，周りの方にとても親切にしていただきました。それ以来，人に親切にして，人のために何かをすることが生きがいとなっておりました。ですから，一般の市民の方のために役立つことができ，奉仕していくことが夢でしたし，私の天職だと強く思い，志望させていただきました。

Q. もし公務員として採用されなかったら，どのようにするつもりですか。
A. もし不合格になった場合でも，私は何年かかってでも公務員になりたいという意志をもっています。しかし，一緒に暮らしている家族の意向などもありますので，相談いたしまして一般企業に就職するかもしれません。

②予想される質問内容

○ 公務員について知っていること，または印象などを述べてください。

○ 職業として公務員を選ぶときの基準として，あなたは何を重要視しましたか。

○ いつごろから公務員を受けようと思いましたか。

○ ほかには，どのような業種や会社を受験しているのですか。

○ 教職の資格を取得しているようですが，そちらに進むつもりはないのですか。

○ 志望先を決めるにあたり，どなたかに相談しましたか。

○ もし公務員と他の一般企業に，同時に合格したらどうするつもりですか。

■仕事に対する意識・動機編■

1　採用後の希望はその役所の方針を考慮して

　採用後の希望や抱負などは，志望動機さえ明確になっていれば，この種の質問に答えるのは，それほど難しいことではない。ただし，希望職種や希望部署など，採用後の待遇にも直接関係する質問である場合は，注意が必要だろう。また，勤続予定年数などについては，特に男性の場合，定年まで働くというのが一般的である。

2　勤務条件についての質問には柔軟な姿勢を見せる

　勤務の条件や内容などは，職種研究の対象であるから，当然，前もって下調べが必要なことはいうまでもない。

　「残業で遅くなっても大丈夫ですか」という質問は，女性の受験者によく出される。職業への熱意や意欲を問われているのだから，「残業は一切できません！」という柔軟性のない姿勢は論外だ。通勤方法や時間など，具体的な材料をあげて説明すれば，相手も納得するだろう。

　そのほか初任給など，採用後の待遇についての質問には，基本的に規定に

従うと答えるべき。新卒の場合，たとえ「給料の希望額は？」と聞かれても，「規定通りいただければ結構です」と答えるのが無難だ。間違っても，他業種との比較を口にするようなことをしてはいけない。

3 自分自身の言葉で職業観を表現する

就職や職業というものを，自分自身の生き方の中にどう位置づけるか，また，自分の生活の中で仕事とはどういう役割を果たすのかを考えてみることが重要だ。つまり，自分の能力を生かしたい，社会に貢献したい，自分の存在価値を社会的に実現してみたい，ある分野で何か自分の力を試してみたい……などを考えれば，おのずと就職するに当たっての心構えや意義は見えてくるはずである。

あとは，それを自分自身の人生観，志望職種や業種などとの関係を考えて組み立ててみれば，明確な答えが浮かび上がってくるだろう。

①例題 Q & A

Q. 公務員の採用が決まった場合の抱負を述べてください。
A. まず配属された部署の仕事に精通するよう努め，自分を一人前の公務員として，そして社会人として鍛えていきたいと思います。また，公務員の全体像を把握し，仕事の流れを一日も早くつかみたいと考えています。

Q. 公務員に採用されたら，定年まで勤めたいと思いますか。
A. もちろんそのつもりです。公務員という職業は，私自身が一生の仕事として選んだものです。特別の事情が起こらない限り，中途退職したり，転職することは考えられません。

②予想される質問内容

○ 公務員になったら，どのような仕事をしたいと思いますか。

○ 残業や休日出勤を命じられたようなとき，どのように対応しますか。

○ 公務員の仕事というのは苛酷なところもありますが，耐えていけますか。

○ 転勤については大丈夫ですか。

○ 公務員の初任給は○○円ですが，これで生活していけますか。

○ 学生生活と職場の生活との違いについては，どのように考えていますか。

○ 職場で仕事をしていく場合，どのような心構えが必要だと思いますか。

○ 公務員という言葉から，あなたはどういうものを連想しますか。

○ あなたにとって，就職とはどのような意味をもつものですか。

■自己紹介・自己PR編■

1 長所や短所をバランスよくとりあげて自己分析を

人間には，それぞれ長所や短所が表裏一体としてあるものだから，性格についての質問には，率直に答えればよい。短所については素直に認め，長所については謙虚さを失わずに語るというのが基本だが，職種によっては決定的にマイナスととられる性格というのがあるから，その点だけは十分に配慮して応答しなければならない。

「物事に熱しやすく冷めやすい」といえば短所だが，「好奇心旺盛」といえば長所だ。こうした質問に対する有効な応答は，恩師や級友などによる評価，交友関係から見た自己分析など具体的な例を交えて話すようにすれば，より説得力が増すであろう。

2 履歴書の内容を覚えておき，よどみなく答える

履歴書などにどんなことを書いて提出したかを，きちんと覚えておく。重要な応募書類は，コピーを取って，手元に控えを保管しておくと安心だ。

3 志望職決定の際，両親の意向を問われることも

　面接の席で両親の同意をとりつけているかどうか問われることもある。家族関係がうまくいっているかどうかの判断材料にもなるので，親の考えも伝えながら，明確に答える必要がある。この際，あまり家族への依存心が強いと思われるような発言は控えよう。

①例題Q＆A

Q. あなたのセールスポイントをあげて，自己PRをしてください。
A. 性格は陽気で，バイタリティーと体力には自信があります。高校時代は山岳部に属し，休日ごとに山歩きをしていました。3年間鍛えた体力と精神力をフルに生かして，ばりばり仕事をしたいと思います。

Q. あなたは人と話すのが好きですか，それとも苦手なほうですか。
A. はい，大好きです。高校ではサッカー部のマネージャーをやっておりましたし，大学に入ってからも，同好会でしたがサッカー部の渉外担当をつとめました。試合のスケジュールなど，外部の人と接する機会も多かったため，初対面の人とでもあまり緊張しないで話せるようになりました。

②予想される質問内容

> ○ あなたは自分をどういう性格だと思っていますか。
>
> ○ あなたの性格で，長所と短所を挙げてみてください。
>
> ○ あなたは，友人の間でリーダーシップをとるほうですか。
>
> ○ あなたは他の人と協調して行動することができますか。
>
> ○ たとえば，仕事上のことで上司と意見が対立したようなとき，どう対処しますか。
>
> ○ あなたは何か資格をもっていますか。また，それを取得したのはどうしてですか。

○ これまでに何か大きな病気をしたり，入院した経験がありますか。

○ あなたが公務員を志望したことについて，ご両親はどうおっしゃっていますか。

■日常生活・人生観編■

1　趣味はその楽しさや面白さを分かりやすく語ろう

余暇をどのように楽しんでいるかは，その人の人柄を知るための大きな手がかりになる。趣味は"人間の魅力"を形作るのに重要な要素となっているという側面があり，面接官は，受験者の趣味や娯楽などを通して，その人物の人柄を知ろうとする。

2　健全な生活習慣を実践している様子を伝える

休日や余暇の使い方は，本来は勤労者の自由な裁量に任されているもの。とはいっても，健全な生活習慣なしに，創造的で建設的な職場の生活は営めないと，採用側は考えている。日常の生活をどのように律しているか，この点から，受験者の社会人・公務員としての自覚と適性を見極めようというものである。

3　生活信条やモットーなどは自分自身の言葉で

生活信条とかモットーといったものは，個人的なテーマであるため，答えは千差万別である。受験者それぞれによって応答が異なるから，面接官も興味を抱いて，話が次々に発展するケースも多い。それだけに，嘘や見栄は禁物で，話を続けるうちに，矛盾や身についていない考えはすぐ見破られてしまう。自分の信念をしっかり持って，臨機応変に進めていく修練が必要となる。

①例題Q & A

> Q. スポーツは好きですか。また，どんな種目が好きですか。
>
> A. はい。手軽に誰にでもできるというのが魅力ではじめたランニングですが，毎朝家の近くを走っています。体力増強という面もありますが，ランニングを終わってシャワーを浴びると，今日も一日が始まるという感じがして，生活のけじめをつけるのにも大変よいものです。目標は秋に行われる●●マラソンに出ることです。

> Q. 日常の健康管理に，どのようなことを心がけていますか。
>
> A. 私の場合，とにかく規則的な生活をするよう心がけています。それとあまり車を使わず，できるだけ歩くようにしていることなどです。

②予想される質問内容

> ○ あなたはどのような趣味をもっているか，話してみてください。
>
> ○ あなたはギャンブルについて，どのように考えていますか。
>
> ○ お酒は飲みますか。飲むとしたらどの程度飲めますか。
>
> ○ ふだんの生活は朝型ですか，それとも夜型ですか。
>
> ○ あなたの生き方に影響を及ぼした人，尊敬する人などがいたら話してください。
>
> ○ あなたにとっての生きがいは何か，述べてみてください。
>
> ○ 現代の若者について，同世代としてあなたはどう思いますか。

■一般常識・時事問題編■

1　新聞には必ず目を通し，重要な記事は他紙と併読

　一般常識・時事問題については筆記試験の分野に属するが，面接でこうしたテーマがもち出されることも珍しくない。受験者がどれだけ社会問題に関

心をもっているか，一般常識をもっているか，また物事の見方・考え方に偏りがないかなどを判定しようというものである。知識や教養だけではなく，一問一答の応答を通じて，その人の性格や適応能力まで判断されることになると考えておくほうがよいだろう。

2　社会に目を向け，健全な批判精神を示す

思想の傾向や政治・経済などについて細かい質問をされることが稀にあるが，それは誰でも少しは緊張するのはやむをえない。

考えてみれば思想の自由は憲法にも保証された権利であるし，支持政党や選挙の際の投票基準についても，本来，他人からどうこう言われる筋合いのものではない。そんなことは採用する側も認識していることであり，政治思想そのものを採用・不採用の主材料にすることはない。むしろ関心をもっているのは，受験者が，社会的現実にどの程度目を向け，どのように判断しているかということなのだ。

①例題Q & A

Q. 今日の朝刊で，特に印象に残っている記事について述べてください。
A.　△△市の市長のリコールが成立した記事が印象に残っています。違法な専決処分を繰り返した事に対しての批判などが原因でリコールされたわけですが，市民運動の大きな力を感じさせられました。

Q. これからの高齢化社会に向けて，あなたの意見を述べてください。
A.　やはり行政の立場から高齢者サービスのネットワークを推進し，老人が安心して暮らせるような社会を作っていくのが基本だと思います。それと，誰もがやがて迎える老年期に向けて，心の準備をしていくような生活態度が必要だと思います。

②予想される質問内容

> ○ あなたがいつも読んでいる新聞や雑誌を言ってください。
>
> ○ あなたは，政治や経済についてどのくらい関心をもっていますか。
>
> ○ 最近テレビで話題の××事件の犯人逮捕についてどう思いますか。
>
> ○ △△事件の被告人が勝訴の判決を得ましたがこれについてどう思いますか。

③面接の方法

（1）　一問一答法

　面接官の質問が具体的で，受験者が応答しやすい最も一般的な方法である。例えば，「学生時代にクラブ活動をやりましたか」「何をやっていましたか」「クラブ活動は何を指導できますか」というように，それぞれの質問に対し受験者が端的に応答できる形式である。この方法では，質問の応答も具体的なため評価がしやすく，短時間に多くの情報を得ることができる。

（2）　供述法

　受験者の考え方，理解力，表現力などを見る方法で，面接官の質問は総括的である。例えば，「愛読書のどういう点が好きなのですか」「○○事件の問題点はどこにあると思いますか」といったように，一問一答ではなく，受験者が自分の考えを論じなければならない。面接官は，質問に対し，受験者がどのような角度から応答し，どの点を重視するか，いかに要領よく自分の考えを披露できるかなどを観察・評価している。

（3）　非指示的方法

　受験者に自由に発言させ，面接官は話題を引き出した論旨の不明瞭な点を明らかにするなどの場合に限って，最小限度の質問をするだけという方法で。

（4）　圧迫面接法

　意識的に受験者の神経を圧迫して精神状態を緊張させ，それに対する受験者の応答や全体的な反応を観察する方法である。例えば「そんな安易な考えで，職務が務まると思っているんですか？」などと，受験者の応答をあまり考慮せずに，語調を強めて論議を仕掛けたり，枝葉末節を捉えて揚げ足取り

をする，受験者の弱点を大げさに捉えた言葉を頻発する，質問責めにするといった具合で，受験者にとっては好ましくない面接法といえる。そのような不快な緊張状況が続く環境の中での受験者の自制心や忍耐力，判断力の変化などを観察するのが，この面接法の目的だ。

◖◗ V. 面接Q＆A ◖◗

★社会人になるにあたって大切なことは？★

〈良い例①〉

　責任を持って物事にあたることだと考えます。学生時代は多少の失敗をしても，許してくれました。しかし，社会人となったら，この学生気分の甘えを完全にぬぐい去らなければいけないと思います。

〈良い例②〉

　気分次第な行動を慎み，常に，安定した精神状態を維持することだと考えています。気持ちのムラは仕事のミスにつながってしまいます。そのために社会人になったら，精神と肉体の健康の安定を維持して，仕事をしたいのです。

〈悪い例①〉

　社会人としての自覚を持ち，社会人として恥ずかしくない人間になることだと思います。

〈悪い例②〉

　よりよい社会を作るために，政治，経済の動向に気を配り，国家的見地に立って物事を見るようにすることが大切だと思います。

●コメント

　この質問に対しては，社会人としての自覚を持つんだという点を強調すべきである。〈良い例〉では，学生時代を反省し，社会へ出ていくのだという意欲が感じられる。

　一方〈悪い例①〉では，あまりにも漠然としていて，具体性に欠けている。また〈悪い例②〉のような，背のびした回答は避ける方が無難だ。

★簡単な自己PRをして下さい。★

〈良い例①〉

　体力には自信があります。学生時代，山岳部に所属していました。登頂した山が増えるにつれて，私の体力も向上してきました。それに度胸というようなものがついてきたようです。

〈良い例②〉

　私のセールスポイントは，頑張り屋ということです。高校時代では部活動のキャプテンをやっていましたので，まとめ役としてチームを引っ張り，県大会出場を果たしました。

〈悪い例①〉

　セールスポイントは，3点あります。性格が明るいこと，体が丈夫なこと，スポーツが好きなことです。

〈悪い例②〉

　自己PRですか……エピソードは……ちょっと突然すぎて，それに一言では……。

〈悪い例③〉

　私は自分に絶対の自信があり，なんでもやりこなせると信じています。これまでも，たいていのことは人に負けませんでした。公務員になりましたら，どんな仕事でもこなせる自信があります。

●コメント

　　自己PRのコツは，具体的なエピソード，体験をおりまぜて，誇張しすぎず説得力を持たせることである。

　　〈悪い例①〉は具体性がなく迫力に欠ける。②はなんとも歯ぎれが悪く，とっさの場合の判断力のなさを印象づける。③は抽象的すぎるし，自信過剰で嫌味さえ感じられる。

★健康状態はいかがですか？★

〈良い例①〉

　健康なほうです。以前は冬になるとよくカゼをひきましたが，4年くらい前にジョギングを始めてから，風邪をひかなくなりました。

〈良い例②〉

　いたって健康です。中学生のときからテニスで体をきたえているせいか，寝こむような病気にかかったことはありません。

〈悪い例①〉

　寝こむほどの病気はしません。ただ，少々貧血気味で，たまに気分が悪くなることがありますが，あまり心配はしていません。勤務には十分耐えられる健康状態だと思います。

〈悪い例②〉

　まあ，健康なほうです。ときどき頭痛がすることがありますが，睡眠不足や疲れのせいでしょう。社会人として規則正しい生活をするようになれば，たぶん治ると思います。

●コメント

　多少，健康に不安があっても，とりたててそのことを言わないほうがいい。〈悪い例②〉のように健康維持の心がけを欠いているような発言は避けるべきだ。まず健康状態は良好であると述べ，日頃の健康管理について付け加える。スポーツばかりではなく，早寝早起き，十分な睡眠，精神衛生などに触れるのも悪くない。

★どんなスポーツをしていますか？★

〈良い例①〉

　毎日しているスポーツはありませんが，週末によく卓球をします。他のスポーツに比べると，どうも地味なスポーツに見られがちなのですが，皆さんが思うよりかなり激しいスポーツで，全身の運動になります。

〈良い例②〉

　私はあまり運動が得意なほうではありませんので，小さいころから自主的
にスポーツをしたことがありませんでした。でも，去年テレビでジャズダン
スを見ているうちにあれならば私にもできそうだという気がして，ここ半年
余り週１回のペースで習っています。

〈悪い例①〉

　スポーツはどちらかといえば見る方が好きです。よくテレビでプロ野球中
継を見ます。

● コメント

　　スポーツをしている人は，健康・行動力・協調性・明朗さなどに富んで
　いるというのが一般の（試験官の）イメージだ。〈悪い例①〉のように見る
　方が好きだというのは個人の趣向なので構わないが，それで終わってしま
　うのは好ましくない。

★クラブ・サークル活動の経験はありますか？★

〈良い例①〉

　剣道をやっていました。剣道を通じて，自分との戦いに勝つことを学び，
また心身ともに鍛えられました。それから横のつながりだけでなく先輩，後
輩との縦のつながりができたことも収穫の一つでした。

〈良い例②〉

　バスケット部に入っておりました。私は，中学生のときからバスケットを
やっていましたから，もう６年やったことになります。高校までは正選手で，
大きな試合にも出ていました。授業終了後，２時間の練習があります。また，
休暇時期には，合宿練習がありまして，これには，ＯＢも参加し，かなり
ハードです。

〈悪い例①〉

　私は社会心理研究会という同好会に所属していました。マスコミからの情報が，大衆心理にどのような影響をおよぼしているのかを研究していました。大学に入ったら，サークル活動をしようと思っていました。それが，いろいろな部にあたったのですが，迷ってなかなか決まらなかったのです。そんなとき，友人がこの同好会に入ったので，それでは私も，ということで入りました。

〈悪い例②〉

　何もしていませんでした。どうしてもやりたいものもなかったし，通学に２時間半ほどかかり，クラブ活動をしていると帰宅が遅くなってしまいますので，結局クラブには入りませんでした。

●コメント

　クラブ・サークル活動の所属の有無は，協調性とか本人の特技を知るためのものであり，どこの採用試験でも必ず質問される。クラブ活動の内容，本人の役割分担，そこから何を学んだかがポイントとなる。具体的な経験を加えて話すのがよい。ただ，「サークル活動で●●を学んだ」という話は試験官にはやや食傷気味でもあるので，内容の練り方は十分に行いたい。

　〈悪い例①〉は入部した動機がはっきりしていない。〈悪い例②〉では，クラブ活動をやっていなかった場合，必ず別のセールスポイントを用意しておきたい。例えば，ボランティア活動をしていたとか，体力なら自信がある，などだ。それに「何も夢中になることがなかった」では人間としての積極性に欠けてしまう。

★新聞は読んでいますか？★

〈良い例①〉

　毎日，読んでおります。朝日新聞をとっていますが，朝刊では"天声人語"や"ひと"そして政治・経済・国際欄を念入りに読みます。夕刊では，"窓"を必ず読むようにしています。

〈良い例②〉

　読売新聞を読んでいます。高校のころから，政治，経済面を必ず読むよう，自分に義務づけています。最初は味気なく，つまらないと思ったのですが，このごろは興味深く読んでいます。

〈悪い例①〉

　定期購読している新聞はありません。ニュースはほとんどテレビやインターネットで見られますので。たまに駅の売店などでスポーツ新聞や夕刊紙などを買って読んでいます。主にどこを読むかというと，これらの新聞の芸能・レジャー情報などです。

〈悪い例②〉

　毎日新聞を読んでいますが，特にどこを読むということはなく，全体に目を通します。毎日新聞は，私が決めたわけではなく，実家の両親が購読していたので，私も習慣としてそれを読んでいます。

●コメント

　この質問は，あなたの社会的関心度をみるためのものである。毎日，目を通すかどうかで日々の生活規律やパターンを知ろうとするねらいもある。具体的には，夕刊紙ではなく朝日，読売，毎日などの全国紙を挙げるのが無難であり，読むページも，政治・経済面を中心とするのが望ましい。

　〈良い例①〉は，購読している新聞，記事の題名などが具体的であり，真剣に読んでいるという真実味がある。直近の記憶に残った記事について感想を述べるとなお印象は良くなるだろう。〈悪い例①〉は，「たまに読んでいる」ということで×。それに読む記事の内容からも社会的関心の低さが感じられる。〈悪い例②〉は〈良い例①〉にくらべ，具体的な記事が挙げられておらず，かなりラフな読み方をしていると思われても仕方がない。

人物試験　　集団討論対策

　近年，社会性や人間関係能力，コミュニケーション能力などが特に重視されるようになってきた。行政が組織的に実践されていることからわかるとおり，集団の一員としての資質や組織的な役割意識，そして課題解決能力が求められているのである。集団討論はこれらの評価や公務員としての適性を判断する手段として，全国的に採用試験で実施されるようになった。集団討論は，主に2次試験で実施されることが多い。一般的には，小グループにテーマを与えて，一定時間の中で討論させる方法が実施されている。

◖◗ 面接試験の形式 ◖◗

[一例]

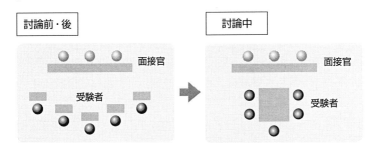

- **■形式**　受験者が6～8人程度で面接官が2～4人程度
- **■内容**　グループに課題を与え，1人1～2分で意見を述べてから全体で自由討議に入る。司会者を受験生の中から選び進行させたり，司会者を決めないで進行させたりし，面接官は観察や評価に専念する。
- **■時間**　30～50分程度
- **■特徴**　集団活動を通して，受験者の協調性や社会性，論理性や判断力など集団内での社会的能力を観察できる。これは面接官が評価に専念できる利点がある一面，あまり発言できない受験者の評価が十分にできないといった欠点もある。

■手順

1　グループで座り，討論のテーマが提示される。
2　各自テーマを読み，5分間程度で自分の考えをメモにまとめ討論の準備をする。
3　各自1分間程度でテーマについての意見を述べる。
4　全員意見を述べたら20分間の課題解決型討論を始める。
5　採点者は，受験者の討論を観察し評価する。
6　討論後，面接官からの質問に答える。

★ポイント　協調性や社会性といった社会的能力を中心に評価されるので，相手の意見を尊重しながら自分の主張を行うようにする。自分の意見に固執したり，他の意見に攻撃的に反論したりしないように注意する必要がある。

◖◗◗ 集団討論の意義 ◖◗◗

　このようにして，面接前の態勢を整えるが，やはり，主担当者がいて，全体を取り仕切っているのであるから，面接の期間中，その人物の言動から目を逸らさないようにすることである。出題に関しては，次に述べることとするが，この集団討論での重要なことは，討論に入る前であり，その態勢をどのようにつくるかである。さらに，それぞれの意見交換ということになるので，最初の出会いの時のそれぞれの印象が強く残るということになる。

◖◗◗ 実施形式と攻略法 ◖◗◗

①面接官主導の討論

　自己紹介という形で，それぞれに1～2分間ずつ時間が与えられることが多い。このことで，その集団の様子が明らかになるが，面接官がすべて指示するため，受験者がコの字型や円形になっている中心に，面接官が1人加わることになる。

　課題の提示は，面接官が課題を読み上げる方法や受験者各自に紙面が配られる場合，会場の掲示板に示してある場合などがあるが，ほとんどの場合は，後者2つの方法であるため討論中に課題を忘却することはないと考

えられる。

　応答の形式等すべて，面接官の指示に従うことであるが，注意すべきことは，議論に熱中するあまり，発言時間を超過してしまうことである。この傾向についてはよく見られることであるため，面接官よりあらかじめ「発言時間は，1分以内」との指示もあるはずである。しかも，時間超過には発言中断の注意が発せられることになるため，自らの発言については要注意である。このとき，前述したことであるが，発言内容を「結論から」述べ，次に「その理由」とし，他の受験者がもっと聞きたいと思うようになることが望ましく，対話的になるのがよいのである。

②受験者相互の意見交換

　着席してから質疑に入る前に点呼をとり，受験者の確認があり，その後，自己紹介という形で，それぞれに1〜2分間ずつ時間が与えられることが多いのは，面接官主導の討論の場合と同様である。このことで，その集団の様子が明らかになるが，受験生がコの字型や円形になっている場合，面接官が加わることはないのである。

　そして，面接官から，「どなたか，司会になっていただけませんか。」といわれる場合と「これからは，それぞれ自由に意見を出し合って，討論をしていただきます。」という2つの形態があり，後者の傾向が強くなりつつあるようである。このことは，前者の場合，司会を決定するまでに手間がかかり，それぞれの討論時間が均一にならない，という事情があるからである。したがって，示された課題に対する最初の意見表明は，かなりの度胸も必要になるが，そのことが，全体の雰囲気を左右することにもなるため，慎重になるべきである。

● 集団討論試験に対する対応の基本 ●

〈集団討論の対応〉

　集団討論では，他の面接と異なり，受験者が集団の中でどのような能力を発揮し，また協調できるかなどが，とくに観察されているので，その観点について知っておくことが大切である。このことについての評価の観点の意味づけを示しておく。

ア　観察されていること
　○貢献度
　　　課題解決に寄与することで，受験者が討論の機能をどの程度理解し，目的達成のためにどの程度貢献したのかを見るものである。発言の回数が多くても，自己中心的で課題解決に役立たない場合は，高い評価を得ることはできず，発言回数が少なければ，当然，低く評価されることになる。
　○協調性
　　　これは協同して事に当たる状態を作り上げることに寄与することで，発言態度が独善ではなく，民主的であることや他の人の意見及び反対の立場の人の意見にも耳を傾ける態度が望まれる。とくに，発言の活発でない受験者を励ますような態度も評価される。
　○主導性
　　　グループ全体を課題解決への方向付けをすることで，ただ単にリーダーシップを発揮するということではなく，全員を納得させながら問題解決の方向に導いていくことが求められている。したがって，より建設的な意見や信頼感のある発言などが，高く評価されている。
　○判断力
　　　問題を十分理解し，正しい判断が行われているかどうかである。また，討議の過程において，自分の置かれている立場に対する状況判断が，適切であるかどうかなどが評価されている。
　○表現力
　　　自らが主張しようとするところを適切な言葉や有効なエピソードなどを加えて表現されているかどうかである。また，このグループディスカッションは，討論とは言っても勝ち負けが問題とされるわけではなく，面接試験なのであるから，あまり感情をむき出しにした言葉遣いや他の人に対する冷たい言い方は，避けなければならないことであり，その配慮などが評価される。
　○企画性
　　　討論の進行に対して，計画的な発言が行われているかどうかである。また，そのように進行させようと努力しているかどうかなどについて，とくに，全体の状況に対する配慮が評価されている。

イ　評価を高める十ヶ条

Ⅰ　油断をしない。

Ⅱ　好感を与える。

Ⅲ　対話的になる。

Ⅳ　信頼感を与える。

Ⅴ　演出を考えておく。

Ⅵ　けじめを感じさせる。

Ⅶ　気配りを感じとらせる。

Ⅷ　全力投球の気構えをもつ。

Ⅸ　健康的で，活気を感じさせる。

Ⅹ　人間的な温かみを感じとらせる。

●● 集団討論におけるアドバイス ●●

・はじめに各自自分の意見を述べるので，そのとき，他のメンバーの考えを簡単にメモしながら聞くと，後の討論のとき他の受験生がテーマをどのように捉えているのかがわかり，意見をまとめやすくなる。

・テーマの内容によっては論じにくいものもあるが，行政の課題に関連づけ，公務員の視点から発言するとよい。

・自分の考えばかりを言うのではなく，他の人の意見を聞き，それに対して自分はどう思うかを発言することが大切である。

・自分と意見が違う場合には「私は……のように思いますが皆さんはどう思われますか」などと尋ねてみるとよい。

・他の人の言っていることがよくわからなかったら，「○番の方，もう少し具体的に説明していただけますか」などのように聞くことも必要である。

・みんなで一緒にコンセンサス（共通理解）を得るといった気持ちを大切にする。

・普段から友達同士で行政の課題について，気楽に話をしたり，意見交換をしておくことが大切である。

・他の受験者の意見に関連づけて発言するとよい。

　［例］「○さんが言われたのに付け加えて，私は……と考えています」

　　　　「○さんと○さんが言われたことに私も賛成で，……を加えたいと思

　います」

　「○さんは先ほど……のように言われましたが，私は……と考えています」

　「○さんが言われることに関して，私の意見は……と考えています」

●言葉遣い

　面接試験だからといって，特に難しい言葉を使う必要はなく，日常使っている敬語を使った丁寧な言葉で十分である。自分の考えや意見を正しく，わかりやすく，相手に伝えられるようにすることが重要である。つまり，公務員として，住民の模範となるような正しい日本語を使うことが大切であると言える。

　しかし，面接試験のときには緊張してしまい，つい普段の癖がでてしまうものである。常日頃から，目上の人や年長者と話すときに，正しい敬語が使えるようにしておくことが大切である。

◖◗ 集団討論の流れ ◖◗

①課題の把握と方針の決定（個人発表）

　問題点の構造化を図り，解決すべき課題を整理して，2，3つに集約した課題を自分の意見として挙げる。

②構造の把握と分析

　テーマの分野がどのような構造になっているのか，どの方向から考えていったらいいのかを討論する。皆の意見を整理し，同様の意見をまとめて構造的に分類する。

③課題の焦点化と討論の流れの確認

　構造化された課題の中で，話し合いで焦点化していく課題を1つ選び，メンバーで確認しながら，選んだ課題についての分析と問題点の確認，以降の討論の流れを確認する。

④課題の深化

　テーマの課題に対して意見を出し合い，課題の問題点や，状況を解明する。

⑤課題解決の対策

　課題が解明できてきたら，時間を見ながら，対策や対処法についての具体策を出す方向へと進める。

⑥解決策のまとめ

　一通り課題への解決策が出てきたら，皆の解決策をいくつかにまとめて集約していく。分類できるものは分類して構造的に整理する。

⑦次の課題への転換

　時間が残っている場合には，次の課題へと話を転じる発言をする。課題の焦点化から同様の話し合いを行う。

⑧議題の収束へ

　残り3〜5分程度になったら全体を収束させる方向に議論を進める。抽象的な話から具体的な解決策へと発展させていく。

◖◗ 評価項目 ◖◗

貢献度　グループ・ディスカッションを進めるとき，課題に対する論点を示したり，議論の方向性を定めたりする働きが重要である。これは受験者の発言や発表が，討論を進める上で，どのように貢献できたかを評価するものである。発言の回数が多くても，課題からずれていたり，自己中心的で課題解決に役立たない場合には評価されない。当然，発言が少なければ評価は低い。

評価の観点

・適切な論点を提供する
・論点についての適切な意見を述べる
・課題の解決に役立つ意見を提供する
・混乱した討論を整理し，論題からはずれた意見を修正する
・討論をまとめる方向へと意見を述べる

協調性　グループでの協同作業は，まわりとの協調性が必要である。他人の意見や反対の意見にも耳を傾け，発言態度が民主的であることが求められる。感情的に対立したり，攻撃的に意見を述べるといった態度では自由な意見交換が成立しなくなってしまう。まわりの意見に気を配り，他人の意見も積極的に認め，発展させようとする態度が望ましい。

評価の観点

・自分の意見に固執しない

・他人の意見を意欲的に聞こうとする
・他人の意見を積極的に認めようとする
・対立・攻撃を和らげるように努める
・グループの雰囲気を高めようと努める

主導性　グループ・ディスカッションでは，全員を納得させながら課題解決の方向へと導いていくことが望まれている。ただ単にリーダーシップをとるということではなく，民主的に互いの意見を尊重し合いながら解決へと進めていく主導性が求められている。

| 評価の観点 |

・進んで口火を切る発言をする
・討論を次の段階へと発展させる働きをする
・意見が討論の進行に大きな影響を与えている
・討論をまとめる方向へと導く
・他者を促し，全員が討論に参加できるようにする

企画性　討論の進行に対して計画的に発言し，一定の時間の中で課題の論点を解決の方向へとまとめていく努力をしなくてはならない。受験者が討論の全体構想をもって発言しているか，論点を示しながら発展させ，まとめへと計画的に意見を述べているかといったことが評価される。また，現実的・具体的に課題を捉え，その解決の方策を考えることも重要なことである。

| 評価の観点 |

・討論進行に対して計画的な発言を行う
・一定の方向性を持った意見を述べる
・制限時間を考えながら発言している
・課題に対する全体構想をもっている
・発言内容が現実的・具体的である

● 評価の観点 ●

①貢献度

課題解決に寄与した程度で，受験者が討論の機能をどの程度理解し，目

的達成のためにどの程度貢献したかを見るものである。発言の回数が多くても，自己中心的で課題解決に役立たない場合は高評価を得ることはできないし，発言回数が少なければ当然低く評価されることになる。

②**協調性**

これは協同して事に当たる状態を作り上げることに寄与した程度で，発言態度が独善的でなく民主的であることや，他の人の意見，反対の立場の人の意見にも耳を傾ける態度が望まれる。

③**主導性**

グループを課題解決の方向に動かした程度でただ単にリーダーシップをとるということではなく，全員を納得させながら問題解決の方向に導いていくことが求められている。

④**判断力**

問題を十分理解し正しい判断が行われているかどうか，また討議の過程において自分のおかれている立場に対する状況判断が適切であるかどうか，などである。

⑤**表現力**

自分の主張しようとするところが適切な言葉や有効なエピソードなどを使って表現されているかどうか。また，このグループディスカッションは討論とはいっても勝ち負けが問題とされるわけではなく面接試験なのであるから，あまり感情をむき出しにした言葉遣いや，他の人に対する冷たい言い方は避けなければならないのは当然である。

⑥**企画性**

討論の進行に対して計画的な発言が行われているかどうか，また行おうと努力しているかどうかなどについて，特に，全体の状況に対する配慮などが評価される。

実施課題例の分析

岡山市

　近年実施された採用試験では，新型コロナウイルス感染症対策等のため，集団討論の実施はなく，個別面接等による試験のみでした。最新の試験内容に関しましては，最新の募集要項をご参照ください。

＊　＊　＊

令和元年度

▼集団討論

　　予習と復習のどちらが重要か。グループとしてどちらか1つ選択し，その理由をまとめなさい。

《集団討論の方針・課題の分析》

　確かな学力を身に付けるためには，学校の授業に加え，それを補完するための家庭での学習を充実させることが重要である。学校の授業を中心に考えたとき，家庭での学習は大きく予習と復習に分けられる。設問は，予習と復習のどちらが重要か話し合い，どちらか1つ選択してその理由をまとめることである。どちらも必要であることは間違いない。そこで，まず，それぞれの目的や効果などについて話し合って整理する。そのうえで，どちらを重視したらよいか話し合う。単なる抽象論ではなく，具体的な事実に即して話し合うことが重要である。

《集団討論のポイント》

　まず，予習や復習はどのような学習なのか確認し，共通理解する。予習は，学校で学ぶ内容を事前に調べておくことであり，復習は，学校での授業内容を家庭で再確認することである。次に，予習と復習にはそれぞれどのような目的や効果があるのかを話し合う。予習は，事前に学習内容を調べることで，しっかりとした問題意識をもって授業に臨むことができるという効果が期待できる。一方，復習は，学校の授業で学んだことを知識として確実に身につけるという目的がある。そのうえで，どちらを重視すべきか話し合っていく。どちらの結論に至っても構わないが，実際の自分の経験などをもとに，論理的で説得力のある理由をまとめていくことが重要である。

平成30年度

▼集団討論

　日常生活において使用する電気製品を3つしか使えないとしたら何を選ぶべきか，グループとして決め，その理由をまとめなさい。

《集団討論の方針》

　まず，日常生活において使用する電気製品を3つしか使えないとしたら何を選ぶべきか，グループとして決める。次に，その理由をまとめる。

《課題の分析》

　チームワークの良さ，テーマに合ったアイデアを出しながら課題を整理する力の有無を試す出題と思われる。単なる思考の柔軟性を試すゲームやグループワークではなく，市役所の試験であることを踏まえたい。まず，全員でテーマを共有すること，次にそれに見合った材料やアイデアを集め，全員で考えを集約することである。例えば，ノートパソコン，冷蔵庫，エアコンの3つを選んだとする。その理由としては，ノートパソコン（スマートフォンでもよい）は情報収集や他者との連絡ができ，冷蔵庫で食物を保存でき，エアコンで暑さ寒さを乗り切れるからだ。これらは，地震や風水害で被災した住民の中でニーズが高く，それだけ基本的な生活に不可欠なものと言える。こうした内容を意識していくとよいだろう。

《集団討論のポイント》

　全員のアイデア出しをしたあとに課題整理と意見集約が必要な設問である。ディベートではなく，意見の優劣を論じる課題ではないので，他者の意見やアイデアを積み上げ，互いの良いところを組み合わせていくことを意識してみよう。まず，全員で必要だと思うものをブレーンストーミングし，参加者全員がアイデアを出すようにしたい。司会・グループリーダーになった場合は，これだけあれば生きていけると思うものは何ですか，被災してすべてを失ったあとでほしいものは何ですかという一言によって，メンバーの関心やテーマが広がりすぎないように方向性を決めてしまうのも一手である。また，司会役によるメンバーのアイデア整理が不十分な場合，他のメンバーが課題の整理をしていくのもよいだろう。

平成29年度

▼集団討論

　岡山市のイメージカラーをグループとして1つ決め，その理由をまとめなさい。

《集団討論の方針・課題の分析》

　都道府県や市区町村のイメージは，農業産品や工業製品の販売，観光客の誘致といった経済・産業の振興，発展を促すうえで極めて重要な役割を果たす。岡山市のイメージアップを図るためにイメージカラーを設定し，様々な媒体を通してそのカラーを印象づけて知名度の向上を図ることは，岡山市の活性化を促すために極めて重要である。桃太郎伝説で有名な岡山市は，瀬戸内海に面し豊富な水産資源を誇るとともに，白桃やマスカットなどの果物王国でもある。また，岡山城や後楽園など，歴史的・文化的資源にも事欠かない。そのどこにスポット当てるのかによって，選定するカラーも異なってくる。どの色を選択しても構わないが，そのカラーを通してどのように地域の活性化を図っていくのかという視点で論議する。

《集団討論のポイント》

　討論に当たっては，まず，岡山市の知名度を上げるために，イメージカラーを決めることの重要性について整理する。そのうえで，どのカラーを選択するのかという論議に入るが，岡山市がもつ様々な側面のどこを強調するのかという視点で論議することが重要である。どのカラーを選択しても構わないが，その根拠を明確にすることが必要である。そのカラーを選択した理由，そのカラーが人々に与える印象，他の自治体との差別化を図るなど，観点を決めて根拠を示していく。また，様々な媒体を活用してそのカラーを広めていくという広報戦略にまで話を進めるとよいだろう。

平成28年度

▼集団討論・事務（短大，高校卒業程度）

　岡山市への移住者を増やすために役立つ事や物をグループとして1つ選択し，その理由をまとめなさい。

《集団討論の方針・課題の分析》

　人口が減少することは様々な課題につながると指摘されているが，一般的に「人口が減少すると経済成長率が減少する」と言われる。また，人口減少により，「税収が減る一方で，社会保障費などの支出が増える」ことになる。何よりも，人口の減少によって地域の様々な社会的慣習の継続が困難になり，地域の活性化が失われていく。人口減少が続いている岡山市へ，県内外から幅広い年齢層の移住を促進することは，市にとって大きな課題となっている。設問は，そのために役立つ事や物を選択することである。移住してもらう対象は，学校卒業後の若者，子育て世代，元気な定年退職し

たばかりの世代など幅広い年齢層が考えられる。それぞれの対象に応じた具体的な取組みについて話し合い，最も有効だと思われるものを選択する。

《集団討論のポイント》

　まず，人口が減少することによってどのような課題をもたらされるのかについて話し合い，地域の様々な社会的慣習の継続が困難になり，地域の活力が失われていくことを確認する。そのうえで，人口減少が続いている岡山市に県内外から幅広い年齢層の移住を促進するための取組みについて話し合う。移住してもらう対象を分類し，それぞれの世代に応じた取組みについて整理して話し合う。移住者を対象とした住居の他に，若者や子育て世代には働く場所の確保，子育てしやすい環境の整備などが必要である。また，ある程度の年齢に達した移住者には，生きがいのある活動などが必要である。いずれにしても，具体的で実現可能な取組みの中で，最も効果があると考えられるものを選択し，その理由を整理してまとめていく。

▼集団討論・技術（短大，高校卒業程度）

　岡山市への観光客を増やすために役立つ事や物をグループとして1つ選択し，その理由をまとめなさい。

《集団討論の方針・課題の分析》

　都道府県や区市町村が，地域の魅力を発掘し全国に発信していくことは，観光客の誘致はもとより，農業産品や工業製品の生産や販売など，経済・産業の振興，発展を促すうえで重要な役割を果たす。岡山市の魅力を発掘してPRしていくことは，岡山市への観光客の誘致とともに，岡山市の活性化を促すために極めて重要である。桃太郎伝説で有名な岡山市は，瀬戸内海に面し豊富な水産資源を誇るとともに，白桃やマスカットなどの果物王国でもある。また，岡山城や後楽園など，歴史的・文化的資源にも事欠かない。集団討論では，岡山市への観光客を増やすために，役立つ事や物について話し合うことになる。岡山市の状況やその課題を踏まえ，何を，どのように取りあげ，どのようにPRしていけば岡山市の魅力が伝わるか，グループの意見をまとめる。

《集団討論のポイント》

　集団討論に当たっては，まず，岡山市には，他地域にはないどのような魅力があるのかを整理する。比較的知名度の高いものだけでなく，これまであまり知られていなかったものを発掘したい。次に，そうした岡山市の魅力が十分PRできているのか，できていないとすればどこにその原因があ

るのかを整理する。そのうえで，岡山市のどのような魅力を取り上げ，PR
していったら観光客が増えるのか話し合う。PRの手段としては，マスコミ
や電子媒体を活用すること，各種の行事やイベントを開催することなどが
考えられる。しかし，岡山市の本当の魅力を伝えるためは，人と人とのつ
ながりをつくっていくことが基本になることを強調する。それらを整理し
て，取り上げた理由としてまとめていく。

平成27年度

▼集団討論・短大，高卒程度

　高齢者が住み慣れた地域で，安全に安心して暮らせるまちにするための
取組みについて議論し，グループとしての見解をまとめなさい。

《集団討論の方針・課題の分析》

　高齢化社会とは，明確な定義はないが，総人口に占める65歳以上の高齢者
がおおむね20％を超えた社会であり，日本は21.5％と既に高齢化社会に入っ
ており，更に進行していくことは確実である。高齢化に伴って，地域コミュニ
ティの崩壊，高齢者をねらったオレオレ詐欺などの特殊詐欺の横行，誰にも
みとられない孤独死，大規模災害に伴う被害の増大などが心配されている。
また，高齢化社会は，介護や医療制度の充実，公共交通機関の確保などが求
められる社会でもある。集団討論では，こうした高齢化社会において，高齢
者が住み慣れた地域で，安全に安心して暮らせるまちにするために，行政と
して何をしていくべきなのか話し合うことになる。そのポイントは，どのように
して高齢者が健康で長生きし，社会参加できるまちをつくっていくのかになる。

《集団討論のポイント》

　討論に当たっては，まず，高齢化社会がどのような問題を生んでいるの
かについて話し合い，課題を整理する。生産年齢人口の減少による税収の
落ち込み，社会保障費の増大などが問題になっていることは確かである。
しかし，ここでは問題の趣旨を踏まえて高齢者の暮らしという観点から，
地域コミュニティや高齢者の生活を支える基盤の崩壊などに目を向けてい
く。その際，岡山県や岡山市の具体的な事例やデータ等を盛り込むことに
よって，説得力のある話し合いとなる。そのうえで，そうした課題に対し
て行政として何をしていくのかを論議する。高齢になっても医療に頼らず
に健康な生活をするための方策，高齢者が活躍し，互いに助け合うことの
できる地域コミュニティの確立などが論議の対象となる。いずれにしても，
具体的で，実現可能な取組みをまとめるようにしていく。

▼集団討論・学校事務

　自転車のマナーを向上させ，事故のないまちにするための取組みについて議論し，グループとしての見解をまとめなさい。

《集団討論の方針・課題の分析》

　交通事故件数に占める自転車事故件数の割合は，ここ数年，2割程度と高い水準で推移している。自転車に乗っていて交通事故の被害者になることはもちろん，近年は自転車が交通事故の加害者になることも増えている。また，駅前に違法駐輪された自転車が，通行人や緊急車両の通行を妨げるという問題も起きている。これらの原因は，自転車は道路交通法上「軽車両」であるにも関わらず，それが意識されておらず，必要なルールが守られていないことにある。その結果，安易な二人乗り，夜間の無灯火運転，携帯電話やイヤホンを使用しながらの運転，違法駐輪などが日常的に行われているのである。討論にあたっては，具体的な自転車に関わる事故や問題の事例をあげ，自転車利用のマナーアップについての方策について話し合う。前述した交通規則に違反する行為を取り締まることはもちろんであるが，学校や町内会等と連携したマナーの向上を図る啓発活動などを考えることが重要である。

《集団討論のポイント》

　まず，自分が経験したり，見たり聞いたりした具体的な自転車事故，自転車に関わる問題事例を出し合う。その際，そうした事故や問題が起きる原因についても分析する。そのうえで，そうした事故や問題を防ぐ方法について話し合う。パトロールや取り締まりの強化といった警察や自治体が取り組む方策が考えられるが，最も重要なことは，自転車の利用者へのマナーの向上を図る啓発活動である。特に，自転車を多く利用する未成年者や高齢者，主婦などを対象とした啓発活動について話し合う。そのために，学校や町内会といった組織と連携した自転車教室などの開催について考えていきたい。いずれにしても，具体的で，実現可能な方策をまとめていく。

平成26年度

▼集団討論・短大，高卒程度

　障害者が暮らしやすいまちにするために大切なことは何かについて議論し，グループの見解をまとめなさい。

《集団討論の方針・課題の分析》

　平成28年4月，障害者差別解消法が施行された。これは，障害を理由と

する差別の解消を推進することを目的とする法律で，障害の有無によって分け隔てられることなく，相互に人格と個性を尊重し合いながら共生する社会の実現を目指すことを目的としている。特に，障害者に対する不当な差別的取り扱いを禁止し，行政機関等に対して合理的配慮の提供を義務づけていることに特徴がある。設問は，こうした法律の趣旨に則って，障害の有無にかかわらず人間として共に生きていくことのできる社会にしていくためにどうしたらよいのか，障害者が暮らしやすいまちをどのようにつくっていくのかについて話し合うことになる。

《集団討論のポイント》

　まず，障害のある人は，社会で生活していく上でどのような困難や大変さを抱えているのかについて話し合い，それを整理していく。障害の種類にもよるが，道路や建物などの施設の問題，社会制度といったシステムの問題，人々の心の中にある差別の問題などに分けて考えていく。その際，自分が見たり聞いたりした具体的な事例をあげることで，説得力のある話し合いとなる。そのうえで，人々の心の中にある差別意識をなくし，障害者が主体的に社会参加できる社会，障害者が暮らしやすいまちにするためにどうしていったらよいのかを話し合う。施設や設備といったハード面を障害者でも利用しやすくすること，障害者を平等に扱うシステムを整えるソフト面が重要であることは言うまでもない。しかし，それだけにとどまらず，障害者と健常者が互いに交流する機会の増大，学校での障害者理解教育の充実といった側面についても話し合う。

▼集団討論・学校事務

　内閣府が平成25年に行った青少年のインターネット利用環境実態調査によれば，小学生の約1割，中学生の約5割がスマートフォンを保有しているとの結果が出ており，保有者の増加とともにさまざまな問題も生じています。

　小中学生がスマートフォンを利用することの問題点と解決策について，グループとしての見解をまとめなさい。

《集団討論の方針・課題の分析》

　携帯電話やスマートフォンは，基本的にいつでも，どこでも使うことができる非常に便利な道具である。これらの普及により，知り合いと連絡を取り合ったり，様々な情報を獲得したりすることが容易になった。しかし，使い方を誤ると日常生活に支障が出たり，人間関係のトラブルや犯罪に巻き込まれたりする危険性も少なくない。特に小中学生がスマートフォンを

使用することによって，スマートフォンがなくては何もできなくなるなどの依存症，見境なく時間を使ってしまうことによる生活習慣の乱れ，学習などへの集中力の低下，コミュニケーション力の低下などが心配される。その他，メールやネットへの書き込みを原因とするいじめ，気軽な情報発信による情報流出，有害サイトへのアクセスによる架空請求詐欺や性犯罪の被害といった事例が報告されている。これが，設問の「小中学生がスマートフォンを利用することの問題点」である。その解決策については，これだけ情報機器が発達した社会で，スマートフォンの使用を禁止するということは考えられない。したがって，どのような規制を設けて，こうした弊害から小中学生を守っていくのかが話し合いの中心になる。

《集団討論のポイント》

　討論に当たっては，まず，スマートフォンが普及したことのメリットとデメリットについて話し合う。メリットとしては，緊急時の連絡手段の確保，生活上での活用，情報活用能力の定着などが考えられる。デメリットは前述した通りであるが，これだけ情報機器が発達した社会である以上，スマートフォンを有効に活用することは，社会で生きていくために必須の力である。したがって，小中学生がスマートフォンを持つことによる弊害をなくすために，どのような条件を付けたらよいのか，また，付けることが可能なのかを論議する。どのような条件を付けることによって，情報化社会でスマートフォンを有効，かつ安全に活用できるのかという視点で話し合いを進めていく。

平成25年度

▼集団討論・短大，高卒程度

　信頼される職員になるために大切なことは何かについて議論し，グループとしての見解をまとめなさい。

《集団討論の方針・課題の分析》

　社会とは，人と人との関係で成り立っている。社会が円滑に成り立つためには，相互の信頼関係がなければならない。それは，行政の仕事を進める場合も同じで，他人から信頼されていなければ市の職員としての職務を果たすことができない。信頼とは，「私を信頼しなさい」と強引に言って得られるものではない。信頼するかしないかは，相手が決めることなのである。集団討論では，市民から信頼されるためには何が大切か話し合うことになる。常に誠実に行動すること，与えられた職務を確実に果たすこと，

自己の役割に責任をもって行動することなどがそのポイントとなる。また，市民の信頼を得るためには，市民の立場に立って考え，明るく笑顔で市民と接することも重要である。

《集団討論のポイント》

　まず，市の職員は何故市民の信頼を得ることが必要なのか話し合う。市の職員の仕事は，市民の安全で便利な生活を支えるという重要な職務であり，それは市民の側に立った組織的な営みであることを確認する。次に，市民から信頼を得るために，何を大切にしていけばよいのか話し合って，整理する。常に誠実に行動すること，自己の役割に責任をもって行動することなどがその基本となることを確認する。更に，市民と接する際の配慮事項として，市民の立場に立って考え，明るく笑顔で対応することが重要であることも確認する。ここが話し合いの中心となるので，具体的な事例などを織り込みながら話し合っていく。最後に，市民の信頼を得て，市民のための仕事に全力を尽くしていくことの重要性を確認してグループの見解をまとめる。

▼集団討論・学校事務

　子どもが安心・安全に暮らせる社会の実現のため，行政は何をすべきかについて議論し，グループとしての見解をまとめなさい。

《集団討論の方針・課題の分析》

　子どもを取り巻く大きな事件や事故が起きるたびに子どもの安心・安全の充実が叫ばれ，改善がなされてきた，しかし，子どもの安全を脅かす事件や事故は，現在も各地で起こっている。東日本大震災では多くの子どもたちの尊い生命が失われた。また，子どもが巻き込まれる交通事故は後を絶たない。不審者の学校への侵入事件，通学路で危害を加えられる事件も報告されている。設問では，こうした事件や事故を防ぎ，子どもが安心・安全に暮らせる社会の実現のために行政が何をすべきなのか，グループの見解をまとめることを求めている。教育行政を含めた多様な部署が，どのような役割を果たすことができるのか具体的な話し合いにしていくことが重要である。

《集団討論のポイント》

　集団討論では，まず，子どもの安心・安全をおびやかすどのような事故や事件があるのかを出し合う。次に，出された事例を事故と事件に分けて整理し，それらに対してどのような方策を取っていけばよいのか話し合う。その方策は，単なる施設や設備の充実だけにとどまってはならない。子どもを

取り巻く人的環境をどのように整えていくかが話し合いのポイントとなる。子どもの登下校での安心・安全を見守る地域コミュニティを構築するために行政として何ができるのかといった，具体的な取組みについて話し合いたい。また，いざという時は「自分の身は自分で守る」ことのできる能力を身に付けさせるといった，子ども自身への働きかけの視点も忘れてはならない。

平成24年度

▼集団討論・事務（短大卒，高卒），学校事務

　仕事に就かず，就職活動もせず，家事も通学もしていない，いわゆる「ニート」と呼ばれる若者が増加している原因と，その結果が社会に与える影響について，グループとしての見解をまとめなさい。

《集団討論の方針・課題の分析》

　日本の15〜24歳の若者の失業率は，7〜8％を推移している。その中には，いわゆるニートも多数存在している。また，いわゆるフリーターの人数もピーク時よりもやや減少したものの，200万人に近い数字になっている。こうした状況の背景には，若者の職業観の変化，忍耐力の低下などがあると考えられる。しかし，非正規労働者の増加といった雇用環境の悪化，使い捨て労働者の増加といった社会的な問題があることも確かである。こうした状況は，経済の発展や社会の活性化といった点で大きな問題となっている。設問では，こうした状況が生まれる原因や社会に与える影響に加え，その対応策について述べることを求めている。就職の機会均等の確保，雇用のミスマッチの解消，キャリアアップの支援，学校でのキャリア教育の推進などがその視点となる。

《集団討論のポイント》

　まず，ニートの状態にある若年無業者が増加している原因や背景について話し合う。若者の職業観の変化，忍耐力の低下といった個人に帰する問題のほかに，雇用環境の悪化，使い捨て労働者の増加といった社会的な問題があることを確認する。そのうえで，こうした状況は，社会にどのような影響を与えているのか話し合う。自分が見たり聞いたりした具体的な事例を基に，社会や経済の活性化，発展にとって大きな問題であることを確認する。さらに，こうした問題の解決に向けた，就職の機会均等の確保，雇用のミスマッチの解消，キャリアアップの支援，学校でのキャリア教育の推進などの必要性について話し合う。

●書籍内容の訂正等について

　弊社では教員採用試験対策シリーズ（参考書，過去問，全国まるごと過去問題集），公務員採用試験対策シリーズ，公立幼稚園・保育士試験対策シリーズ，会社別就職試験対策シリーズについて，正誤表をホームページ（https://www.kyodo-s.jp）に掲載いたします。内容に訂正等，疑問点がございましたら，まずホームページをご確認ください。もし，正誤表に掲載されていない訂正等，疑問点がございましたら，下記項目をご記入の上，以下の送付先までお送りいただくようお願いいたします。

> ① **書籍名，都道府県・市町村名，区分，年度**
> 　（例：公務員採用試験対策シリーズ　北海道のA区分　2025年度版）
> ② **ページ数**（書籍に記載されているページ数をご記入ください。）
> ③ **訂正等，疑問点**（内容は具体的にご記入ください。）
> 　（例：問題文では"ア〜オの中から選べ"とあるが，選択肢はエまでしかない）

〔ご注意〕
○ 電話での質問や相談等につきましては，受付けておりません。ご注意ください。
○ 正誤表の更新は適宜行います。
○ いただいた疑問点につきましては，当社編集制作部で検討の上，正誤表への反映を決定させていただきます（個別回答は，原則行いませんのであしからずご了承ください）。

●情報提供のお願い

　公務員試験研究会では，これから公務員試験を受験される方々に，より正確な問題を，より多くご提供できるよう情報の収集を行っております。つきましては，公務員試験に関する次の項目の情報を，以下の送付先までお送りいただけますと幸いでございます。お送りいただきました方には謝礼を差し上げます。
（情報量があまりに少ない場合は，謝礼をご用意できかねる場合があります。）
◆あなたの受験された教養試験，面接試験，論作文試験の実施方法や試験内容
◆公務員試験の受験体験記

- -

| 送付先 | ○電子メール：edit@kyodo-s.jp
○FAX：03-3233-1233（協同出版株式会社　編集制作部 行）
○郵送：〒101-0054　東京都千代田区神田錦町2-5
　　　　　　　協同出版株式会社　編集制作部 行
○HP：https://kyodo-s.jp/provision（右記のQRコードからもアクセスできます） | |

　※謝礼をお送りする関係から，いずれの方法でお送りいただく際にも，「お名前」「ご住所」は，必ず明記いただきますよう，よろしくお願い申し上げます。

岡山市・津山市・総社市・玉野市の
短大卒程度／高卒程度

編　者　公務員試験研究会

発　行　令和6年1月25日

発行者　小貫輝雄

発行所　協同出版株式会社

〒101−0054
東京都千代田区神田錦町2−5
電話　03−3295−1341
振替　東京00190−4−94061